熊本県の教員採用試験過去問シリーズ❿

2025年度版

# 熊本県・熊本市の 保健体育科

## 過 去 問

協同教育研究会 編

協同出版

本書には，熊本県・熊本市の教員採用試験の過去問題を収録しています。各問題ごとに，以下のように5段階表記で，難易度，頻出度を示しています。

## 難 易 度

非常に難しい　☆☆☆☆☆
やや難しい　　☆☆☆☆
普通の難易度　☆☆☆
やや易しい　　☆☆
非常に易しい　☆

## 頻 出 度

◎　　　　ほとんど出題されない
◎◎　　　あまり出題されない
◎◎◎　　普通の頻出度
◎◎◎◎　よく出題される
◎◎◎◎◎　非常によく出題される

※本書の過去問題における資料，法令文等の取り扱いについて
　本書の過去問題で使用されている資料や法令文の表記や基準は，出題された当時の内容に準拠しているため，解答・解説も当時のものを使用しています。ご了承ください。

# はじめに〜「過去問」シリーズ利用に際して〜

　教育を取り巻く環境は変化しつつあり，日本の公教育そのものも，教員免許更新制の廃止やGIGAスクール構想の実現などの改革が進められています。また，現行の学習指導要領では「主体的・対話的で深い学び」を実現するため，指導方法や指導体制の工夫改善により，「個に応じた指導」の充実を図るとともに，コンピュータや情報通信ネットワーク等の情報手段を活用するために必要な環境を整えることが示されています。

　一方で，いじめや体罰，不登校，暴力行為など，教育現場の問題もあいかわらず取り沙汰されており，教員に求められるスキルは，今後さらに高いものになっていくことが予想されます。

　本書の基本構成としては，出題傾向と対策，過去5年間の出題傾向分析表，過去問題，解答および解説を掲載しています。各自治体や教科によって掲載年数をはじめ，「チェックテスト」や「問題演習」を掲載するなど，内容が異なります。

　また原則的には一般受験を対象としております。特別選考等については対応していない場合があります。なお，実際に配布された問題の順番や構成を，編集の都合上，変更している場合があります。あらかじめご了承ください。

　最後に，この「過去問」シリーズは，「参考書」シリーズとの併用を前提に編集されております。参考書で要点整理を行い，過去問で実力試しを行う，セットでの活用をおすすめいたします。

　みなさまが，この書籍を徹底的に活用し，教員採用試験の合格を勝ち取って，教壇に立っていただければ，それはわたくしたちにとって最上の喜びです。

協同教育研究会

# CONTENTS

第1部

# 熊本県・熊本市の
# 保健体育科
# 出題傾向分析

# 熊本県・熊本市の保健体育科　傾向と対策

　2024年度の出題は，中高別問題で，一次試験では中学校では大問が6問・解答欄数44，高等学校では大問6問・解答欄数44で，中高ともに50点満点であった。なお，二次試験は論述のため，ここでは一次試験について述べていく。

　中学校では，2023年度は体育分野が25点，保健分野が25点と同じ割合となっていたが，2024年度は体育分野が31点，保健分野が19点と体育分野の出題の割合が高くなっている。また，すべての問題が中学校学習指導要領解説に関連しての内容から出題されている。体育分野の運動種目・スポーツ競技に直接関係する出題がないのが特徴である。

　一方，高等学校では，2023年度と同様，保健の内容が多く出題されている。内容としては，保健3問，体育理論1問，科目体育の領域及び内容の取扱い1問，指導計画作成上の配慮事項1問となっている。体育科，保健科ともに，学習指導要領との関連で出題されており，運動種目・スポーツ競技についての出題は見られなかった。

　出題形式は，空欄補充や用語説明，語句解答，文章解答などと，ほとんど記述式問題なので，難易度は比較的高いと言えるだろう。対策としては，まず各校種とも学習指導要領解説を十分に理解した上で，その内容に関した事柄を幅広く，深く学習していくことが肝要である。

□　**学習指導要領**

　中学校，高等学校ともに，学習指導要領からの出題であった。学習指導要領及び解説から直接本文を抜きだし，空欄を補充する問題や下線部について問うような問題が出題されているのが特徴である。中学校では，保健体育科改訂の趣旨と要点，体育分野の第3学年の体つくり運動，第1学年及び第2学年の器械運動，武道，保健分野の目標，(1)健康な生活と疾病の予防，(2)心身の機能の発達と心の健康，指導計画の作成と内容の取扱いについて出題された。高等学校では，科目体育の領域及び内容の取扱いについて，内容の取扱いにあたっての配慮事項について出題され

4

た。特に，男女共習での指導方法の具体例を挙げる問題などがあり，難易度が高い。

対策としては，学習指導要領解説を熟読し，学年による目標や内容の違いについて確認しておく必要がある。また，解説に示されている，「○○とは…」と太字になって説明されている文について確認し，その意味を理解しておくことが肝要である。

## □　運動種目

中学校も高等学校も，運動種目については出題が見られなかった。しかしながら，今後も，学習指導要領解説を熟読すると共に，体育実技の副読本等を利用しながら学習を進めて幅広い知識を備えておく必要がある。

## □　体育理論

中学校では，2023年度は「運動やスポーツの意義や効果と学び方や安全な行い方」について出題されたが，2024年度は体育理論については出題されなかった。高等学校では，「2　運動やスポーツの効果的な学習の仕方」の内容として，スポーツの技術と技能及びその変化について出題されている。問題の文章は，すべて高等学校の保健体育の教科書から引用されていることから，学習指導要領解説と関連付けながら，教科書をしっかりと熟読しておきたい。また，それに関連した深堀りした内容についてJOC・JPCやJADAのホームページ等，関連した情報を広く集めることが重要である。

## □　保健分野・保健

中学校では，学習指導要領に関して「(1)健康な生活と疾病の予防」，「(2)心身の機能の発達と心の健康」から出題されている。健康な生活と疾病の予防の内容としては，(イ)生活習慣と健康，(エ)喫煙，飲酒，薬物乱用と健康，(オ)感染症の予防について出題されている。また，心身の機能の発達と心の健康の内容としては，(イ)生殖に関わる機能の成熟，(エ)欲求やストレスへの対処と心の健康について出題されている。また，保健分野の授業時数，「(1)健康な生活と疾病の予防」の指導内容が3学年

に振り分けられていること，体育分野と保健分野の関連を持たせた指導について出題されている。

　高等学校では，精神疾患の特徴，精神疾患の予防と回復，環境と健康について出題された。内容としては，精神疾患の種類，ストレスの種類，治療及び回復への取組，排出基準，環境基本法などについて出題されている。薬物やギャンブルの依存症における，脳の回路の機能不全について，指定された語句を使って記述する問題もあり，難易度が高い。

　対策としては，各校種の学習指導要領解説を熟読の上，現在，中学校及び高等学校で使用されている保健体育科用の教科書で広く深く学習しておくことが重要である。また，厚生労働省のe－ヘルスネットも活用するとよい。

□　その他

　2022年度は，地域問題として，熊本県教育委員会が示した「高等学校における運動部活動指導の指針」についての出題が見られた。2023年度は，中学校において，学習指導要領から部活動について問われている。2024年度は，こうした運動部活動関連の出題は見られなかったが，今後も国の動向と，それに連動した熊本県の教育行政の動きについて，ホームページ等を活用して注視しておく必要がある。特に，「運動部活動の地域移行に関する検討会議提言」，「学校部活動及び新たな地域クラブ活動の在り方等に関する総合的なガイドライン」(スポーツ庁)の内容については確認しておきたい。

# 過去5年間の出題傾向分析

◎：3問以上出題　●：2問出題　○：1問出題

| 分類 | 主な出題事項 | | | 2020年度 中 | 2020年度 高 | 2021年度 中 | 2021年度 高 | 2022年度 中 | 2022年度 高 | 2023年度 中 | 2023年度 高 | 2024年度 中 | 2024年度 高 |
|---|---|---|---|---|---|---|---|---|---|---|---|---|---|
| 中学学習指導要領 | 総説 | | | | | | | | | | ◎ | | |
| | 保健体育科の目標及び内容 | | | ◎ | | ◎ | ● | ◎ | | ◎ | ◎ | | |
| | 指導計画の作成と内容の取扱い | | | ◎ | | | | | | ◎ | ◎ | ◎ | |
| 高校学習指導要領 | 総説 | | | | | | | | | | | | |
| | 保健体育科の目標及び内容 | | | | | | ◎ | | | | ● | | ◎ |
| | 各科目にわたる指導計画の作成と内容の取扱い | | | | | | | | | ○ | | | ◎ |
| 運動種目 中〈体育分野〉 高「体育」 | 集団行動 | | | | | | | | | | | | |
| | 体つくり運動 | | | | | ◎ | | | | | | | |
| | 器械運動 | | | | | | | | | | | | |
| | 陸上競技 | | | | | | | | | | | | |
| | 水泳 | | | | | | | | | | | | |
| | 球技 | ゴール型 | バスケットボール | | | | | | | | | | |
| | | | ハンドボール | | | | ○ | | | | | | |
| | | | サッカー | | | | | | | | | | |
| | | | ラグビー | | | | ○ | | | | | | |
| | | ネット型 | バレーボール | | | | | | | | | | |
| | | | テニス | | | | | | | | | | |
| | | | 卓球 | | | | ○ | | | | | | |
| | | | バドミントン | | | | ○ | | | | | | |
| | | ベースボール型 | ソフトボール | | | | ○ | | | | | | |
| | 武道 | 柔道 | | | | | | | | | | | |
| | | 剣道 | | | | | | | | | | | |
| | | 相撲 | | | | | | | | | | | |
| | ダンス | | | | | | | | | | | | |
| | その他（スキー・スケート） | | | | | | | | | | | | |
| | 体育理論 | | | ◎ | ◎ | | ◎ | | ◎ | ◎ | ● | | ◎ |
| 中学〈保健分野〉 | 健康な生活と疾病の予防 | | | ◎ | | ◎ | | ◎ | | | ◎ | | |
| | 心身の機能の発達と心の健康 | | | ◎ | | | | | | ◎ | ◎ | | |
| | 傷害の防止 | | | ○ | | ◎ | | ◎ | | | | | |
| | 健康と環境 | | | | | | | ○ | | | | | |
| 高校「保健」 | 現代社会と健康 | | | | | | ○ | | ○ | ◎ | ◎ | | ◎ |
| | 安全な社会生活 | | | | | | | | | ◎ | | | |
| | 生涯を通じる健康 | | | | | | ◎ | | ◎ | | | | |
| | 健康を支える環境づくり | | | | | | ○ | | | ○ | | | ◎ |
| その他 | 用語解説（説明） | | | | | | | | | | | | |
| | 地域問題 | | | | | | | | | ◎ | | | |

第2部

# 熊本県・熊本市の
# 教員採用試験
# 実施問題

## 2024年度　実施問題

## 一次試験

### 【中学校(県・市共通)】

【1】 次の文章は，「中学校学習指導要領(平成29年告示)解説　保健体育
編」の「第1章　総説　2　保健体育科改訂の趣旨及び要点」の内容か
らの抜粋である。以下の1〜3の各問いに答えなさい。

> ・　各領域で身に付けたい具体的な内容を，①資質・能力の三つ
> の柱に沿って明確に示す。
> ・　「体つくり運動」以外の運動に関する領域においても，学習
> した[　a　]としてより一層の体力の向上を図ることができるよ
> うにする。
> ・　体育分野の知識については，言葉や文章など明確な形で表出
> することが可能な形式知だけでなく，勘や直感，経験に基づく
> 知恵などの[　b　]を含む概念であり，意欲，思考力，運動の技
> 能などの源となるものである。
> ・　運動やスポーツとの多様な関わり方を重視する観点から，体
> 力や技能の程度，性別や[　c　]の有無等にかかわらず，運動や
> スポーツの多様な楽しみ方を共有することができるよう指導内
> 容の充実を図ること。
> ・　各学校においては，子供たちの姿や地域の実情を踏まえて，
> 各学校が設定する学校教育目標を実現するために，学習指導要
> 領等に基づき教育課程を編成し，それを実施・評価し改善して
> いく「[　d　]」の充実が求められている。

1　下線部①について，「中学校学習指導要領(平成29年告示)解説　保
健体育編」に示されているものをすべて答えなさい。

10

2　文中における[　a　]～[　d　]に当てはまる語句をそれぞれ答えなさい。

3　体育分野の領域および内容の取扱いについて示した次の文章について，正しいものには○を，間違っているものには×を答えなさい。なお，間違っているものについては，正しい内容を答えなさい。

(1)　水泳領域の1，2年生では，クロールと背泳ぎの2つの泳法を選択してもよい。

(2)　球技領域を選択した場合，3年生ではゴール型，ネット型，ベースボール型の3つの内容をすべて取り扱う必要がある。

(3)　3年生では，器械運動，陸上競技，水泳の3つの領域から1以上選択するとよい。

(☆☆☆◎◎◎)

【2】次の文章は，「中学校学習指導要領(平成29年告示)解説　保健体育編」の「第2章　保健体育科の目標及び内容　第2節　各分野の目標及び内容」[体育分野]　2　内容　A　体つくり運動　[第3学年]」からの抜粋である。以下の1～4の各問いに答えなさい。

> (1)　次の運動を通して，体を動かす楽しさや心地よさを味わい，①運動を継続する意義，体の構造，運動の原則などを理解するとともに，健康の保持増進や体力の向上を目指し，目的に適した運動の計画を立て取り組むこと。
> ア　②体ほぐしの運動では，手軽な運動を行い，心と体は互いに影響し変化することや心身の状態に気付き，仲間と自主的に関わり合うこと。
> イ　実生活に生かす運動の計画では，ねらいに応じて，③健康の保持増進や調和のとれた体力の向上を図るための運動の計画を立て取り組むこと。

1　下線部①について，学習指導要領解説に生徒が「理解できるようにする」と示されていることを1つ答えなさい。

11

2　下線部②の内容を取り扱う学年をすべて答えなさい。

3　下線部③の指導に際して，どのようなことに着目して運動を組み合わせ，計画を立てて取り組めるようにすることが大切であるか。学習指導要領解説に示されている4つの着目点のうち2つを答えなさい。

4　体つくり運動の領域は，各学年の授業時数を何単位時間以上配当することとしているか，答えなさい。

(☆☆☆◎◎◎)

【3】次の文章は，「中学校学習指導要領(平成29年告示)解説　保健体育編」の「第2章　保健体育科の目標及び内容　第2節　各分野の目標及び内容」[体育分野]　2　内容　B　器械運動[第1学年及び第2学年]」からの抜粋である。以下の1〜4の各問いに答えなさい。

(1)　次の運動について，技ができる楽しさや喜びを味わい，器械運動の特性や成り立ち，技の名称や行い方，その運動に，<u>関連して高まる体力</u>などを理解するとともに，技をよりよく行うこと。

ア　マット運動では，[　a　]や巧技系の基本的な技を滑らかに行うこと，条件を変えた技や発展技を行うこと及びそれらを組み合わせること。

イ　鉄棒運動では，支持系や[　b　]の基本的な技を滑らかに行うこと，条件を変えた技や発展技を行うこと及びそれらを組み合わせること。

ウ　[　c　]運動では，体操系やバランス系の基本的な技を滑らかに行うこと，条件を変えた技や発展技を行うこと及びそれらを組み合わせること。

エ　跳び箱運動では，[　d　]や回転系の基本的な技を滑らかに行うこと，条件を変えた技や発展技を行うこと。

1　文中の[　a　]〜[　d　]に当てはまる語句の組合せを次のア〜エから選び，記号で答えなさい。

|   |   |   |   |   |   |   |   |
|---|---|---|---|---|---|---|---|
| ア | a | 懸垂系 | b | 切り返し系 | c | 床 | d | 支持系 |
| イ | a | 回転系 | b | 懸垂系 | c | 平均台 | d | 切り返し系 |
| ウ | a | 回転系 | b | 懸垂系 | c | 床 | d | 切り返し系 |
| エ | a | 回転系 | b | 切り返し系 | c | 平均台 | d | 支持系 |

2　下線部について，器械運動を継続することで種目や技の動きに関連して高まる体力として学習指導要領解説に例示されている3つのうち2つを答えなさい。

3　器械運動の第1学年及び第2学年の内容で「仲間の学習を援助しようとする」ことは，どのようなことにつながると学習指導要領解説に示されているか答えなさい。

4　器械運動の第3学年の内容に生徒が「理解できるようにする」と示されている「運動観察の方法」には，どのようなものがあるか，その具体例を1つ答えなさい。

(☆☆☆◎◎◎)

【4】「中学校学習指導要領(平成29年告示)解説　保健体育編」の「第2章　保健体育科の目標及び内容　第2節　各分野の目標及び内容」[体育分野]　2　内容　F　武道」に示されている内容について，次の1～4の各問いに答えなさい。

1　柔道における第1学年及び第2学年の投げ技のうち，まわし技系として示されている技の名称を2つ答えなさい。

2　柔道における大外刈りの指導において，学習指導要領解説には段階的な指導の配慮が示されている。技をかける人に対する段階的な指導の配慮について答えなさい。

3　次の文は，武道における「内容の取扱い」について示したものである。その内容が正しいものには○を，間違っているものには×を答えなさい。なお，間違っているものについては，正しい内容を答えなさい。

(1)　武道の領域では，第3学年において柔道，剣道又は相撲のすべての種目を必ず履修させることとしている。

13

(2)　学校や地域の特別の事情がある場合には，柔道，剣道又は相撲に替えて弓道を履修させることができる。

(3)　武道は段階的な指導を必要とするため，特定の種目を3年間履修することが望ましいが，生徒の状況によっては各学年で異なった種目を取り上げることもできる。

4　「健康・安全に気を配る」とはどのようなことか。学習指導要領解説に示されているものから，2つ答えなさい。

(☆☆☆◎◎◎)

【5】次の文章は，「中学校学習指導要領(平成29年告示)解説　保健体育編」の「第2章　保健体育科の目標及び内容[保健分野]　2　内容　(1)　健康な生活と疾病の予防　ア」からの抜粋である。これについて，以下の1～5の各問いに答えなさい。

---

ア　健康な生活と疾病の予防について理解を深めること。〈(ア)，(ウ)，(カ)は略〉

(イ)　健康の保持増進には，年齢，生活環境等に応じた運動，①食事，休養及び[　a　]の調和のとれた生活を続ける必要があること。

(エ)　②喫煙，飲酒，薬物乱用などの行為は，[　b　]に様々な影響を与え，[　c　]を損なう原因となること。また，これらの行為には，個人の心理状態や[　d　]，社会環境が影響することから，それぞれの要因に適切に対処する必要があること。

(オ)　③感染症は，病原体が主な要因となって発生すること。また，感染症の多くは，発生源をなくすこと，感染経路を遮断すること，主体の[　e　]を高めることによって予防できること。

---

1　文中の[　a　]～[　e　]に当てはまる語句の組み合わせを次のア～エから選び，記号で答えなさい。

ア　a　睡眠　　　b　健康　　　c　心身　　　d　人間関係

　　　e　抵抗力
　イ　a　健康　　　　b　健康　　　　c　抵抗力　　　d　生活環境
　　　e　睡眠
　ウ　a　心身　　　　b　抵抗力　　　c　睡眠　　　　d　生活環境
　　　e　健康
　エ　a　睡眠　　　　b　心身　　　　c　健康　　　　d　人間関係
　　　e　抵抗力

2　下線部①について，学習指導要領解説には次のように示されている。次の文中の[　a　]，[　b　]に当てはまる語句を答えなさい。

> 　食事には，健康な身体をつくるとともに，運動などによって消費されたエネルギーを補給する役割があることを理解できるようにする。また，健康を保持増進するためには，毎日適切な時間に食事をすること，年齢や[　a　]等に応じて栄養素のバランスや[　b　]などに配慮することが必要であることを理解できるようにする。

3　下線部②について，学習指導要領解説に示されているたばこの煙の中に含まれている有害物質を3つ答えなさい。

4　下線部②を繰り返すことにより，やめたくてもやめられなくなる状態になることを何というか答えなさい。

5　下線部③について，適宜取り上げて指導するよう例示されている疾病を2つ答えなさい。

(☆☆☆○○○)

【6】次の1〜3の各問いに答えなさい。

1　次の文章は，「中学校学習指導要領(平成29年告示)解説　保健体育編」の「第2章　保健体育科の目標及び内容　第2節　各分野の目標及び内容[保健分野]　1　目標」である。文中の[　a　]〜[　c　]に当てはまる語句を答えなさい。

> (1)　[　a　]における健康・安全について理解するとともに，基本的な技能を身に付けるようにする。
>
> (2)　健康についての自他の課題を発見し，よりよい解決に向けて思考し判断するとともに，[　b　]を養う。
>
> (3)　[　c　]を通じて心身の健康の保持増進を目指し，明るく豊かな生活を営む態度を養う。

2　「中学校学習指導要領(平成29年告示)解説　保健体育編」の「第3章　指導計画の作成と内容の取扱い　1　指導計画の作成」に示された内容について，次の問いに答えなさい。

(1)　内容「(1)健康な生活と疾病の予防」について，指導する学年をすべて答えなさい。

(2)　保健分野に当てる授業時数は，3学年間で何単位時間程度を配当すると示されているか，答えなさい。

(3)　体育分野と保健分野との密接な関連を持たせて指導に当たるよう配慮する例として示されているものを2つ答えなさい((体育分野　　　)と(保健分野　　　)という答え方で)。

3　「中学校学習指導要領(平成29年告示)解説　保健体育編」の「第2章　保健体育科の目標及び内容[保健分野]　2　内容　(2)　心身の機能の発達と心の健康」に示された内容について，次の問いに答えなさい。

(1)　欲求の種類には，生理的な欲求と心理的，社会的な欲求がある。次の(ア)～(オ)は，どちらの欲求に当てはまるか，それぞれ記号で答えなさい。

(ア)　親から独立したい　　(イ)　眠りたい

(ウ)　誰かと話したい　　(エ)　空腹なので食べたい

(オ)　仲間がほしい

(2)　ストレスへの対処には，いろいろな方法があり，状況に応じた対処の仕方を選ぶことが大切であると示されているが，そのうち，ストレスによる心身の負担を軽くするような対処の方法として取

り上げるよう示されている方法を答えなさい。

(3)　生殖に関わる機能の成熟に関する指導に当たって，配慮するよう示されていることを1つ答えなさい。

(☆☆☆◎◎◎)

## 【高等学校】

【1】次の文章は，科目「保健」における「精神疾患の特徴」について述べたものである。以下の1〜4の各問いに答えなさい。

> 　精神疾患の発病には脳機能の障害などの生物的な要因に加えて，個人のものごとのとらえ方や考え方の特徴といった[　A　]，過労の結果としての睡眠不足や身体疾患などの[　B　]も関係している。また，人間関係のトラブルによるストレスや環境の変化といった[　C　]も複雑に絡んでいる。
>
> 　精神疾患は誰でも発病する可能性がある。およそ5人に1人以上が生涯に1回は何らかの精神疾患を経験する。また，[　D　]で発病しやすいことが特徴で，成人で精神疾患にかかった人のうち約50％は14歳までに，約[　E　]％は24歳までに発病する。
>
> 　日本においては15〜39歳の最多の死因は[　F　]である。そのため，不調に早く気づき，誰かに相談したり助けを求めたりすることが重要である。
>
> 　(ア)人間は不利益が大きいにもかかわらず，しばしば薬物やギャンブルをやめられなくなる。その背景には(イ)脳の回路の機能不全がある。

1　文中の[　A　]〜[　F　]に当てはまる語句または数字を答えなさい。
2　波線部について，おもな病名を2つ答えなさい。
3　下線部(ア)のような行動を，何というか答えなさい。
4　下線部(イ)について，脳内で起こっている現象について，次の語句をすべて使って説明しなさい。

語句【中枢神経，報酬，快感，神経伝達物質】

(☆☆☆◎◎◎)

【2】次の文章は，科目「保健」における「精神疾患の予防と回復」について述べたものである。以下の1〜4の各問いに答えなさい。

> 　ストレスは精神疾患の原因となる場合もあることから，学業や仕事で多忙なときには，心身に疲労をため過ぎず，意識的に適切な[　A　]をとることや睡眠時間を確保するように努め，ストレスを緩和させることが必要である。また，心身のストレス緩和には，体ほぐしの運動などの[　B　]のための軽い運動習慣も有効であり，自分なりのストレスへの対処が求められる。[　C　]を軽減するには，ものごとのとらえ方や考え方を転換する方法がある。
>
> 　精神疾患の治療開始の遅れは，身体疾患の場合と同様に，不調からの回復に悪い影響を与える。できるだけ，(ア)早期の発見と治療や支援の開始が，精神機能の回復可能性を高める。
>
> 　精神疾患の前兆に気がついた場合には，保健室での相談やスクールカウンセラーなどへの相談のほかに，早期に精神科医などの精神保健の[　D　]に援助を求めることも有効である。精神疾患を専門にみる診療所や病院以外にも[　E　]，[　F　]，精神保健福祉センターなどの公的機関では，精神保健医療福祉の[　D　]がさまざまな相談に応じてくれる。
>
> 　治療の際には，言語を介して心理的な支援を行う[　G　]や，抗うつ薬や抗不安薬などによる[　H　]が行われる。また，身体と精神の健康状態は互いに強く影響しあっているので，身体的コンディションの調整も精神機能の回復には欠かせない。
>
> 　精神疾患のために，治療に対する同意能力に障害が生じたり，自傷や他人に害を与えたりすることがある。この場合には本人の同意に基づかない医療を行う必要が生じることもある。そのような医療行為は(イ)法律により，専門の医師の判断のもとに行われる。

1 文中の[ A ]～[ H ]に当てはまる語句を答えなさい。
2 波線部について，不安や悩み，学校や家庭などの人間関係といっ
たストレスと，失恋や妊娠・出産，身近な人の死などの思いがけな
いストレスこれら2種類のストレスをそれぞれ何というか答えなさ
い。
3 下線部(ア)について，症状が出始めてから専門家による治療が開始
されるまでの治療の遅れのことを何というか答えなさい。
4 下線部(イ)の法律の名称を答えなさい。

(☆☆☆◎◎◎)

【3】次の文章は，科目「保健」における「環境と健康」について述べた
ものである。以下の1～4の各問いに答えなさい。

> 環境汚染による健康被害を防止するには，まず，環境を汚染す
> る物質をできるだけ出さないことである。わが国では，(ア)排出基
> 準を設けて基準を超えないようにするなど，(イ)環境基本法に基づ
> く対策がとられている。
> 環境基準の設定，排出規制，環境の監視・測定など，これまで
> の汚染防止対策に加えて，[ A ]の策定，(ウ)環境影響評価の推
> 進，[ B ]など，新たな汚染を防ぐための対策も定められた。

1 文中の[ A ]，[ B ]に当てはまる語句を答えなさい。
2 下線部(ア)について，大気汚染の環境基準にある一酸化炭素の1時
間値の1日平均値は何ppm以下か答えなさい。
3 下線部(イ)について，これは環境に関する国の政策の基本的方向を
示す法律だが，何年に制定されたか答えなさい。
4 下線部(ウ)については，別の呼び方もある。それを何というか答え
なさい。また，次の語句をすべて使って説明しなさい。
語句【建設，悪影響，環境に与える影響】

(☆☆☆◎◎◎)

【4】次の文章は，科目「体育」における「スポーツの技術と技能及びその変化」について述べたものである。以下の1～5の各問いに答えなさい。

> スポーツは一定のルールのもとで，より多く得点したり，記録を達成したり，すぐれた演技を表現したりすることが課題となる。それらの課題を解決するための[　A　]を技術という。
>
> 技術を実際に身につけるには，練習が必要である。このように，技術を練習することによって身についた能力を技能という。その技能には，①競争する相手から直接影響を受けることが少ない比較的安定した環境のなかで用いられる技能と，②たえず変化する状況のなかで用いられる技能がある。
>
> 球技や武道などのスポーツでは，相手やまわりの状況に応じて最適な技術を選択したり，技術と技術を組みあわせたりすることが不可欠である。そのための合理的な方法を[　B　]という。
>
> また，スポーツの技術や戦術は，③用具の改良，テレビやインターネットなどのメディアの発達によって変化してきた。それらは記録を向上させ，スポーツをより身近なものにしてくれる。④時にメディアの発達は，ルールの変更やスポーツの[　C　]を促し，スポーツそのものをゆがめることもある。

1　文中の[　A　]～[　C　]に当てはまる語句を答えなさい。

2　下線部①と②の技能を何というかそれぞれ答えなさい。

3　下線部①と②の技能を高めるためには，どのような練習をすることが大切かをそれぞれ答えなさい。

4　下線部③の用具の改良による技術の変化について，具体例をあげて述べなさい。

5　下線部④のメディアの影響によるルール変更について，具体例をあげて述べなさい。

（☆☆☆◎◎◎）

【5】「高等学校学習指導要領(平成30年告示)解説　保健体育編　体育編」の科目「体育」の領域及び内容の取扱いについて，次の1～3の各問いに答えなさい。

1　「A体つくり運動」及び「H体育理論」の領域については，各年次において全ての生徒に履修させることになっている。各年次の配当時数に関する次の文中の[　A　]，[　B　]に当てはまる数字を答えなさい。

「A体つくり運動」は各年次[　A　]単位時間程度

「H体育理論」は各年次[　B　]単位時間以上

2　「B器械運動」，「C陸上競技」，「D水泳」，「E球技」，「F武道」，「Gダンス」の領域における取り扱いについて，『入学年次』と『その次の年次以降』ではどのように履修できると記載してあるか，それぞれ答えなさい。ただし，各領域のアルファベットで記入しても構わない。(例：「B器械運動」は，B。)

3　「E球技」の領域の取り扱いについては，『入学年次』と『その次の年次以降』でそれぞれどのように履修できると記載してあるか。次の語句をすべて使って答えなさい。

語句【ゴール型，ネット型，ベースボール型】

(☆☆☆◎◎◎)

【6】次の文章は，「高等学校学習指導要領(平成30年告示)解説　保健体育編　体育編」の「第3章　第2節　内容の取扱いに当たっての配慮事項」からの抜粋である。以下の1，2の各問いに答えなさい。

> 　生涯にわたって豊かなスポーツライフを実現する資質・能力の育成に向けては，体力や技能の程度，性別や障害の有無等にかかわらず，①運動やスポーツとの多様な関わり方を状況に応じて選択し，卒業後も継続して実践することができるようにすることが重要である。
> 　体力や技能の程度及び性別の違い等にかかわらず，仲間ととも

に学ぶ体験は，生涯にわたる豊かなスポーツライフの実現に向けた重要な学習の機会であることから，②原則として男女共習で学習を行うことが求められる。

1　下線部①の運動やスポーツとの多様な関わり方には，体育の見方・考え方の視点から，どのような関わり方があるか答えなさい。
2　下線部②の原則として男女共習で学習を行う際，どのような指導方法の工夫を図ることが大切であるか，具体的な事例に基づいて説明しなさい。

(☆☆☆◎◎◎)

# 二次試験(県のみ)

## 【中学校】

【1】身体の環境に対する適応能力・至適範囲について指導する内容を挙げ，「主体的・対話的で深い学び」の実現に向け，どのように指導するか述べなさい。

(☆☆☆◎◎◎)

## 【高等学校】

【1】生活習慣病にかかるリスクの軽減と生活の質の向上に必要な個人の取組や社会的な対策について説明し，生徒が生涯を通じて健康的な生活習慣を意識して生活を送るための効果的な学習の進め方について述べなさい。

(☆☆☆◎◎◎)

## 解答・解説

# 一次試験

## 【中学校(県・市共通)】

【1】1　知識・技能，思考力・判断力・表現力等，学びに向かう力・人間性等　2　a　結果　　b　暗黙知　　c　障害　　d　カリキュラム・マネジメント　3　(1)　○　　(2)　×　正しい内容…ゴール型，ネット型，ベースボール型の中から2つ選択　　(3)　×　正しい内容…器械運動，陸上競技，水泳，ダンスの4つの領域の中から1以上選択

〈解説〉1　資質・能力の3つの柱は，平成28年12月21日に示された「幼稚園，小学校，中学校，高等学校及び特別支援学校の学習指導要領等の改善及び必要な方策等について(答申)」において示された。答申では，「知識・技能」と示されているが，学習指導要領及び解説では，「知識及び技能」と示されている。　2　暗黙知とは，勘や直感，経験に基づく知恵などをさす。　3　(2)　すべて取り扱うのは第1学年及び第2学年である。　(3)　ダンスも含まれる。この選択のさせかたは，クローズドスキルの運動領域とオープンスキルの運動領域に分けて設定されている。

【2】1　・心や体の健嘯や体力の保持増進　　・コミュニケーションを広げる　　・余暇を充実させたりするなどの生活の質を高める　から1つ　2　第1，2，3学年(全学年)　3　・ねらいは何か　　・いつ，どこで運動するのか　　・どのような運動を選ぶのか　　・どの程度の運動強度，時間，回数で行うか　から2つ　4　7

〈解説〉1　中学校第3学年は，高校入学年次と同じ内容が示されている。豊かなスポーツライフの実現のためにも，「継続する意義」を知識として押さえることは大変重要である。　2　体つくり運動の体ほぐしの運動は，小学校，中学校，高校の12年間全ての発達段階において取

り扱うこととなっている(小学校第1学年及び第2学年は体ほぐしの運動遊び)。「気付き」と「関わり合い」がねらいとなっている。　３　計画を立てる際には一部の能力のみの向上を図るのではなく，総合的に体の動きを高めることで調和のとれた体力の向上が図られるようにすることが重要である。　４　体を動かす楽しさや心地よさを味わわせるとともに，健康や体力の状況に応じて体力を高める必要性を認識させ，学校の教育活動全体や実生活で生かすことができるよう，全ての学年で履修させることとなっている。

【３】１　イ　　２　筋力，柔軟性，平衡性　から2つ　　３　・自己の能力を高める　　・仲間との連帯感を高めて気持ち良く活動する　　４　・仲間の演技から良い動きを身に付ける　　・ビデオなどの映像を通して自己の演技と仲間の演技の違いを比較する　　・自己の取り組むべき技術的な課題を明確になり，学習の成果を高める　　から1つ

〈解説〉１　マット運動の回転系や巧技系の基本的な技とは，回転系の接転技群，ほん転技群の基本的な技，巧技系の平均立ち技群の基本的な技を示している。鉄棒運動の支持系や懸垂系の基本的な技とは，支持系の前方支持回転技群，後方支持回転技群の基本的な技，懸垂系の懸垂技群の基本的な技を示している。平均台運動の体操系やバランス系の基本的な技とは，体操系の歩走グループ，跳躍グループの基本的な技，バランス系のポーズグループ，ターングループの基本的な技を示している。跳び箱運動の切り返し系や回転系の基本的な技とは，切り返し系の切り返し跳びグループの基本的な技，回転系の回転跳びグループの基本的な技を示している。　２　関連して高まる体力では，器械運動は，それぞれの種目や系，技群，グループにより主として高まる体力要素が異なることを理解できるようにすることが大切である。３　仲間の学習を援助しようとするとは，練習の際に，仲間の試技に対して補助したり，挑戦する技の行い方などの学習課題の解決に向けて仲間に助言したりしようとすることなどを示している。学びに向かう力，人間性等の協力の内容に相当する。　４　現在では，一人1台タ

ブレット端末が配布されていることから，ICTの活用が挙げられる。

【4】1　体落とし，大腰　　2　受が安全に受け身を取れるようになるまで，膝をついた姿勢で技を受けるようにする　　3　(1)　×　正しい内容…武道及び球技のまとまりから1領域以上を選択(柔道，剣道又は相撲のうちから1種目を選択して履修)　　(2)　○　(3)　○　　4　・体調の変化などに気を配ること　　・危険な動作や禁じ技を用いないこと　　・畳の状態などを整えること　　・練習や試合の場所などの自己や仲間の安全に留意すること　　・自己の体調や技能の程度に応じて技に挑戦すること　　から2つ

〈解説〉1　体落としでは，取は，受を右前すみに崩し，受に重なる様に回りこみ，さらに右足を一歩受の右足の外側に踏み出し，両腕と両膝の伸展を利用して受を前方に投げ落とす。大腰では，取は，受を前に崩し，受の後ろ腰に右腕を回し，受と重なり，両膝の伸展，引き手，後ろに回した右腕を使い，受を腰に乗せ前方に投げる。　　2　大外刈りでは，取は，受を右後ろすみに崩し，左足を軸に右脚を前方に振り上げ，相手の右脚を外側から刈り，受を後方に投げる。それにより，受け身がしっかりとできないと，頭部を強打する恐れがある。よって，高さを低くして行う段階的な指導が必要となる。　　3　(1)　武道を必修とするのは，第1学年及び第2学年である。また，中学校では柔道，剣道，相撲が示されているが，全てを扱う必要は無く，一般的には学校の実態に応じて一つの武道を行うことがほとんどである。　　4　指導としては，体調に異常を感じたら運動を中止することを伝えたり，竹刀などの用具の扱い方や畳などの設置の仕方及び起きやすいけがの事例などを示したりすることが必要である。

【5】1　エ　　2　a　運動量　　b　食事の量　　3　ニコチン，タール，一酸化炭素　　4　依存症(依存症状)　　5　結核，コレラ，麻疹，風疹，感染性胃腸炎　　から2つ

〈解説〉1　健康な生活と疾病の予防では，次の6つの内容を指導する。

(ア)健康の成り立ちと疾病の発生要因。(イ)生活習慣と健康。(ウ)生活習慣病などの予防。(エ)喫煙，飲酒，薬物　乱用と健康。(オ)感染症の予防。(カ)健康を守る社会の取組。(ア)(イ)を第1学年，(ウ)(エ)を第2学年，(オ)(カ)を第3学年で指導するようになっている。　2　健康を保持増進するためには，年齢や生活環境等に応じて運動を続けることが必要であることを理解できるようにする。健康を保持増進するためには，毎日適切な時間に食事をすること，年齢や運動量等に応じて栄養素のバランスや食事の量などに配慮することが必要であることを理解できるようにする。　3　ニコチンは依存症にさせる作用がある。血管を収縮させ，血液の流れを悪くする作用もあり，動脈硬化を促進させる。タールはたばこのヤニの成分である。発がん性物質や発がんを促進する物質が数十種類以上含まれている。一酸化炭素は酸素を運ぶ機能を阻害し，酸素不足を引き起こす。動脈硬化を促進させる。4　喫煙による依存症にはニコチン依存症がある。これは，血中のニコチン濃度がある一定以下になると不快感を覚え，喫煙を繰り返してしまう疾患である。たばこを吸うと肺からニコチンが取り込まれ，すぐに脳内のニコチン性アセチルコリン受容体に結合する。それにより，快楽に関わる脳内神経伝達物質であるドーパミンが大量に放出され，強い快感が得られる。これにより，喫煙がやめられない依存症となる。5　感染症を予防するには，感染経路を遮断すること，身体の抵抗力を高めることが有効である。また，感染症にかかった場合は，疾病から回復することはもちろん，周囲に感染を広げないためにも，できるだけ早く適切な治療を受けることが重要であることを理解できるようにする。

【6】1　a　個人生活　　b　他者に伝える力　　　c　生涯　　2　(1)　全ての学年(全学年)(第1，2，3学年)　　　(2)　48　　　(3)　・(体育分野)体ほぐしの運動　と　(保健分野)心の健康　　・(体育分野)水泳　と　(保健分野)応急手当　　3　(1)　生理的な欲求…(イ)，(エ)　　心理的，社会的な欲求…(ア)，(ウ)，(オ)　　　(2)　リラクセーション　　　(3)　・発達の段

階を踏まえること　・学校全体で共通理解を図ること　・保護者の
理解を得ること　から1つ
〈解説〉1　中学校では個人生活における健康課題を，高等学校では個人
及び社会生活における健康課題について取り扱う。　2　(1)　「健康な
生活と疾病の予防」については，個人生活における健康に関する課題
を解決することを重視する観点から，内容を学年ごとに配当すること
とされた。　(2)　各学年おおよそ均等な時間を配当できるようになっ
ている(各学年16単位時間程度)。ただし，課題学習においては，課題
追究あるいは調べる活動の時間を十分確保するために，次の授業時間
との間にゆとりを持たせるなどの工夫をすることも効果的である。
(3)　体ほぐしの運動では，ストレッチやリラクセーションなども取り扱
い，行う事で気持ちがスッキリし，リラックスにつながることを学習す
る。　3　(1)　欲求については，マズローの5段階説がある。生理的欲求，
安全の欲求，社会的欲求，承認欲求，自己実現欲求。　(2)　他の方法と
しては，呼吸法があり，教科書等では例示されている。　(3)　生殖に
関わる機能の成熟には個人差があることも指導することが重要であ
る。

## 【高等学校】

【1】1　A　心理的要因　　B　身体的要因　　C　社会的要因　　D　若
年　　E　75　　F　自殺　　2　うつ病，統合失調症　　3　嗜癖(し
へき)　　4　脳内にドーパミンという神経伝達物質が放出されると，
中枢神経が興奮して快感が得られる。この感覚を脳が報酬と認識し，
その行為が繰り返されると自分の意志でやめることが難しくなる。
〈解説〉1　精神疾患は，一つの要因でなく，生物的要因・心理的要因・
社会的要因等が，複雑に絡み合って起こる。様々な要因の相互作用の
結果として精神疾患に至る可能性が生じることは，特定の体質(遺伝)
を持っていると必ず発症するわけではないこと，誰もがかかる可能性
があることを意味する。精神疾患はごくありふれた病気であると同時
に若者の病と呼ばれている。うつ病などの気分障害と不安症を主な対

象とした調査において，日本人の約20％が一生に一回はそれらの精神疾患に罹ることが推定されている。10代から20代は脳を含めた心身の成長に重要な時期であるが，精神疾患はこの時期に罹りやすい疾患である。　2　授業では，うつ病，統合失調症，不安症，摂食障害などを適宜取り上げることになっている。うつ病は気分の落ち込み，ほとんど全ての活動へのやる気の喪失が主な症状である。日本人での生涯有病率は約6％，つまり約15人に1人が罹患する病気である。総合失調症は「悪口が聞こえてくる」などの幻覚(幻聴)や「いつも見張られている」といった妄想が特徴的な症状である。約120人に1人の割合で生じる。不安症は本人や身内が病気になるのではないか，などの恐怖が様々な心配事や不吉な予感とともに，動悸・発汗・震えなどの身体の症状が伴うことがある。人前で過剰に緊張したり，避けたり，赤面や手の震えを訴える人もいる。摂食障害は体型と体重に対する極端なこだわりや，体重増加への極度の恐怖を持つのが特徴である。女性に多いが，男性にも一定数見られる。　3　アルコールや薬物，カフェイン，ニコチン等の物質に依存している状態を物質依存，ギャンブルやゲーム等の何らかの行為にのめり込んでいる状態は行動嗜癖という。近年では，主にインターネットを介したゲーム障害やその予備軍の状態にある中高生が約160万人いると推計されており，問題視されている。　4　依存症や行動嗜癖の原因は，自分の意志だけではやめたくてもやめられない状態になっている脳の変化が存在しているためだと考えられている。

【2】1　A　休養　　B　リラクセーション　　　C　心理的ストレス　　D　専門家　　E　保健所　　F　保健センター　（※E，Fは順不同）　G　カウンセリング　　H　薬物療法　　2　日常的ストレス，ライフイベントによるストレス　　3　未治療期間　　4　精神保健福祉法

〈解説〉1　精神疾患の治療は，その人の訴えや起きている心の健康問題について，総合的に評価し，診断するところから始まる。精神疾患の治療法には，薬物療法，精神療法，環境調整などがあり，多くの場合，

これらの治療を適切に組み合わせて，包括的に支援する。専門家の判断を仰ぎたい場合の学校外の相談先として，公的な相談窓口や心を専門に診る病院やクリニックなどを利用することができる。地域の保健所・保健センターや，都道府県・政令指定都市に設置されている精神保健福祉センターのような公的機関には相談窓口があり，専門家が様々な相談に応えてくれる。　2　ライフイベントストレスは，就職，結婚，出産といった自身にとっては嬉しいことでも起こる。新しいこと，先行きの見えづらいことは，少なからず心身に負担が生じる。3　精神疾患でも身体疾患と同様に，治療開始の遅れをなくし，早期発見・早期受診などの取組が大事である。　4　精神障害者の医療と保護，および国民のこころの健康の増進を目的とした法律である。精神障害者については，障害者総合支援法と連携し，社会で自立して生活していくことを支援するとされている。

【3】1　A　環境基本計画　　B　経済的措置　　2　10(ppm)
3　1993(年)　　4　別名…環境アセスメント　　説明…道路や発電所の建設などにあたって，その事業が環境に与える影響について調査・予測・評価し，その結果をふまえて，環境に悪影響を及ぼさないように配慮する。
〈解説〉1　A　現在は，第五次環境基本計画が示され，平成30年4月17日に閣議決定された。この中では，SDGsの考え方も活用しながら，分野横断的な6つの「重点戦略」を設定し，環境政策による経済社会システム，ライフスタイル，技術などあらゆる観点からのイノベーションの創出や，経済・社会的課題の「同時解決」を実現し，将来に渡って質の高い生活をもたらす「新たな成長」につなげていくとされている。また，地域の活力を最大限に発揮する「地域循環共生圏」の考え方を新たに提唱し，各地域が自立・分散型の社会を形成しつつ，地域の特性に応じて資源を補完し支え合う取組を推進していくこととされている。　2　排出基準は法的拘束力をもち，都道府県は条例によりさらに厳しい基準を設けることができる。　3　公害対策基本法，自然環

境保全法に代わる環境政策に関する基本法として制定された。

4　環境アセスメント(環境影響評価)とは，大規模な開発事業などを実施する際に，事業者が，あらかじめその事業が環境に与える影響を予測・評価し，その内容について，住民や関係自治体などの意見を聴くとともに専門的立場からその内容を審査することにより，事業の実施において適正な環境配慮がなされるようにするための一連の手続きをいう。

【４】1　A　合理的な体の動かし方　　B　戦術　　C　商品化
2　①　クローズドスキル　　②　オープンスキル　　3　①　速さ，正確さ，安定性，効率性などを目標にして，同じ条件の元で繰り返し練習すること。　　②　変化する状況の中で解決すべき課題を設定して練習すること。　　4　棒高跳びの棒が木から竹，金属，グラスファイバーへ変わり弾力性が向上すると，しなりをよりうまく利用する新しい技術が次々に生まれた。　　5　・陸上競技における不正スタート(フライング)のルール変更　　・柔道では，選手を見分けやすくするためにカラー柔道着の導入　　・バスケットボールでは，テレビ放映の都合に合わせ，20分ハーフから10分クォーター制を導入

〈解説〉1　A　走り幅跳びの跳び方，水泳の泳ぎ方，柔道の技など，スポーツには，それぞれの課題を解決するための合理的な解決方法としての技術(行動技術)がある。　　B　実際のゲームに先立って，見方や相手チームの特徴を分析し，いつどのような戦術を適用するのかあらかじめ立てておく計画を作戦という。　　C　スポーツによって金銭的・物理的な利益をもたらす対象やそれにかかわる行為を指す。例えば，選手のロゴマーク入り用具を開発して販売したり，スポーツイベントの放送権を独占したりすることによって利益を上げることなどがある。　　2　クローズドスキルのスポーツは，水泳，陸上競技，器械体操などである。オープンスキルのスポーツは，球技，武道などである。3　陸上競技や水泳などは，技能を発揮する環境条件(施設)がほぼ一定である。そのため，環境条件の変化に左右されずに最適なパフォーマ

ンスを発揮することが中心的な課題となる。　4　他にも，体操競技の跳馬のルーツは乗馬訓練用の木馬であり，それが支持跳躍を目的とした頭なし馬に変化した。今では，高度な演技を可能とするテーブル型の馬が用いられている。　5　バレーボールでは，1999年に試合時間の短縮という理由から，サーブ権に関わらず点数が入るラリーポイント制にルールが変更された。

【5】1　A　7〜10(単位時間程度)　　B　6(単位時間以上)　　2　『入学年次』…BCDGから1以上選択，EFから1以上選択　　『その次の年次以降』…BCDEFGから2以上選択　　3　『入学年次』…ゴール型，ネット型，ベースボール型から2選択　　『その次の年次以降』…ゴール型，ネット型，ベースボール型から選択

〈解説〉1　前回の学習指導要領に引き続き，配当時間が明確に示された。2・3　入学年次は，中学校第3学年と同様の選択になる。それ以降は，選択の数については示されていない。

【6】1　する，みる，支える，知る　　2　指導方法の工夫…心身ともに発達が著しい時期であることを踏まえ，運動種目によってはペアやグループの編成時に配慮したり，健康・安全に関する指導を図ったりするなど，指導方法の工夫を図ることが大切である。　　事例　・柔道の授業で寝技の練習をする時，ペアを考慮し，男子同士，女子同士で寝技練習を行う。　　・体力や技能の程度が大きく影響を及ぼす単元に関しては，男子がプレーしている間，女子がICT機器を活用するなどグループ編成に配慮する。　　・ソフトボールの授業でダブルベースを用いるなど健康・安全を確保するルールや場の設定を行う。

〈解説〉1　「する」以外の具体的な姿として，「みる」では，実際に，又は映像を通して観戦する事である。「支える」は，ボランティアや大会運営などに関わることがあげられる。「知る」では，インターネットや書籍等で，ルールや技術，歴史等について調べることが挙げられる。　　2　他の例として，体つくり運動の体ほぐしの運動でペアスト

レッチ等を行う場合は，ボディタッチがあるため，男子同士，女子同士で行う配慮が必要になる。

# 二次試験(県のみ)

## 【中学校】

【１】(解答例)　身体の環境に対する適応能力・至適範囲の指導内容としては，気温の変化に対する適応能力とその限界，温熱条件や明るさの至適範囲について取り扱う。気温の変化に対する適応能力とその限界では，気温の変化に対する体温調節の機能を例として取り上げ，身体には，環境の変化に対応した調節機能があり，一定の範囲内で環境の変化に適応する能力があることを理解できるようにする。また，屋内外での熱中症や山や海での遭難などによる低体温症などを取り上げ，体温を一定に保つ身体の適応能力には限界があること，その限界を超えると健康に重大な影響が見られることから，気象情報の適切な利用が有効であることを理解できるようにする。これらを，主体的・対話的で深い学びの実現に向け指導していくためには，まず導入段階で，バス内での園児置き去り死亡事故等の本時の学習内容と関連のある事例を取り上げ，本時の学習課題につなげていく。次に，夏の暑い状況や，冬の寒い状況が分かる写真や映像を提示し，身体にどのような変化が現れるかをワークシートに書き出す。それらを発表させた後で，その身体の変化が起こる理由について考える活動を行い，ペア→グループ→全体での共有へとつなげていく。そこで，意見を集約しながらまとめ，体温調節のため汗をかくなどの確かな知識を習得させる。さらに，適応能力には限界があるのかをICT機器を使って調べ，グループで集約し全体共有する。最後は，これまでの学びを活用し，生活場面や運動場面での暑い中での対策や，寒い中での対策について考えを深める。また，至適範囲については，個人生活の様子を想起させ，過ごしやすい気温や湿度等の気象条件について意見を発表し，至適範囲

を超えると，学習や運動など様々な場面に影響が出るとともに，場合によっては死に至ることを押さえる。その際，気温・湿度・気流の3つの組合せで温熱条件が決まることを確かな知識として習得させる。次に，明るさの至適範囲について，グループ内で学校の教室・特別教室・体育館等の照度予想ランキングを行い，グループに分かれて実際に照度計で測定を行い，分かったことを話し合う。最後に，夏の暑い日に，自分の部屋でパソコンを使うといった条件設定を行い個人生活に目を向けさせ，これまで学習した知識を活用して，どのようなことに注意すればよいか，ワークシートに書き込み，意見を発表し合う。

〈解説〉今回の設問に該当する，学習指導要領解説に示されている指導内容は，「(4) 健康と環境 (ア)身体には，環境に対してある程度まで適応能力があること。(ア)身体の環境に対する適応能力・至適範囲」についてである。具体的には，「身体の適応能力を超えた環境は，健康に影響を及ぼすことがあること。また，快適で能率のよい生活を送るための温度，湿度や明るさには一定の範囲があること。」について指導する。ここでは，適応能力と指摘範囲について，確かな知識を習得する場面と，それを活用して考える場面を設定することが重要である。また，実習(測定)を行う事で，身近な環境がどのような状況であるのかを把握し，それを個人生活の場面に汎用してどのように環境を整えていったらよいかを考えさせる。授業の計画，指導方法，評価については，「改訂『生きる力』を育む中学校保健教育の手引き」(文部科学省)，「保健教育の指導と評価 令和4年度版」(学校保健会)を参考にするとよい。

## 【高等学校】

【1】(解答例) 生活習慣病にかかるリスクを軽減し予防するには，適切な運動，食事，休養及び睡眠など，調和のとれた健康的な生活を続けることが必要である。また，個人の取組としては，定期的な健康診断やがん検診などを受診することが挙げられる。回復については，特にがんについては，手術療法，化学療法(抗がん剤など)，放射線療法な

どの治療法があり，患者や周囲の人々の生活の質を保つことや緩和ケアが重要である。社会対策としては，健康診断やがん検診の普及，正しい情報の発信が挙げられる。授業においては，まず導入として，生活習慣病について，これまでの既習事項を想起させ，その種類と原因についてワークシートに記入する。それらを発表し，板書で整理するとともに，がんについては，肺がん，大腸がん，胃がんなど様々な種類があり，生活習慣のみならず細菌やウイルスの感染などの原因もあることについても押さえる。

その上で，「それらの原因にアプローチするためにはどのような方法が考えられるか」といった問いを投げかけ，個人→ペア→グループ→全体での意見共有へとつなげていく。それらを個人でできる取組と，社会的な取組にグループで分類させた後，全体共有を図る。そこで，個人でできる取組として，定期健診の受診が挙がることが予想されるが，日本と海外の定期検診やがん検診の受診率の比較のグラフを提示し，「なぜ日本は海外に比べて受診率が低いのか」といった問いを投げかけ，その背景について考えさせることで，社会的な対策の重要性へと思考を結び付けていく。さらに，生涯を通じて健康的な生活習慣を送るためにはどのようにしたらよいか，ICT機器を使用して調べ学習を行うとともに，プレゼンテーション資料を作成し，個人的な取組と社会対策の二つの観点から伝え合う活動を展開する。その際，独りよがりの発表にならないように，質疑応答の時間を設け，自分の調べた内容と友人の発表内容との相違点について確認し，考えを深める。

〈解説〉今回の設問に該当する，学習指導要領で示されている内容は，(1)現代社会と健康　ア　現代社会と健康について理解を深めること。(ウ)生活習慣病などの予防と回復」についてである。具体的には，「健康の保持増進と生活習慣病などの予防と回復には，運動，食事，休養及び睡眠の調和のとれた生活の実践や疾病の早期発見，及び社会的な対策が必要であること。」について指導する。高等学校段階では，個人生活及び社会生活における健康課題について総合的に学習することが重要であるため，個人の取組と社会対策を関連付けて両面から理解

できるようにすることが重要である。

　授業の計画，指導方法に関しては，「改訂『生きる力』を育む高等学校保健教育の手引き」(文部科学省)，「保健教育の指導と評価 令和4年度版」(学校保健会)を参考にするとよい。

## 2023年度 ｜ 実施問題

# 一次試験

## 【中学校(県・市共通)】

【１】次の文章は，「中学校学習指導要領(平成29年告示)解説　保健体育編」の「第2章　保健体育科の目標及び内容　第1節　教科の目標及び内容　1　教科の目標」からの抜粋である。以下の1～3の各問いに答えなさい。

---

　①体育や保健の見方・考え方を働かせ，課題を発見し，[　a　]な解決に向けた学習過程を通して，心と体を一体として捉え，[　b　]にわたって心身の健康を保持増進し豊かな[　c　]を実現するための資質・能力を次のとおり育成することを目指す。

(1)　各種の運動の特性に応じた技能等及び個人生活における健康・安全について理解するとともに，基本的な技能を身に付けるようにする。

(2)　運動や健康についての自他の課題を発見し，[　a　]な解決に向けて思考し判断するとともに，他者に伝える力を養う。

(3)　[　b　]にわたって運動に親しむとともに健康の保持増進と体力の向上を目指し，明るく豊かな生活を営む態度を養う。

---

1　[　a　]～[　c　]に当てはまる語句をそれぞれ答えなさい。なお，同じ記号には同じ語句が入る。

2　下線部①について，「体育の見方・考え方」として，「自己の適性等に応じた『　　』の多様な関わり方と関連付けること。」と示されている。『　　』に当てはまる語句を答えなさい。

3　「第2章　保健体育科の目標及び内容　第1節　教科の目標及び内容　2　教科の内容」には，体育分野と保健分野の内容が示されている。

体育分野は，8つの領域で構成されている。知識に関する領域「体育理論」，運動に関する領域「体つくり運動」，「陸上競技」，「水泳」，「球技」，「武道」とあと2つの領域を答えなさい。

(☆☆☆◎◎◎)

【2】次の文章は，「中学校学習指導要領(平成29年告示)解説　保健体育編」の「第2章　保健体育科の目標及び内容　第2節　各分野の目標及び内容」［体育分野］　2　内容　E　球技　［第1学年及び第2学年］　(1)「知識及び技能」からの抜粋である。以下の1～5の各問いに答えなさい。

> (1)　次の運動について，勝敗を競う楽しさや喜びを味わい，球技の特性や成り立ち，技術の名称や行い方①その運動に関連して高まる体力②などを理解するとともに，基本的な技能や仲間と連携した動きでゲームを展開すること。
> 　ア　ゴール型では，③ボール操作と空間に走り込むなどの動きによってゴール前での攻防をすること。
> 　イ　［　a　］では，ボールや用具の操作と定位置に戻るなどの動きによって空いた場所をめぐる攻防をすること。
> 　ウ　［　b　］では，基本的なバット操作と④走塁での攻撃，ボール操作と定位置での守備などによって攻防すること。

1　［　a　］，［　b　］に当てはまる語句をそれぞれ答えなさい。
2　下線部①については，「球技は，それぞれの型や運動種目で主として高まる体力要素が異なることを理解できるようにする」と示されている。ゴール型では，求められる動きに関連して，主として4つの体力要素が示されているが，そのうち2つを答えなさい。
3　下線部②について「など」の例として「試合の行い方」がある。試合を行う上で何を理解できるようにすることと示されているか，2つ答えなさい。
4　下線部③の「ボール操作」の例として示されているものを，次の

37

(ア)〜(エ)から2つ選び，記号で答えなさい。

(ア)　ゴール方向に守備者がいない位置でシュートをすること。

(イ)　味方が操作しやすいパスを送ること。

(ウ)　守備者とボールの間に自分の体を入れてボールをキープすること。

(エ)　パスやドリブルなどでボールをキープすること。

5　下線部④の「走塁」とは，「塁間を走ること」と示されているが，ボールを持たない時の動きとして示されているものを2つ答えなさい。

(☆☆☆◎◎◎)

【3】次の文章は，「中学校学習指導要領(平成29年告示)解説　保健体育編」の「第2章　保健体育科の目標及び内容　第2節　各分野の目標及び内容」[体育分野]　2　内容　H　体育理論　[第1学年及び第2学年]「運動やスポーツの意義や効果と学び方や安全な行い方　ア　知識」からの抜粋である。以下の1，2の各問いに答えなさい。

> ア　運動やスポーツの意義や効果と学び方や安全な行い方について理解すること。
>
> (ア)　運動やスポーツは，身体の発達やその機能の維持，体力の向上などの効果や自信の獲得，ストレスの解消などの心理的効果及びルールやマナーについて合意したり，適切な人間関係を築いたりするなどの①社会性を高める効果が期待できること。
>
> (イ)　運動やスポーツには，特有の技術があり，その学び方には，②運動の課題を合理的に解決するための一定の方法があること。
>
> (ウ)　運動やスポーツを行う際は，その特性や目的，発達の段階や体調などを踏まえて運動を選ぶなど，健康・安全に留意する必要があること。

1 下線部①について，社会性を高めるために具体例として示されているものを，3つ答えなさい。
2 下線部②について，具体例として示されているものの中から，2つ答えなさい。

(☆☆☆◎◎◎)

【4】次の文章は，「中学校学習指導要領(平成29年告示)」の「第1章 総則 第5 学校運営上の留意事項 1 教育課程の改善と学校評価，教育課程外の活動との連携等」からの抜粋である。以下の1，2の各問いに答えなさい。

> ウ 教育課程外の学校教育活動と教育課程の関連が図られるように留意するものとする。特に，生徒の自主的，自発的な参加により行われる①部活動については，スポーツや[ a ]，科学等に親しませ，[ b ]の向上や責任感，連帯感の涵養等，学校教育が目指す[ c ]の育成に資するものであり，学校教育の[ d ]として，教育課程との関連が図られるよう留意すること。その際，学校や地域の実態に応じ，地域の人々の協力，社会教育施設や社会教育関係団体等の各種団体との連携などの運営上の工夫を行い，[ e ]な運営体制が整えられるようにするものとする。

1 [ a ]～[ e ]に当てはまる語句の組み合わせとして適切なものを，次の(ア)～(エ)から1つ選び，記号で答えなさい。
    (ア) a 文化    b 学習意欲    c 資質・能力    d 一環
        e 持続可能
    (イ) a 運動    b 体力    c 校訓    d 一環
        e 組織的
    (ウ) a 文化    b 体力    c 資質・能力    d 要
        e 組織的
    (エ) a 運動    b 学習意欲    c 校訓    d 要

　　　　e　持続可能
2　下線部①について，文部科学省から令和2年9月に「学校の働き方改革を踏まえた部活動改革について」が示されている。「具体的な方策」として示されているものから2つ答えなさい。

　　　　　　　　　　　　　　　　　　　　　　　　（☆☆☆◎◎◎）

【5】「中学校学習指導要領(平成29年告示)解説　保健体育編」の「第2章　保健体育科の目標及び内容　第2節　各分野の目標及び内容　[保健分野]　2　内容　(2)　心身の機能の発達と心の健康」について，次の1～4の各問いに答えなさい。
1　「心の健康を保つには，適切な生活習慣を身に付けるとともに，欲求やストレスに適切に対処することが必要であることを理解できるようにする。」と示されているが，欲求には，食欲などの生理的な欲求の他にどのような欲求があるか，生理的な欲求以外に2つ答えなさい。(「～的な欲求」と答えること。)
2　「ア　知識及び技能」における「(ウ)　精神機能の発達と自己形成」の内容は第何学年で扱うか，答えなさい。
3　思春期における生殖器の発育や生殖機能の発達は，体のどのような働きによるものか説明しなさい。
4　生殖に関わる機能の成熟における指導に当たって配慮するよう示されていることを2つ答えなさい。

　　　　　　　　　　　　　　　　　　　　　　　　（☆☆☆◎◎◎）

【6】次の1～4の各問いに答えなさい。
1　交通事故や自然災害などによる傷害の発生要因を2つ答えなさい。
2　交通事故による傷害を防止するためには，自転車や自動車の特性を知ることや道路の交通環境などの整備，改善を図ることが必要である。次の説明を読み，(1)及び(2)は自動車の特性，(3)は道路の名称を答えなさい。
　(1)　ハンドルを切って前進した際に生じる内側の前輪と後輪の通る

位置の差

(2)　自動車の運転手から見えない範囲

(3)　自動車の走行速度を低減させる道路構造として安全で快適な歩行空間の形成を図った道路(車道をジグザグにする「クランク」や路面を部分的に盛り上げる「ハンプ」等)

3　地震の発生による二次災害にはどのようなものがあるか，2つ答えなさい。

4　自然災害(地震発生時)による傷害の防止について，「中学校学習指導要領(平成29年告示)解説　保健体育編」では，どのようなことを理解できるようにすると示されているか，2つ答えなさい。

(☆☆☆◎◎◎)

【7】次の1，2の各問いに答えなさい。

1　次の文章は，「中学校学習指導要領(平成29年告示)解説　保健体育編」の「第2章　保健体育科の目標及び内容　第2節　各分野の目標及び内容　[保健分野]　3　内容の取扱い」からの抜粋である。下線部①について，「中学校学習指導要領(平成29年告示)解説　保健体育編」に指導方法の工夫として例示されているものの中から，2つ答えなさい。

> (11)　保健分野の指導に際しては，①自他の健康に関心をもてるようにし，健康に関する課題を解決する学習活動を取り入れるなどの指導方法の工夫を行うものとする。

2　次の文章は，「中学校学習指導要領(平成29年告示)解説　保健体育編」の「第3章　指導計画の作成と内容の取扱い　1　指導計画の作成」の一部を抜粋したものである。これについて，以下の(1)，(2)の各問いに答えなさい。

> 1　指導計画の作成に当たっては，次の事項に配慮するものと
> する。
>   (1)　単元など内容や時間のまとまりを見通して，その中で育
>   む<u>①資質・能力の育成</u>に向けて，生徒の主体的・対話的で
>   深い学びの実現を図るようにすること。
> 2　第2の内容の取扱いについては，次の事項に配慮するものと
> する。
>   (3)　第2の内容の指導に当たっては，<u>②コンピュータや情報
>   通信ネットワーク</u>などの情報手段を積極的に活用して，各
>   分野の特質に応じた学習活動を行うよう工夫すること。

(1)　下線部①について，育成すべき三つの資質・能力を答えなさい。
(2)　下線部②について，次の文章の[　a　]〜[　c　]に当てはまる
語句を答えなさい。

> ・将来の予測が難しい社会においては，情報や情報技術を受
> け身で捉えるのではなく，[　a　]として活用していく力が
> 求められる。
> ・保健体育科においても，各分野の特質を踏まえ，[　b　]等
> にも配慮した上で，必要に応じて，コンピュータや情報通
> 信ネットワークなどを適切に活用し，学習の効果を高める
> よう配慮することを示している。
> ・保健分野においては，健康情報の収集，[　c　]の発見や解
> 決方法の選択における情報通信ネットワーク等の活用など
> が考えられる。

(☆☆☆◎◎◎)

## 【高等学校】

【1】次の文章は，科目「保健」における「がんの原因と予防」について述べたものです。以下の1～4の各問いに答えなさい。

> ①5つの健康的な生活習慣によって，がんになるリスクを軽減できることがわかっています。また，がんの種類によって，がんになるリスクを上げる要因や下げる要因が異なります。細菌・ウイルスの感染が原因のがんについては，それらを除去したり，感染を予防したりすることによって，がんになるリスクが下がります。このように，がんを予防するには，がんのリスク要因を減らしたり，リスクを軽減する要因を増やしたりする[　A　]が重要です。
>
> 　がんのおもな治療法には，[　B　]，[　C　](抗がん剤など)，[　D　]があります。これらの治療法をがんの種類や症状などにあわせて，単独であるいは複数を組みあわせておこなう[　E　]が推奨されています。(ア)患者が，医師から十分な説明を受け，自分の病気・検査結果・治療法などについて理解した上で，どのような方法を用いるかを選択することが重要です。(イ)治療法の選択については，医師によって異なることもあるため，別の医師に意見を求めることもできます。

1　波線部①に関して，5つの健康的な生活習慣を全て答えなさい。

2　文中の[　A　]～[　E　]に当てはまる語句を答えなさい。

3　下線部(ア)について，一般的に何と言うかカタカナで答えなさい。

4　下線部(イ)について，一般的に何と言うかカタカナで答えなさい。

(☆☆☆◎◎◎)

【2】次の文章は，科目「保健」における「心肺蘇生法」について述べた
ものです。以下の1〜3の各問いに答えなさい。

> けがや病気で，心臓の動きが止まり呼吸も停止した[　Ａ　]の状
> 態におちいり死の危険にさらされたときに，救命のため人工的に
> [　Ｂ　]を確保する方法を心肺蘇生法といいます。心肺蘇生法の方
> 法として，(ア)胸骨圧迫，(イ)人工呼吸，AEDによる[　Ｃ　]があり
> ます。人手がある場合には複数で対応することが有効です。
>
> 　胸骨圧迫では血液の循環を助けることはできても，心臓の正常
> な動きを取り戻すことができるとはかぎりません。そのため，
> AEDを使って，正常な動きをしていない状態([　Ｄ　]など)にある
> 心臓に電気ショックを与え，正常な動きを取り戻します([　Ｃ　])。
> ただし，AEDによってすべての心停止から回復させることができ
> るとはかぎりません。その場合には，胸骨圧迫を続けることにな
> ります。

1　文中の[　Ａ　]〜[　Ｄ　]に当てはまる語句を答えなさい。
2　下線部(ア)胸骨圧迫について，その効果と方法を，次の語句すべて
　を使って説明しなさい。
　　　語句【通常の$\frac{1}{3}$，脳の障害，5cm，100回〜120回】
3　下線部(イ)人工呼吸について，その有効性を，次の語句すべてを使
　って説明しなさい。
　　　語句【16〜18％，約21％】

(☆☆☆◎◎◎)

【3】次の文章は，科目「体育」における「効果的な動きのメカニズム」
について述べたものです。以下の1〜3の各問いに答えなさい。

> 　人間の生命活動は，体を構成するさまざまな組織や器官によっ
> て成り立っていますが，そのうち，運動やスポーツなどの体の動
> きに大きくかかわっているのは[　A　]です。動きを開始するには，
> 脳をはじめとする[　B　]からの運動指令が伝わることによって骨
> 格筋が収縮する必要があります。この[　C　]によって発揮される
> 力を筋力といい，そのエネルギー源は，おもに細胞呼吸によって
> 合成されるATP([　D　])という物質です。筋収縮を開始させる最
> 初のATP供給源や瞬発的な高強度運動のATP供給源として，筋細
> 胞(筋繊維)の内部に貯蔵されている[　E　]やグリコーゲンが使わ
> れます。
>
> 　筋収縮の開始に使われる[　E　]や①グリコーゲンの筋細胞内に
> おける貯蔵量はかぎられており，動きを長時間持続させるには不
> 十分です。そのため，血液によって運ばれてくるグルコース
> ([　F　])や脂肪酸，[　G　]を筋細胞に取り込み，同じ血液によっ
> て運ばれてくる酸素の助けを借りて，②ミトコンドリアのなかで
> ATPを持続的に合成しなければなりません。動きを長時間持続す
> る能力を持久力といい，持久力は心臓の血液を送り出す能力や肺
> の酸素を取り込む能力などの呼吸循環系の性能と，骨格筋線維の
> 性質とによって決まります。

1　文中の[　A　]〜[　G　]に当てはまる語句を答えなさい。
2　下線部①の物質は，筋細胞内の他にはどこに貯蔵されているか答
　えなさい。
3　下線部②のATPは，ミトコンドリアのなかで，TCA回路及び電子伝
　達系という過程を経由して合成されるが，TCA回路の別名を答えな
　さい。

(☆☆☆◎◎◎)

【4】次の文章は，科目「体育」における「運動やスポーツの安全の確保」について述べたものです。以下の1～3の各問いに答えなさい。

> 　運動やスポーツをおこなう際には，さまざまな危険がともなうことを理解し，健康・安全に配慮して実施するとともに，危険を[　A　]して[　B　]する必要があります。
> 　自分がおこなう運動・スポーツでどのようなけがが多く起きているのかを調べておくことは，重要な予防策になります。①運動中に発生するけがでは捻挫，創傷，脱臼などが代表的なものであり，運動中に激しく衝突して頭に強い衝撃が加わった場合，脳しんとうなどを起こす危険もあります。また，②運動・スポーツのやりすぎによって，疲労骨折，関節痛，貧血などの障害を引き起こすこともあります。
> 　運動・スポーツがおこなわれる際の気温，[　C　]，雨，風，雷などにも注意を払い，けがや事故の危険を想定しておく必要があります。運動に適していない条件の場合，③熱中症などを引き起こす危険性があるので中止することが必要となります。
> 　運動開始前には，自分の服装，当日の健康状態，使用する用具や設備の安全性などを確認しておくことが必要です。運動に際しては，必ず[　D　]と十分なストレッチングを行います。また，運動後は負荷のかかった神経や筋肉，心臓などを鎮めるために，徐々に運動強度を下げる[　E　]やストレッチングを行ないます。

1　文中の[　A　]～[　E　]に当てはまる語句を答えなさい。
2　下線部①と②について，結果として生じるものを総称して，何と言うかそれぞれ答えなさい。
3　下線部③の熱中症が発生する要因について，2つ答えなさい。

(☆☆☆◎◎◎)

【5】次の文章は，「高等学校学習指導要領(平成30年告示)解説　保健体育編　体育編」の「第3章　第1節　指導計画作成上の配慮事項」につ

いて述べたものです。以下の1，2の各問いに答えなさい。

> 科目「体育」の標準取得単位数は，[　Ａ　]～[　Ｂ　]単位としていて，各年次継続して履修できるようにするとともに，各年次に[　Ｃ　]して配当することとしている。また，科目「保健」の標準取得単位数は[　Ｄ　]となっていて，①原則として入学年次及びその次の年次の2か年にわたり履修させることとしている。

1　文中の[　Ａ　]～[　Ｄ　]に当てはまる語句を答えなさい。
2　下線部①の理由について「高等学校学習指導要領(平成30年告示)解説　保健体育編　体育編」には，どのように記載してあるか答えなさい。

(☆☆☆◎◎◎)

【6】次の文章は，「高等学校学習指導要領(平成30年告示)解説　保健体育編　体育編」の「第3章　第1節　指導計画作成上の配慮事項」からの抜粋です。以下の問いに答えなさい。

> 　障害者の権利に関する条約に掲げられたインクルーシブ教育システムの構築を目指し，生徒の自立と社会参加を一層推進していくためには，通常の学級，通級による指導，特別支援学級，特別支援学校において，生徒の十分な学びを確保し，一人一人の生徒の障害の状態や発達の段階に応じた指導や支援を一層充実させていく必要がある。
> 　通常の学級においても，発達障害を含む障害のある生徒が在籍している可能性があることを前提に，全ての教科等において，一人一人の教育的ニーズに応じたきめ細かな指導や支援ができるよう，障害種別の指導の工夫のみならず，各教科等の学びの過程において考えられる困難さに対する指導の工夫の意図，手立てを明確にすることが重要である。

問い　「バドミントン」を題材とする「体育」の授業に，下肢に障がい

があり，車いすを使用している生徒が在籍していると仮定する。その際の留意事項について，上記の内容を踏まえて，次の3つの観点からそれぞれ答えなさい。

A：インクルーシブ教育システム(ルールの設定)
B：コート内の事故防止(安全確保)
C：一人一人の教育的ニーズ(実技に参加できない場合)

(☆☆☆◎◎◎)

# 二次試験(県のみ)

## 【中学校】

【1】「中学校学習指導要領(平成29年告示)解説　保健体育編」に示されている「生活習慣病などの予防」について指導する内容を挙げ，「主体的・対話的で深い学び」の実現に向け，どのように指導するか述べなさい。

(☆☆☆◎◎◎)

## 【高等学校】

【1】「高等学校学習指導要領(平成30年告示)解説　保健体育編」において，がんに関して取扱う内容及び配慮すべき事項について述べなさい。また，がんを取扱うことを通じて，自分らしい生き方や健康と命の大切さについて，主体的に考えることができるようにするための効果的な指導方法について述べなさい。

(☆☆☆◎◎◎)

## 解答・解説

# 一次試験

### 【中学校(県・市共通)】

【1】1　a　合理的　　b　生涯　　c　スポーツライフ　　2　する・みる・支える・知る　　3　器械運動，ダンス

〈解説〉1　a　保健体育科の目標においては，小学校(体育科)は「その解決に向けた学習過程を通して」，中学校は「合理的な解決に向けた学習過程を通して」，高等学校では「合理的，計画的な解決に向けた学習過程を通して」と，発達段階に応じた目標として示されている。また，「合理的な解決に向けた」学習過程の取り組みは，思考力，判断力，表現力等に関する目標(2)においても，思考し判断する学習過程として示されていることを，合わせて押さえておきたい。　b・c　「生涯にわたって心身の健康を保持増進し豊かなスポーツライフを実現するための資質・能力を育成することを目指すこと」は，保健体育科(体育科)の究極的な目標であり，小・中学校を通して同じ目標として示されている。　2　各教科等の目標に示された「見方・考え方」は，その教科等ならではのものごとを捉える視点や考え方である。学習指導要領解説(平成29年7月)には，体育の見方・考え方について，「運動やスポーツを，その価値や特性に着目して，楽しさや喜びとともに体力の向上に果たす役割の視点から捉え，自己の適性等に応じた『する・みる・支える・知る』の多様な関わり方と関連付けること」と記述されている。　3　体育分野は，運動領域の「体つくり運動」，「器械運動」，「陸上競技」，「水泳」，「球技」，「武道」及び「ダンス」の7つの領域と，知識に関する領域の「体育理論」の，合計8つの領域で構成されている。

【２】１　a　ネット型　　b　ベースボール型　　２　巧緻性，敏捷性，スピード，全身持久力　から２つ　　３　・簡易な試合におけるルール　・審判の仕方　・運営の仕方　から２つ　　４　(ア)，(エ)　　５　・次の塁をねらって全力で塁を駆け抜けること。　　・打球の状況によって止まったりすること。

〈解説〉１　球技は，ゴール型，ネット型及びベースボール型などから構成されている。　２　型ごとの主として高まる体力要素としては，ゴール型が巧緻性，敏捷性，スピード，全身持久力など，ネット型が巧緻性，敏捷性，スピード，筋持久力など，ベースボール型が巧緻性，敏捷性，瞬発力，筋力などである。なお，巧緻性は運動を調整する能力である。　３　「など」の例として第１学年及び第２学年で示された「簡易な試合におけるルール」は，第３学年においては「ゲームのルール」が例として示されている。　４　(イ)と(ウ)は，第３学年におけるゴール型の「安定したボール操作」の例である。　５　ボールを持たないときの動きの例示としては，「スピードを落とさずに，タイミングを合わせて塁を駆け抜けること」，「打球の状況によって塁を進んだり戻ったりすること」が示されている。


【３】１　・違いに配慮したルールを受け入れること。　　・仲間と教え合うこと。　　・相手のよいプレイに称賛を送ったりすること。　２　・よい動き方を見付けること。　　・実行した技術や戦術，表現がうまくできたかを確認すること。　　・合理的な練習の目標や計画を立てること。　　・新たな課題を設定すること。　から２つ

〈解説〉１　(ア)は，運動やスポーツが心身及び社会性に及ぼす影響について示した事項である。求められる社会性については，体力や技能の程度，年齢や性別，障害の有無等の様々な違いを超えて，運動やスポーツを行う際に，ルールやマナーに関して合意形成することや適切な人間関係を築くことなどであると示されている。　２　(イ)は，運動やスポーツの学び方について示した事項である。各種の運動の技能を効果的に獲得する上では，特に競技などの対戦相手との競争において，

技能の程度に応じた戦術や作戦を立てることが有効であることを理解できるようにすることが必要である。

【4】1　(ア)　　2　・休日の部活動の段階的な地域移行　　・合理的で効率的な部活動の推進

〈解説〉1　部活動については，生徒の自主的，自発的な参加により行われ，学校教育の一環として教育課程との関連を図り，合理的でかつ効率的・効果的に取り組むこととされている。「運動部活動の在り方に関する総合的なガイドライン」(スポーツ庁)や，中央教育審議会の学校における働き方改革に関する答申などを参照するとよい。また，休日の部活動などの地域移行も重要な課題の一つである。「運動部活動の地域移行に関する検討会議提言」(スポーツ庁)などを参照するとよい。　　2　具体的な方策として，休日の部活動の段階的な地域移行については，休日における生徒の指導や引率は地域人材が担い，生徒の安全の確保や指導者への謝金の管理などについても，生徒，保護者等の理解を得たうえで，当該団体の責任の下で，地域部活動の管理運営を行うことなどが挙げられている。また，合理的で効率的な部活動の推進については，他校との合同部活動の推進や，地方大会・コンクールの在り方の整理・精選などが挙げられている。これらのような，より具体的な方策を書いていてもよい。

【5】1　社会的な欲求，心理的な欲求　　2　第1学年　　3　下垂体から分泌される性腺刺激ホルモンの働き　　4　・発達の段階を踏まえること　　・学校全体で共通理解を図ること　　・保護者の理解を得ること　から2つ

〈解説〉1　心理的・社会的欲求は，人間関係の欲求や自分自身についての欲求である。マズローの法則に当てはめれば，生理的欲求以外の安全の欲求，社会的欲求(所属と愛の欲求)，承認の欲求，そして自己実現の欲求がすべて当てはまるといえる。　　2　「(1)健康な生活と疾病の予防」は第1学年〜第3学年の3年間で取り扱い，「(2)心身の機能の発達

と心の健康」は第1学年，「(3)傷害の防止」は第2学年，「(4)健康と環境」は第3学年で取り扱う。　3　「(2)心身の機能の発達と心の健康」「(イ)生殖に関わる機能の成熟」からの出題である。性腺刺激ホルモンは，下垂体から分泌されるホルモンのひとつで，別名「ゴナドトロピン」といわれる。性腺刺激ホルモンには卵胞刺激ホルモン，黄体形成ホルモンなどがあり，生殖器官，精巣，卵巣を刺激することで，性ホルモンや精子，卵子の生成を促す働きがある。　4　学校における保健教育を効果的に進めるには，主として，留意すべき三つの点が挙げられる。第一に，教育課程の編成及び実施における教職員の共通理解である。第二に，教科等横断的な視点に立った各教科等の関連を図った指導である。第三に，家庭及び地域の関係機関等との連携である。特に，生殖の機能に関することについては，発達の段階を踏まえることが重要視されている。

【6】1　人的要因，環境要因　2　(1)　内輪差　(2)　死角　(3)　コミュニティ道路　3　津波，土砂崩れ，地割れ，火災　から2つ
4　・日頃から災害時の安全の確保に備える　・緊急地震速報を含む災害情報を正確に把握する　・周囲の状況を的確に判断する
・自他の安全を確保するために冷静かつ迅速に行動する　から2つ
〈解説〉1　自動車や自転車の事故など車両の事故では，事故の要因には，人的要因と環境要因の他にも，車両要因がある。　2　(1)　自動車がカーブなどで曲がるとき，後輪は前輪よりも内側を通る。これが内輪差である。歩行者などが自動車に近すぎると，自動車が曲がる際に，巻き込まれてしまう危険性がある。　(2)　死角は，車体周辺や，自動車の窓枠から延びる柱で見えない部分，右左折時，さらに運転席が右側にある場合，特に左側などである。　(3)　コミュニティ道路は，人と車の共存を図るために考え出されたものである。コミュニティ道路では，車道を蛇行させたり，ジグザグにしたり，車道面を隆起させたハンプを設置したりと，物理的，心理的に車の速度が低下するような仕掛けがある。また，車道をジグザグにしたことでふくらみのできた

歩道空間には植樹をしたり，花壇やベンチなどを置いたりするなどして，空間が有効に利用されている。　3　二次災害とは，最初に発生した災害を導線に，別の災害が発生することを指す。地震による二次災害としては，津波，火災，地割れ，土砂崩れ，ライフラインの遮断，エコノミークラス症候群，液状化現象などが挙げられる。　4　家の中の安全対策としては，家具の転倒防止やガラスの飛散防止の対策などがある。地震発生時に身を守るには，緊急地震速報の活用が重要である。地震を直前に知ることで身の安全を守る行動をとることができる。また，ライフラインが止まってしまう可能性を考えて，普段から飲料水や非常食の備蓄や，衛生用品，非常持ち出し品の用意などが大事である。

【7】1　・生徒の内容への興味・関心を高めたり，思考を深めたりする発問を工夫すること　・事例などを用いたディスカッション，ブレインストーミング，心肺蘇生法などの実習，実験，課題学習　・コンピュータ等の活用　・養護教諭や栄養教諭，学校栄養職員などとの連携・協力を推進する　・学校や地域の実情に応じて，保健・医療機関等の参画を推進すること　から2つ　2　(1)　・知識及び技能　・思考力，判断力，表現力等　・学びに向かう力，人間性等
(2)　a　手段　　b　情報モラル　　c　健康課題
〈解説〉1　実習を取り入れる際には，応急手当の技能の習得だけでなく，その意義や手順など，該当する指導内容を理解できるようにすることに留意する必要がある。保健分野の目標(2)には，「健康についての自他の課題を発見し，よりよい解決に向けて思考し判断する」力を養うことが示されている。　2　(1)　今回改訂で整理された三つの柱である。　(2)　a　中学校学習指導要領(平成29年告示)総則には，基礎的・基本的な知識及び技能の習得も含め，学習内容を確実に身に付けるため，コンピュータや情報通信ネットワークなどの情報手段を活用するために必要な環境を整え，これらを適切に活用した学習活動の充実を図ることが示されている。体育・保健の指導においても，コンピュー

タや情報通信ネットワークなどの情報手段の積極的な活用が求められ
ている。　ｂ　情報手段を活用する際には，人権や知的財産権などの
自他の権利を尊重し行動に責任をもつことや，危険回避など情報を正
しく安全に利用できることなどの情報モラル等への配慮が不可欠であ
る。　ｃ　社会の変化に伴う新たな健康課題に対応した教育が必要で
あることが指摘されている。健康課題の発見・解決は，保健分野の思
考力，判断力，表現力等の命題といえるものである。

## 【高等学校】

【１】１　禁煙，節酒，減塩，適度な運動，適切な体重管理　　２　Ａ　一
　次予防　　Ｂ　手術療法(放射線療法)　　Ｃ　化学療法　　Ｄ　放射線
　療法(手術療法)　　Ｅ　標準治療　　３　インフォームド・コンセント
　４　セカンド・オピニオン
〈解説〉１　国立研究開発法人国立がん研究センターでは，それまでの研
　究結果から，5つの健康習慣を，「非喫煙」，「節酒」，「塩蔵品を控える」，
　「活発な身体活動」，「適性BMI」として示した。平成27(2015)年には，
　喫煙，飲酒，食習慣(塩分)，運動習慣，肥満度(BMI)の5つの健康習慣
　を対象とした「5つの健康習慣によるがんリスクチェック」を公開し
　ている。「日本人のためのがん予防法」では，これら5つの要因に感染
　を加えたものを，がん予防のかぎとして取り入れている。　　２　Ａ　一
　次予防は，がんの発生原因を取り除く取り組み，二次予防は早期発
　見・早期治療，三次予防は治療後の再発防止と生活の質の向上を目指
　す取り組みである。一次予防では，基本的な5つの生活習慣(禁煙，節
　酒，減塩，適度な運動，適切な体重管理)を意識して，整えることが大
　切である。　　Ｂ　手術療法は，メスでがんを切り取る治療法である。
　通常，がんの病巣と，目には見えないがんが転移しているかもしれな
　い周りの細胞を切除する。　　Ｃ　化学療法は，薬物療法や免疫療法が
　含まれる。抗がん剤などの薬を使ってがん細胞の増殖を抑えたり，細
　胞を破壊したりする治療法である。飲み薬や注射，点滴等，多くの方
　法がある。　　Ｄ　放射線療法は，放射線を照射し，がん細胞に損傷を

与え，細胞を死滅させる治療である。がん治療に用いられて100年以上が経つ治療法であり，研究や機器の発達により急速に進歩している。E　標準治療は普通の治療法という意味ではなく，科学的根拠に基づく，現時点で利用できる最良の治療方法のことである。　3　インフォームド・コンセントとは，患者・家族が医師及び看護師から医療行為について十分な説明を受け，内容について十分納得した上で，その医療行為に同意することである。日常の場面においても，患者と医療職が十分に話し合って，どのようなケアを行うかを決定する必要がある。　4　セカンド・オピニオンとは，患者や家族が納得のいく治療法を選択できるように，治療の進行状態や次の段階の治療選択について，現在診療を受けている担当医とは別に，違う医療機関の医師に第2の意見を求めることである。今後も現在の担当医の下で治療を受けることが前提であり，最初の担当医の意見を十分に理解しておくことが大切である。

【2】1　A　心肺停止　　B　血液循環　　C　除細動　　D　心室細動
2　胸骨圧迫では，心臓から送り出される血液量は通常の$\frac{1}{3}$程度であるが，それだけの量でも脳の障害を防ぐことができるため，1分間に100回〜120回のテンポで，傷病者の胸が約5cm沈みこむ程度の強さで圧迫する。　　3　人の吐く息のなかには16〜18％の酸素(空気中の酸素は約21％)が含まれているため，緊急時に生命を維持するには十分有効である。
〈解説〉1　A・B　心肺蘇生法は，救命のため人工的に血液循環や呼吸の働きを確保するための方法である。心臓が止まっている間，心肺蘇生によって心臓や脳に人工的に血液を送り続けることは，AEDによって心臓の正常な働きを取り戻すためにも，さらには心臓の動きが戻った後に脳の後遺症を残さないためにも重要である。心肺停止では，3分間放置されると死亡率が50％になるとされている。　　C・D　除細動とは，主に心室細動という不整脈を起こしている心臓を正常なリズムの状態に戻すことである。胸骨圧迫では，心臓の正常な動きを取り戻す

ことができるとは限らないため，AEDによる除細動を行うとする。

２　胸骨圧迫では，両手に体重をかけて胸部の下半分を強く速く圧迫を繰り返すことで，心臓内から血液を送り出している。圧迫と圧迫の間は，胸がもとの高さに戻るように十分に圧迫を解除することが大切である。このとき，胸から手を放してしまわないように注意する必要がある。　　(3)　人の吐く息に含まれる酸素の濃度は16～18％ほどで，大気中の酸素濃度(約21％)に比べれば低いが，酸素不足による重大な脳障害の進行を防ぐためには十分な効果がある。

【３】１　A　運動器官　　B　神経系　　C　筋収縮　　D　アデノシン三リン酸　　E　クレアチンリン酸　　F　ブドウ糖　　G　乳酸
２　肝臓　　３　クエン酸回路

〈解説〉１　A　運動器官とは，移動や運動にかかわる器官のことで，骨と関節，それらに連結する骨格筋，腱，靭帯の総称である。　　B　体の動きは，脳から発令された運動指令が神経細胞を伝わって骨格筋細胞に伝達されることによって生じる。　　C・D　直前の「骨格筋が収縮する必要」を受けているので，「筋収縮」である。筋収縮の直接のエネルギー源は，ATP(アデノシン三リン酸)がADP(アデノシン二リン酸)に分解されたときに放出されるエネルギーが使われる。　　E　ATPは筋繊維の中に限られた量しかないため，筋肉内に貯蔵しているクレアチンリン酸を分解してATPを短時間で供給している。　　F・G　エネルギー需要が急激に高まった状態では，クレアチンリン酸等によるATP-CP系だけでは足りないため，グルコース等の解糖系(乳酸系)によって，一時的に嫌気性の乳酸への還元が行われ，ATPの産生に用いられる。ただし，乳酸が蓄積すると筋肉の疲労が起こるため，筋肉の血液循環を良くすることが重要である。　　２　グリコーゲンは，グルコース(ブドウ糖)が複雑につながった多糖類であり，主として筋肉や肝臓に貯蔵される。　　３　ミトコンドリアの中では，クエン酸回路(TCA回路)を経て，電子伝達系で大量のATPが合成される。

【4】1　A　予知　　B　回避　　C　湿度　　D　ウォームアップ
　　E　クールダウン　　2　①　スポーツ外傷　　②　スポーツ障害
　　3　高温多湿，水分や塩分の不足

〈解説〉1　A・B　学校における安全教育においては，危険予測や危険回
　避の能力の育成が求められている。　C　特に屋外で運動やスポーツ
　を行う場合は，気温，湿度，雨(雪)，風，雷などの気象条件や，河川
　の増水，落雷などの自然環境の変化によってもたらされる健康被害や
　熱中症などの危険を想定しておく必要がある。　D・E　急に運動を行
　うと，関節や筋肉を傷めたり，心臓に急激な負荷をかけたりするので，
　運動の前にウォームアップしたあとストレッチングする必要がある。
　また，練習の後は，疲労回復を早めるために，ストレッチングや軽い
　運動を行うことでクールダウンを行う必要がある。　2　運動中に，
　身体に急激に大きな力が加わって起こる不慮のけがを，スポーツ外傷
　という。児童・生徒のスポーツ外傷を具体的にみると，手・指の突き
　指，足関節捻挫，膝関節の捻挫・靭帯損傷が多くなっている。一方，
　運動・スポーツの動作の繰り返しによって，骨，筋肉，靭帯などが酷
　使されることでおこるものを，スポーツ障害という。オスグット病，
　疲労骨折，腰椎分離症，野球肩，テニス肘などがある。　3　熱中症
　を引き起こす要因としては，「環境」，「からだ」そして「行動」によ
　るものがある。「環境」の要因は，気温が高いこと，湿度が高いこと
　や，風が弱いことなどが挙げられる。「からだ」の要因は，激しい運
　動によって体内に過度の熱がたまったり，暑い環境に体が順応できて
　いないことなどが挙げられる。熱中症を予防するには，涼しい服装や
　日傘・帽子の利用などのほか，水分・塩分の適切な補給が必要である。

【5】1　A　7(8)　　B　8(7)　　C　均分　　D　2　　2　生徒が，高等
　学校においてもできるだけ長い期間継続して学習し，健康や安全につ
　いての興味・関心や意欲を継続させ，生涯にわたって健康で安全な生
　活を送るため。(指導要領解説P221に記載)

〈解説〉1　「体育」の指導計画の作成に当たっては，「A体つくり運動」

の授業時数については，各年次で7～10単位時間程度を，「H体育理論」については，各年次で6単位時間以上を配当することとし，指導内容の確実な定着を図るように配分されている。「保健」の年間指導計画については，課程の種別にかかわらず，原則として入学年次及びその次の年次の2か年にわたり履修させるよう作成しなければならないとされている。　2　「保健」については，小学校第3学年から中学校第3学年まで毎学年学習することとなっている。高等学校では，これに継続して学習させることによって，学習の効果を上げることをねらっている。

【6】A　インクルーシブ教育(ルール)…車いす使用の生徒にサーブを2回打たせる　　B　コート内の事故防止(安全確保)…コートでの移動範囲を制限する　　C　教育的ニーズ(実技に参加できない場合)…審判や記録等の役割分担を与える

〈解説〉生徒の障害に起因する困難さに応じて，複数教員による指導や個別指導を行うなどの配慮をすることが大切である。指導に当たっては，個別の課題設定をして生活上の困難を克服するために学習に配慮したり，教材，練習やゲーム及び試合や発表の仕方等を検討し，障害の有無にかかわらず，参加可能な学習の機会を設けたりするなどの，生徒の実態に応じたきめ細やかな指導に配慮することが大切である。身体の動きに制約があり，活動に制限がある場合には，生徒の実情に応じて仲間と積極的に活動できるよう，用具やルールの変更を行ったり，それらの変更について仲間と話し合う活動を行ったり，必要に応じて補助用具の活用を図ったりするなどの配慮が大切である。実技に参加できない場合は，参加できる作業に参加させたり，身体に負担のかからない役割を分担したりするなどの配慮が求められる。

# 二次試験(県のみ)

## 【中学校】

【1】(解答例)　生活習慣病の予防の指導内容としては，適切な生活行動の積み重ねが大切であることと，健康診断の受診等による早期発見・早期治療について取り扱う。

　　生活習慣病の主な要因は，運動不足，不適切な食生活，睡眠不足，過度なストレス，喫煙，過度な飲酒，口腔の汚れなどが挙げられる。したがって，予防するためには，適度な運動の継続，適切な時間におけるバランスのよい食事，ストレスをためないための休養や十分な睡眠，口腔の衛生の保持などが必要になってくる。

　　これらを，主体的・対話的で深い学びの学習にしていくためには，まず導入段階で，適切な生活行動を行っていない架空の生徒の事例を挙げ，特に課題点についてワークシートに書き出す。それを，ペア→グループ→全体での共有へとつなげていく。その上で，自分の1日や1週間の生活行動を書き出し課題点について洗い出したり，自分の適正体重について計算式で求めたりしながら，生活行動の変容について意識を高める。この際，各家庭の状況や身長・体重といった個人情報にも配慮しながら，個人差があることもしっかりと押さえておく。

　　次に，生活習慣病が適切な生活行動だけで予防できるのか，他には方法がないのか発問し，健康診断等の受診について生徒の発言を引き出しながら，知識として早期発見・早期治療の重要性について押さえる。その上で，ICT機器の活用などによって，早期発見・早期治療の取組について調べ学習を行う。例えば，健康診断，がん検診，特定健康検査(人間ドック)など，どのような場所でどのように行われているか，早期発見・早期治療によりどのくらい回復する確率が高まるのかといった情報をワークシートに書き出し，ペア→グループ→全体での共有へとつなげていく。

　　最後に，自分の生活行動に関心がない，あるいは，まだまだ先の事で生活習慣病は自分とは関係がないと考えている架空の生徒を想定

し，その想定した生徒に対して自分が得た知識を活用してアドバイスを送る形式でワークシートに記入し，発表，全体共有する。

〈解説〉今回の設問は，中学校学習指導要領(平成29年告示)保健体育科〔保健分野〕の内容「(1)健康な生活と疾病の予防」の「(ウ)生活習慣病などの予防」が該当する。中学生の段階では，生活習慣病が身近なものとして捉えられない心配もあるが，小学校での授業を想起させながら，系統的に指導する必要がある。また，早期発見・早期治療が回復につながることを押さえ，生活行動の変容のみならず，健康診断等の受診の必要性についてもしっかりと押さえる必要がある。公開解答では，評価の観点として次の6点が示されている。①語句の表現や記述が適切であり，論理的でわかりやすい構成になっている。②自分の考えを具体的に述べ，教員としての資質(熱意，誠実さ，向上心，柔軟性，協調性，発想力など)が窺える。③生活習慣病の主な要因について述べている。④予防方法(適切な生活習慣を身に付けることが有効であること)と疾病の回復(健康診断やがん検診等)について述べている。⑤指導方法の工夫について述べている。⑥学習内容と日常生活(個人生活)との関わりについて述べている。以上の6つの観点を過不足なく盛り込み，誤字脱字のないように注意して解答を作成しよう。特に，⑤については，「『生きる力』を育む中学校保健教育の手引き」(文部科学省)にある，多様な指導方法の例を参考にするとよい。

## 【高等学校】

【１】(解答例)　主ながんの種類と原因については，肺がん，大腸がん，胃がんなど様々な種類があり，生活習慣以外にも細菌やウイルスの感染などの原因もあることについて理解できるようにする。また，がんの回復については，手術療法，抗がん剤などの化学療法，放射線療法などの治療法があること，患者や周囲の人々の生活の質を保つこと，緩和ケアがあることについても触れるようにする。さらに，予防と回復には，個人の取組とともに，健康診断やがん検診の普及，正しい情報の発信など社会的な対策が必要であることを理解できるようにす

る。なお，日常生活にスポーツを計画的に取り入れることは生活習慣病などの予防と回復に有効であること，また，運動や食事について性差による将来の健康課題があることについて取り上げるよう配慮する。また，家族や自分の身近な人にがん患者や，がんで亡くなった方もいることが想定されるので，一定の配慮が必要となる。

授業においては，まず導入として，「2人に1人」というキーワードを出し，それが何の病気になる確率なのか発問する。生徒の意見を引き出しながら，がんが誰もがなり得る可能性のある病気であることを押さえる。また，がんの種類についてICT機器の活用などによって調べ学習を行い，ワークシートにがんの種類や症状，リスク要因等についてまとめる。

次に予防の方法について，中学校までの既習事項を引き出し，一次予防，二次予防について押さえる。その際，体育科の「体つくり運動：実生活に生かす運動の計画」の学習を想起させ，自分のねらいに合った運動を継続して行っている生徒を称賛するとともに，それが予防につながることを強調する。また，実生活において運動を継続するコツや方法についても，生徒の工夫を共有する。併せて，がんになった場合に，どのような治療法があるのか発問し，早期に発見し適切な治療を行えば治る可能性が高い病気であることを押さえ，三次予防としての回復について扱う。

さらに，「がんになってしまった場合にどのように生活していくことがよいのか」といった問いを設定し，ICT機器の活用などによる調べ学習を行い，ICT機器の付箋機能等を使って個人の考えを記入させる。その後，グループで意見交換して集約し，全体共有を図る。「周囲の適切な支援による生活の質の向上が大切であること」「社会には，がんについて様々な支援や対策が施されていること」について確認し，がんになっても自分らしい生活ができることを押さえる。その際，がんを患ってから回復した経験者の話を補助資料として取り上げたり，ゲストティーチャーとして招いて話を聞いたりすることも有効である。

　　最後に，自分ががんになったり，自分の周りの人ががんになったり
　した場合，どのように社会とのつながりをもてばよいのか，どのよう
　な支援ができるのかについて，自分なりの考えをワークシートに記入
　し，グループでの共有，全体共有を図りまとめとする。

〈解説〉今回の設問は，高等学校学習指導要領(平成30年告示)保健体育科
　「保健」の内容「ア現代社会と健康」「(ウ)生活習慣病などの予防と回
　復」が該当する。具体的には，「健康の保持増進と生活習慣病などの
　予防と回復には，運動，食事，休養及び睡眠の調和のとれた生活の実
　践や疾病の早期発見，及び社会的な対策が必要であること。」につい
　て指導する。今回の学習指導要領改訂においては，がん教育に焦点が
　あてられており，小・中・高等学校の12年間の系統性を踏まえた指導
　が求められる。高等学校の段階では，個人生活及び社会生活について
　の課題について学習することになるので，予防・回復にとどまらず，
　がん患者に対する社会の制度や支援の仕組みについてもしっかりと指
　導する必要がある。公開解答では，評価の観点として次の5点が示さ
　れている。①語句の表現や記述が適切であり，論理的でわかりやすい
　構成になっている。②自分の考えを具体的に述べ，教員としての資質
　(熱意，誠実さ，向上心，柔軟性，協調性，発想力など)が窺える。③
　がんに関して取扱う内容について説明している事項がそれぞれ適切で
　ある。④がんに関して取扱う際の配慮事項に関する内容が適切である。
　⑤上記③，④を踏まえ，がんを取扱うことを通じて，自分らしい生き
　方や健康と命の大切さについて主体的に考えることができるようにす
　るための指導方法(科目「体育」を関連付ける工夫)について述べてい
　る内容が適切である。以上の5つの観点を過不足なく盛り込み，誤字
　脱字のないように注意して解答を作成しよう。授業の計画，指導方法
　に関しては，「改訂『生きる力』を育む高等学校保健教育の手引き」
　(文部科学省)にある，単元計画や時案を参考にするとよい。

## 2022年度 実施問題

# 一次試験

### 【中学校(県・市共通)】

【1】次の文章は,「中学校学習指導要領(平成29年告示)解説 保健体育編」の「第2章 第2節 各分野の目標及び内容」〔体育分野〕1 目標 〔第1学年及び第2学年〕からの抜粋である。これについて,以下の1〜4の各問いに答えなさい。

---

(1) 運動の合理的な実践を通して,運動の楽しさや喜びを味わい,運動を豊かに実践することができるようにするため,①運動,体力の必要性について理解するとともに,基本的な技能を身に付けるようにする。

(2) 運動についての自己の課題を発見し,合理的な解決に向けて思考し判断するとともに,②自己や仲間の考えたことを他者に伝える力を養う。

(3) 運動における競争や協働の経験を通して,公正に取り組む,互いに協力する,自己の役割を果たす,③一人一人の違いを認めようとするなどの意欲を育てるとともに,健康・安全に留意し,自己の最善を尽くして運動をする態度を養う。

---

1 下線部①について,「運動,体力の必要性について理解する」という部分の「体力の必要性について理解する」とは,どのようなことを理解することであると示されているか,2つ答えなさい。

2 下線部②について,「自己や仲間の考えたことを他者に伝える」とは,自己の課題について,思考し判断したことを,どのように表したり,どのように伝えたりすることと示されているか,それぞれ答えなさい。

3 次の文章は,下線部③について,「一人一人の違いを認めようとす

る」についての部分から抜粋したものである。文中の[　a　]と
[　b　]に当てはまる語句を入れなさい。

> 体力や技能，性別や障害の有無等による，動きや課題及び挑
> 戦などに違いがあることに気付き，その違いを[　a　]として
> 捉え，積極的に互いを認めようとする[　b　]をもつことが大
> 切であることを示している。

4　今回の学習指導要領改訂では，「第3章　指導計画の作成と内容の
　取扱い」を踏まえ，体力や技能の程度及び性別の違い等に関わらず，
　仲間とともに学ぶ体験は，生涯にわたる豊かなスポーツライフの実
　現にむけた重要な学習機会であることから，原則として男女共習で
　学習を行うことが求められている。その際，心身ともに発達が著し
　い時期であることを考慮し，どのような指導方法の工夫を図ること
　が大切であると示されているか，2つ答えなさい。

(☆☆☆◎◎◎)

【2】次の文章は，「中学校学習指導要領(平成29年告示)解説　保健体育
　編」の「第2章　第2節　各分野の目標及び内容」〔体育分野〕2　内容
　A　体つくり運動〔第3学年〕(1)「知識及び運動」からの抜粋である。
　これについて，以下の1～3の各問いに答えなさい。

> (1)　次の運動を通して，体を動かす楽しさや心地よさを味わい，
> 　運動を継続する意義，①体の構造，運動の原則などを理解す
> 　るとともに，健康の保持増進や体力の向上を目指し，目的に
> 　適した運動の計画を立て取り組むこと。
> 　ア　体ほぐし運動では，[　a　]な運動を行い，心と体は互い
> 　　に影響し変化することや心身の状態に気付き，仲間と
> 　　[　b　]に関わり合うこと。
> 　イ　実生活に生かす運動の計画では，ねらいに応じて，②健
> 　　康の保持増進や調和のとれた体力の向上を図るための運動
> 　　の計画を立て取り組むこと。

1　下線部①について,「体の構造」とは,体のつくりと働きのことであるが,第3学年で,中心に取り上げるよう示されている働きを2つ答えなさい。

2　文中の[　a　]と[　b　]に当てはまる語句をそれぞれ答えなさい。

3　下線部②について,「健康の保持増進や調和のとれた体力の向上を図るための運動の計画を立て取り組む」ことの指導に際しては,4つのことに着目して運動を組み合わせ,計画を立てて取り組めるようにすることが大切であると示されている。その中から,2つを答えなさい。

(☆☆☆○○○)

【3】次の文章は,「中学校学習指導要領(平成29年告示)解説　保健体育編」の「第2章　第2節　各分野の目標及び内容」〔体育分野〕　2　内容　G　ダンス〔第3学年〕(1)「知識及び技能」からの抜粋である。これについて,以下の1〜3の各問いに答えなさい。

---

(1)　次の運動について,感じを込めて踊ったり,みんなで自由に踊ったりする楽しさや喜びを味わい,ダンスの名称や用語,踊りの特徴と表現の仕方,交流や発表の仕方,①運動観察の方法,体力の高め方などを理解するとともに,イメージを深めた表現や踊りを通した交流や発表をすること。

ア　創作ダンスでは,表したいテーマにふさわしいイメージを捉え,個や群で,緩急強弱のある動きや[　a　]の使い方で変化を付けて即興的に表現したり,簡単な作品にまとめたりして踊ること。

イ　フォークダンスでは,日本の民踊や外国の踊りから,それらの踊り方の特徴を捉え,音楽に合わせて特徴的な[　b　]や動きと組み方で踊ること。

ウ　現代的なリズムのダンスでは,リズムの特徴を捉え,②変化とまとまりを付けて,リズムに乗って全身で踊ること。

---

1　下線部①について，「運動観察の方法」では，自己の取り組むべき技術的な課題が明確になり，学習の成果を高められることを理解できるようにするために，2つの例が示されている。その2つを答えなさい。(自己観察や他者観察の具体的な方法を答えること)

2　文中の[　a　]と[　b　]に当てはまる語句をそれぞれ答えなさい。

3　下線部②について，「変化とまとまりを付けて」という部分の「変化」の例として3つ示されている。その中から，2つを答えなさい。

(☆☆☆◎◎◎)

【4】次の文章は，「中学校学習指導要領(平成29年告示)解説　保健体育編」の「第2章　第2節　各分野の目標及び内容　〔保健分野〕1　目標」である。文中の[　a　]～[　e　]に当てはまる語句を答えなさい。

> (1)　[　a　]における健康・安全について理解するとともに，基本的な[　b　]を身に付けるようにする。
>
> (2)　健康についての[　c　]を発見し，よりよい解決に向けて思考し判断するとともに，[　d　]力を養う。
>
> (3)　生涯を通じて心身の健康の保持増進を目指し，[　e　]態度を養う。

(☆☆☆◎◎◎)

【5】次の文章は，「中学校学習指導要領(平成29年告示)解説　保健体育編」の「第2章　第2節　各分野の目標及び内容　〔保健分野〕2　内容(1)　健康な生活と疾病の予防」からの抜粋である。これについて，以下の1～4の各問いに答えなさい。

> (前略)このため，本内容は，健康の保持増進や[　a　]などを予防するためには，適切な運動，食事，休養及び睡眠が必要であること，生活行動と健康に関する内容として，①喫煙，②飲酒，薬物乱用を取り上げ，これらと健康との関係を理解できるようにすること，また，疾病は主体と環境が関わりながら発生するが，疾病はそれらの要因に対する適切な対策，例えば，③感染症への対策や保健・医療機関や[　b　]を有効に利用することなどによって予防できること，社会的な取組も有効であることなどの知識と健康な生活と疾病の予防に関する課題を解決するための思考力，判断力，表現力等を中心として構成している。

1　文中の[　a　]と[　b　]に当てはまる語句を，次の語群ア〜カからそれぞれ選び，記号で答えなさい。

＜語群＞

ア　保健所　　　イ　医薬品　　ウ　生活習慣病　　エ　感染症
オ　ストレス　　カ　保健センター

2　下線部①について，喫煙者の近くにいる人が，たばこの煙を吸い込むことを何というか答えなさい。また，たばこの煙の主流煙，副流煙とはどのようなものか説明しなさい。

3　下線部②について，飲酒の習慣が続いたことにより，酒を飲まずにはいられなくなることを何というか答えなさい。

4　下線部③について，感染症の予防として示されていることを2つ答えなさい。

(☆☆☆◎◎◎)

【6】次の文章は，「中学校学習指導要領(平成29年告示)解説　保健体育編」の「第2章　第2節　各分野の目標及び内容　〔保健分野〕2　内容(3)　傷害の防止」からの抜粋である。これについて，以下の1〜3の各問いに答えなさい。

(3)　傷害の防止について，課題を発見し，その解決を目指した活動を通して，次の事項を身に付けることができるよう指導する。

ア　傷害の防止について理解を深めるとともに，[　a　]をすること。

(ア)　①<u>交通事故や自然災害</u>などによる傷害は，人的要因や環境要因などが関わって発生すること。

(イ)　交通事故などによる傷害の多くは，安全な行動，環境の改善によって防止できること。

(ウ)　自然災害による傷害は，災害発生時だけでなく，[　b　]によっても生じること。また，自然災害による傷害の多くは，災害に備えておくこと，安全に避難することによって防止できること。

(エ)　②<u>応急手当</u>を適切に行うことによって，傷害の悪化を防止することができること。また，[　c　]などを行うこと。

イ　傷害の防止について，危険の予測やその回避の方法を考え，それらを表現すること。

1　文中の[　a　]～[　c　]に当てはまる語句を，次の語群ア～カからそれぞれ選び，記号で答えなさい。

＜語群＞

ア　危険　　　　イ　避難　　ウ　心肺蘇生法　　エ　応急手当

オ　二次災害　　カ　安全確保

2　下線部①について，「交通事故を防止するためには，自転車や自動車の特性を知り，交通法規を守り，車両，道路，気象条件などの周囲の状況に応じ，安全に行動することが必要であることを理解できるようにする。」と示されているが，交通事故の背景にある車両要因としての自動車の特性を2つ答えなさい。

3　下線部②について，「中学校学習指導要領(平成29年告示)解説　保健体育編」に示されている心肺停止に陥った人に遭遇したときの応

急手当を2つ答えなさい。

(☆☆☆◎◎◎)

【7】次の1～5の各問いに答えなさい。

1　けが人や病人が出た場合，近くに居あわせた人が救急隊員や医療機関に引き渡すまでの間に行う一般的な手当のことを，応急手当という。その応急手当の目的を3つ答えなさい。

2　薬物乱用は，薬物の使用が1回でも乱用にあたり，体や心に大きな害を与える要因となる。薬物乱用とはどのようなことか答えなさい。

3　疾病は，主体の要因と環境の要因とが相互に関わりながら発生するが，主体の要因にはどのような素因があるか，2つ答えなさい。

4　2017年の厚生労働省の統計による日本人の死亡原因の上位2つを答えなさい。

5　「中学校学習指導要領(平成29年告示)解説　保健体育編」において，保健分野に当てる授業時数は，3学年間で何単位時間程度配当することと示されているか答えなさい。

(☆☆☆◎◎◎)

## 【高等学校(県のみ)】

【1】次の文章について，以下の1～5の各問いに答えなさい。

　健康とは，①「たんに病気あるいは虚弱でないことではない。」と世界保健機関憲章に定義されている。本人にかかわる[　Ａ　]要因とそれを取り巻く[　Ｂ　]要因の両方が，私たちの健康の成り立ちにかかわっている。

　健康づくりにおいては，体力の向上が重要である。健康の保持増進及び競技力の向上に必要な体力の向上においては，効果的な運動内容を決定すること(運動処方)が必要である。効果的な運動処方のためには，トレーニングの目的を明らかにした上で，トレーニングの期間及びトレーニングの内容を決定し，達成目標を設定すること，さらに，トレーニングの負荷条件として，

[ C ], [ D ], [ E ]を設定することが重要である。

[ C ]はトレーニングで用いる運動負荷の大きさのことで, 運動負荷, トルク, 運動のスピード, (ア)酸素摂取量, 運動中の心拍数などで決まる。[ D ]は, トレーニングで用いる運動を持続している長さ, あるいは重量負荷を用いるトレーニングでは持ち上げる回数であらわす。[ E ]は, 週に何日トレーニングをするかということで, オーバーワークを防止し, 休養による[ F ]を促すために, 週3日程度の実施が一般的である。

トレーニングや運動のやり過ぎによって, (イ)トレーニング中の外傷, 疲労骨折や貧血などの障がいを引き起こすことがある。また, 場合によっては心理的に(ウ)バーンアウトの状態になることもある。

1 下線部①に関して, 健康とは3つの側面が完全に良好な状態であるとされている。その3つを答えなさい。

2 文中の[ A ]〜[ F ]に当てはまる語句を答えなさい。

3 下線部(ア)の酸素摂取量について, 次の文の[ ]に当てはまる語句を答えなさい。

【酸素摂取量は, 最大酸素摂取量(1分間に取り込める酸素量の[ ])に対する％比率であらわす。】

4 下線部(イ)について, 捻挫の応急処置の4要素を答えなさい。

5 下線部(ウ)について, どのような状態をいうのか簡潔に答えなさい。

(☆☆☆◎◎◎)

【2】次の文章について，以下の1~4の各問いに答えなさい。

> 　軽い運動をすると，気分が爽快になり，思考も活発になる。逆に，気持ちがゆっくりとリラックスしていると，体の動きが軽くなり，スポーツでよい記録を出せることがある。これらは，[　A　]と体の密接なかかわりを示す心身相関の例である。
>
> 　スポーツの大会等で「勝てるだろうか」などの思いが出てくることがある。それらは[　B　]の働きによるもので，[　C　]に影響を及ぼし，不安を生じさせる。[　C　]によって生じた不安は，自律神経系や内分泌系を介して，意志とは関係なく心臓がどきどきしたり，唾液の分泌が減って口がかわいたりなど，体の働きに影響を及ぼす。
>
> 　それらの緊張や不安を取り除くためのトレーニングとして，メンタルトレーニングがある。自分自身の心をコントロールできるようになるために行う練習法であり，①4つのトレーニングがある。

1　文中の[　A　]~[　C　]に当てはまる語句を答えなさい。

2　下線部①の4つのトレーニングについて，次の表の　ア　，　イ　に当てはまる語句を答えなさい。

| トレーニングの種類 | 内　容 |
|---|---|
| ア トレーニング | 高くなりすぎた興奮（過緊張）を呼吸法や筋弛緩法，自律訓練法などによってしずめさせる心理的スキル。 |
| イ トレーニング | 試合場面を想像して試合の流れや雰囲気をシミュレーションすることにより，試合で過緊張にならず試合に集中できるようになる練習。 |
| 集中力のトレーニング | 集中力を高めるトレーニング。 |
| プラス思考トレーニング | マイナス思考をプラス思考に変え，その内容をセルフトークやイメージすることで実力発揮できるようにする練習。 |

3　不安や悩みなどを原因とした精神的なストレスが限界を超えると，体に何らかの症状が現れることがある。これを何と言うか答えなさい。

4　命にかかわるような大きな事故や災害に遭遇した時，そのストレスによって心理的な外傷を負うことがある。これを何と言うか答え

なさい。

(☆☆☆◎◎◎)

【3】次の文章について，以下の1〜5の各問いに答えなさい。

　　スポーツは人間が長い時間と工夫を重ねながら作り上げてきた，人間だけの素晴らしい文化である。人々は長い時間をかけて，ルールやマナーについての合意を作り，それを進んで守ろうとする(ア)フェアプレイの精神を大切にしてきた。

　　しかし，(イ)ドーピングは選手の健康を損ねるだけでなく，本来フェアであるべき[　A　]に反する卑劣な行為である。さらに，青少年の薬物摂取に対する抵抗感を薄れさせるなど社会全体への悪影響を及ぼす。

　　スポーツにおける[　B　]運動を促進することを目的として，1999年に世界[　B　]機構(WADA)が設立。わが国でも2001年に日本[　B　]機構(JADA)が設立された。2005年には国連[　C　]総会でドーピング防止に関する国際規約が採択され，翌年にはわが国も締結した。このように世界中でドーピング防止の取り組みが展開され，ドーピング撲滅を目指している。

　　一方，私たちは病気やけがの治療及び予防のために，日頃から様々な医薬品を使用している。多くの医薬品には，病気やけがの治療に必要な[　D　]の他に，[　E　]がある。また，予期できる[　E　]は，医療用医薬品では，医師や[　F　]から説明を受けることができる。予期できない[　E　]のために，今までもさまざまな[　G　]事件が起こっている。

　　ところで，最近では，違法薬物に関する様々な報道がある。また，有名人が違法薬物に関する事件で逮捕されるといった報道も耳にする。(ウ)そんな中，将来を担う若者に対して，正しい情報を伝え，薬物乱用を未然防止することが求められている。

1　文中の[　A　]～[　G　]に当てはまる語句を答えなさい。
2　下線部(ア)とはどのような行為のことか。簡潔に答えなさい。
3　下線部(イ)について，検査や検体の分析，検査結果の管理などドーピングを規制する一連のプロセスを何というか，答えなさい。
4　違法薬物について，令和元年から令和2年にかけて，本県の少年に乱用が急増している薬物名を答えなさい。
5　下線部(ウ)について，学校保健計画にも位置付けられている取組を答えなさい。

(☆☆☆◎◎◎)

【4】次の文章は，「高等学校学習指導要領(平成30年告示)解説　保健体育編」の「第2章　第1節　教科の目標及び内容　1　教科の目標」からの抜粋である。以下の1～3の各問いに答えなさい。

　　体育や保健の見方・考え方を働かせ，課題を発見し，合理的，計画的な解決に向けた学習過程を通して，心と体を一体として捉え，生涯にわたって心身の健康を保持増進し豊かなスポーツライフを継続するための資質・能力を次のとおり育成することを目指す。
　　(1)　各種の運動の特性に応じた技能等及び[　A　]における健康・安全について理解するとともに，技能を身に付けるようにする。
　　(2)　運動や健康についての[　B　]の課題を発見し，合理的，計画的な解決に向けて思考し判断するとともに，他者に伝える力を養う。
　　(3)　生涯にわたって継続して運動に親しむとともに健康の[　C　]と体力の[　D　]を目指し，明るく豊かで活力ある生活を営む態度を養う。

1　文中の[　A　]～[　D　]に当てはまる語句を答えなさい。
2　文中の(1)～(3)の内容は，教育課程全体を通して育成を目指す資質・能力の「三つの柱」のどれにあたるか，それぞれ答えなさい。

3　教科の目標を達成するために，運動する子供とそうでない子供の二極化傾向が見られることや社会の変化に伴う新たな健康課題に対応した教育が必要との指摘から，何が重要とされているか答えなさい。

(☆☆☆◎◎◎)

【5】熊本県教育委員会が平成31年3月に発出した「高等学校における運動部活動指導の指針」に関する次の文章の[　A　]～[　F　]に当てはまる数字や語句を答えなさい。

高等学校における1週間の練習日の日数は[　A　]日以内とする。平日は少なくとも1日，土曜日及び日曜日は少なくとも1日以上を[　B　]とする。平日の活動時間は[　C　]時間程度で学校の休業日の活動時間は[　D　]時間程度とする。

また，校長は，学校の特色や生徒の実情に応じて上記の時間を[　E　]て練習日，練習時間を設けることができる。しかし，その場合であっても1週間の練習時間は[　F　]時間未満を目安として設定することとする。

(☆☆☆◎◎◎)

# 二次試験(県のみ)

## 【中学校】

【1】身体機能の発達について指導する内容を挙げ，「主体的・対話的で深い学び」の実現に向け，どのように指導するか述べなさい。

(☆☆☆◎◎◎)

## 【高等学校】

【1】精神疾患の疾患名を3つ示し，初期段階で共通する主な症状について説明しなさい。また，精神疾患を予防するためのストレスへの対処

の仕方について説明し，生徒が自分なりのストレス対処法を身に付けるための効果的な指導方法について述べなさい。

(☆☆☆◎◎◎)

## 解答・解説

# 一次試験

## 【中学校(県・市共通)】

【1】1　・体力は人間の活動の源であること　・体力と運動の技能は相互に関連して高まること　2　表すことについて…言葉や文章及び動作などで表すことを示している　伝えることについて…仲間や教師などに理由を添えて伝えることを示している(他者にわかりやすく伝える)　3　a　可能性　b　意思　4　・運動種目によってはペアやグループの編成時に配慮すること　・健康・安全に関する指導の充実を図ること

〈解説〉1　それぞれの運動の特性や魅力に触れるために必要となる体力や健康に生活するための体力を，生徒自らが高められるようにすることが大切である。それぞれの運動領域の知識には，運動の特性や成り立ち，技の名称や行い方の他に，その運動に関連して高まる体力についても指導内容が示されている。　2　他に，具体的な伝える方法としては，アイコンタクトなどの運動特有な方法や，ICT機器を使用するといったことも考えられる。　3　体力や技能の程度及び性別の違い等にかかわらず，仲間とともに学ぶ体験は，生涯にわたる豊かなスポーツライフの実現に向けた重要な学習の機会であることから，原則として男女共習で学習を行うことが求められる。また，障害の有無等にかかわらず，仲間とともに学ぶ体験は，生涯にわたる豊かなスポーツライフの実現とともに，スポーツを通した共生社会の実現につなが

る重要な学習の機会であることから，障害のある生徒への配慮をしながら指導の充実を図ることが大切である。　4　男女共習においては，例えば体つくり運動の体ほぐしの運動において，ペアストレッチをする際はボディコンタクトを伴うため，その運動時には男女別にするなどの配慮が必要になる。また，男子の方が，体ががっしりしてくる時期でもあるので，力が余ってけがなどがないように，ルールや場の設定などの配慮が必要となる。

【2】1　・関節の働き　　・筋肉の働き　　2　a　手軽　　b　自主的
3　・ねらいは何か　　・いつどこで運動するのか　　・どのような
運動を選ぶのか　　・どの程度の運動強度，時間，回数で行うか　から2つ

〈解説〉1　体の構造では，関節には可動範囲があること，同じ運動をしすぎると関節に負担がかかること，関節に大きな負荷がかからない姿勢があること，体温が上がると筋肉は伸展しやすくなることなどを理解できるようにする。なお，体の構造とは，体のつくりと働きのことであるが，第3学年では関節や筋肉の働きを中心に取り上げるようにする。　2　手軽な運動とは，誰もが簡単に取り組むことができる運動，仲間と協力して楽しくできる運動，心や体が弾むような軽快な運動を示している。また，仲間と自主的に関わり合うとは，共に運動する仲間を認め合い大切にすること，感じたり工夫したりしたことを自ら進んで伝え合うことによって，お互いの信頼が生じるように関わりをもつことである。　3　実生活に生かす運動の計画の行い方の例として，運動不足の解消や体調維持のために，食事や睡眠などの生活習慣の改善も含め，休憩時間や家庭などで日常的に行うことができるよう効率のよい組み合わせやバランスのよい組み合わせで運動の計画を立てて取り組む「健康に生活するための体力の向上を図る運動の計画と実践」と，調和のとれた体力の向上を図ったり，選択した運動やスポーツの場面で必要とされる体の動きを高めたりするために，効率のよい組み合わせやバランスのよい組み合わせで運動の計画を立てて取

り組む「運動を行うための体力の向上を図る運動の計画と実践」の2つが示されている。

【3】1　自己観察…ICTなどで自己のグループの表現や踊りを観察する　他者観察…ダンスを見せ合うことでお互いの動きを観察する
　　2　a　空間　　b　ステップ　　　3　・短い動きを繰り返す　　・対立する動きを組み合わせる　　　・ダイナミックなアクセントを加える　から2つ
〈解説〉1　授業においては，互いに教え合う時間を確保するなどの工夫をするとともに，指導事項の精選を図ったり，運動観察のポイントを明確にしたり，ICT を効果的に活用したりするなどして，体を動かす機会を適切に確保することが大切である。　　2　緩急強弱のある動きや空間の使い方に変化を付けて即興的に表現するとは，緩急(時間的要素)・強弱(力の要素)の動きや，列・円などの空間の使い方に変化を付けて，思いつくままに捉えたイメージをすぐに動きに変えて表現することである。特徴的なステップや動きと組み方とは，躍動的な動きや手振りの動きを強調する日本の民踊などの特徴的な動き，外国のフォークダンスでのパートナーとのステップや動きと組み方(オープン・ポジションやクローズド・ポジションをはじめとした様々な組み方)のことである。　　3　現代的なリズムのダンスでは，既存の振り付けなどを模倣することに重点があるのではなく，変化とまとまりを付けて，全身で自由に続けて踊ることを強調することが大切である。

【4】a　個人生活　　b　技能　　c　自他の課題　　d　他者に伝える　　e　明るく豊かな生活を営む
〈解説〉a，b　中学校では，個人生活を中心として科学的に理解できるようにするとともに，それらの内容に関わる基本的な技能を身に付けるようにすることを目指している。今回の改訂で加えられた技能については，「(2)心身の機能の発達と心の健康　(エ)欲求やストレスへの対処と心の健康　イ　欲求やストレスとその対処」において，リラクセー

ションの方法等を取り上げ，ストレスによる心身の負担を軽くするような対処の方法ができるようにすることが求められている。また，「(3)傷害の防止　(エ)応急手当の意義と実際　イ　応急手当の実際」において，胸骨圧迫，AED(自動体外式除細動器)使用などの心肺蘇生法，包帯法や止血法としての直接圧迫法などを取り上げ，実習を通して応急手当ができるようにすることが求められている。　c，d　思考力，判断力，表現力等に関する資質・能力の育成についての目標である。抽象的な思考なども可能になるという発達の段階を踏まえて，個人生活における健康・安全に関する内容について科学的に思考し，判断するとともに，それらを，筋道を立てて他者に表現できるようにすることを目指している。　e　学びに向かう力，人間性等に関する資質・能力の育成についての目標である。自他の健康に関心をもち，現在だけでなく生涯を通じて健康の保持増進や回復を目指す実践力の基礎を育てることによって，生徒が現在及び将来の生活を健康で活力に満ちた明るく豊かなものにすることを目指している。

【5】1　a　ウ　　b　イ　　2　語句…受動喫煙(間接喫煙でも可)
主流煙の説明…主流煙とは，喫煙者がたばこから吸い込む煙
副流煙の説明…副流煙とは，たばこの先から出る煙　　3　アルコール依存症　　4　・感染源(発生源)を断つ　　・感染経路を断つ
・体の抵抗力を高める　から2つ
〈解説〉1　生活習慣病とは，食事や運動・喫煙・飲酒・ストレスなどの生活習慣が深く関与し，発症の原因となる疾患の総称である。以前は「成人病」と呼ばれていたが，成人であっても生活習慣の改善により予防可能で，成人でなくても発症可能性があることから，1996年に当時の厚生省が「生活習慣病」と改称することを提唱した。医薬品とは，病気(疾病)の診断，治療又は予防に使用されることが目的とされているもの。原則として医師・歯科医師の診断に基づく処方せんが必要で，薬局において薬剤師から購入可能なものを，医療用医薬品という。原則として薬局や薬店・ドラッグストアにおいて薬剤師等の薬の専門家

の助言を得て自らの判断で購入可能なものを，一般用医薬品という。

2　受動喫煙を防止するため，2018年7月に健康増進法の一部を改正する法律が成立し，2020年4月1日より全面施行されている。内容としては，望まない受動喫煙の防止を図るため，多数の者が利用する施設等の区分に応じ，当該施設等の一定の場所を除き喫煙を禁止するとともに，当該施設等の管理について権原を有する者が講ずべき措置等について定められた。基本的考え方として，次の3つが示されている。①望まない受動喫煙をなくす。②受動喫煙による健康影響が大きい子ども，患者等に特に配慮。③施設の類型・場所ごとに対策を実施。

3　アルコール依存症とは，酒の飲み方(飲む量，飲むタイミング，飲む状況)を自分でコントロールできなくなった状態のことをいう。飲むのはよくないことだとわかっていても，脳に異常が起きて飲むことをやめられなくなる。その意味では，アルコールは麻薬や覚せい剤と同様の依存性の薬物の一種だともいえる。また，アルコール依存症は患者本人の意思の弱さによって起きるものではなく，医療機関で治療が必要な病気である。　4　感染症の感染の防止の基本は「感染源」「感染経路」「感受性者」をつなぐチェーンのどこかを断ち切ることである。感染源対策や感染経路対策については，消毒をする，石けんで手を洗う，人混みを避ける，換気をする等が挙げられる。感染者対策としては，予防接種をする，栄養・睡眠を十分とるといったことが挙げられる。

【6】1　a　エ　　b　オ　　c　ウ　　2　・死角がある　　・内輪差がある　　・停止距離がある　　・空走距離がある　　・制動距離がある　から2つ　　3　・気道確保　　・人工呼吸　　・胸骨圧迫　・AED(自動体外式除細動器)使用の心肺蘇生法　から2つ

〈解説〉1　救急車が要請を受けてから現場に到着するまでの平均時間は，東京都内で7〜8分である。この救急車到着までの空白の7〜8分間が傷病者の生命を大きく左右することになる。救命曲線によると，心臓や呼吸が止まった人の命が助かる可能性は，その後の約10分間に急激に

少なくなっていく。傷病者を救命するためには，近くにいる人による応急手当が不可欠といえる。二次災害とは，地震に伴って発生する，津波，土砂崩れ，地割れ，火災などのことである。心肺蘇生法とは，心肺停止に陥った人に遭遇したときの応急手当を行うことである。

2　交通事故の多くは，運転者の運転操作ミスなどの人的要因(過失)によるとされている。しかし，事故原因となった過失の背後には，認知・判断・操作を繰り返す運転操作のいずれかの段階において，運転者がミスを犯すに至った車両構造面，走行環境面，あるいは事業用自動車の運行管理面などの問題点が存在している可能性がある。

3　死戦期呼吸がみられたら心停止と考え，胸骨圧迫を開始する。普段どおりの呼吸かどうかがわからないときも胸骨圧迫を開始する。呼吸の観察には10秒以上かけないようにし，約10秒かけても判断に迷う場合は，普段どおりの呼吸がない，すなわち心停止とみなす。AEDは，心室細動や心室頻拍になった心臓に対して，電気ショックを与え，心臓の拍動を正常なリズムに戻すために使用する。心肺蘇生法を再開して2分(胸骨圧迫30回と人工呼吸2回の組み合わせを5サイクルほど)経ったら，AEDは自動的に心電図の解析を再び行う。音声メッセージに従って傷病者から手を離し，周りの人も傷病者から離れる。以後は，「心電図の解析→電気ショック→心肺蘇生法の再開」の手順を，約2分おきに繰り返す。

【7】1　・生命を救う　　・けがや病気の悪化防止　　・痛みや不安を和らげる　　・治療効果を高める　　・治療後の回復を早める　から3つ　　2　・医療の目的から外れて使用すること　　・医療が目的ではない薬物を使用すること(覚醒剤や大麻等)　から1つ　　3　・年齢・性　　・免疫　　・遺伝　　・体質　　・抵抗力　から2つ
4　・がん(悪性新生物)，心臓病(心疾患)　　5　48単位時間程度
〈解説〉1　病気や事故で急変した人を救命し，社会復帰させるために必要な一連の流れを救命の連鎖という。救命の連鎖を構成する4つの輪が素早くつながると救命効果が高まる。鎖の1つ目の輪は心停止の予

防，2つ目の輪は心停止の早期認識と通報，3つ目の輪は一次救命処置(心肺蘇生とAED)，4つ目の輪は救急救命士や医師による高度な救命治療を意味する二次救命処置と心拍再開後の集中治療である。　2　薬物乱用は，個人の心身の健全な発育や人格の形成を阻害するだけでなく，社会への適応能力や責任感の発達を妨げるため，暴力，非行，犯罪など家庭・学校・地域社会にも深刻な影響を及ぼすこともあることを理解できるようにする。また，体育分野との関連を図る観点から，フェアなプレイに反するドーピングの健康への影響についても触れるようにする。　3　主体の要因は，年齢，性，遺伝，免疫などの生まれつきの要因と，食事，運動，休養，睡眠などの行動や生活的な要因に分けられる。環境の要因としては，温度や湿度などの物理的な要因，ウイルスや細菌などの生物学的な要因，人間関係や医療制度などの社会的な要因に分けられる。　4　主な死因の構成割合について，第1位，2位に変わりはないが，第3位は老衰となっている(2020年)。　5　保健分野の学年別の授業時数の配当については，3学年間を通して適切に配当するとともに，生徒の興味・関心や意欲などを高めながら効果的に学習を進めるため，学習時間を継続的又は集中的に設定することが望ましいことを示している。

## 【高等学校(県のみ)】

【1】1　・身体的　　・精神的　　・社会的　　2　A　主体
B　環境　　C　運動強度　　D　運動時間　　E　頻度　　F　超回復
3　最大値　　4　・安静　　・冷却　　・圧迫　　・挙上　　5　精神的にあたかも燃え尽きたような状態になり，運動する意欲がなくなってしまうことをいう。

〈解説〉1　1947年に採択されたWHO憲章では，前文において「健康」を次のように定義している。「健康とは，病気でないとか，弱っていないということではなく，肉体的にも，精神的にも，そして社会的にも，すべてが満たされた状態にあることをいいます。(日本WHO協会訳)」この健康の定義は，いまも世界中でひろく使われている。　今後も，

WHO憲章の健康の定義を不変のものとして捉えるのではなく，時代や環境に即して変化するなかで，健康とは何かという真摯な議論を続けていく姿勢が求められている。　２　A，B　主体の要因は，年齢，性，遺伝，免疫などの生まれつきの要因と，食事，運動，休養，睡眠などの行動や生活的な要因に分けられる。環境の要因としては，温度や湿度などの物理的な要因，ウイルスや細菌などの生物学的な要因，人間関係や医療制度などの社会的な要因に分けられる。　C〜F　筋力トレーニング後に24〜48時間くらいの休息をとることによって起こる現象で，休息の間に筋肉の総量がトレーニング前よりも増加することを超回復という。　３　最大酸素摂取量は1分間に体重1kgあたり取り込むことができる酸素の量(mL/kg/分)を示し，「VO$_2$max」(Volume〔量〕，O$_2$〔酸素〕，max〔最大値maximum〕)と略記される。最大酸素摂取量は一般的に女性より男性の方が高く，男女とも加齢に伴い低くなる傾向がある。「健康づくりのための運動基準2013」(厚生労働省)では，性・年代別の基準値が定められている。ここでは，男性は18〜39歳で39mL/kg/分，40〜59歳で35mL/kg/分，60〜69歳で32mL/kg/分，女性は18〜39歳で33mL/kg/分，40〜59歳で30mL/kg/分，60〜69歳で26mL/kg/分となっている。　４　打撲や捻挫の手当ては，安静(Rest)，冷却(Ice)，圧迫(Compression)，挙上(Elevation)を基本に進める。それぞれの頭文字をとって，RICEという。　５　バーンアウトは，モーターなどが擦り切れる状態を示すことからきており，「燃え尽き症候群」ともいう。

【2】1　A　心　　B　大脳新皮質　　C　大脳辺縁系　　2　ア　リラクセーション　　イ　イメージ　　3　心身症　　4　PTSD(心的外傷後ストレス障害)

〈解説〉1　A　心理ストレスや情動が体の調節に影響を与え，様々な身体反応が生じる現象を，「心身相関」という。　　B　知覚，記憶，言語，思考などといった高次の脳機能をつかさどるヒトの大脳新皮質は，最も近い近縁種であるチンパンジーの約3倍もの大きさがあり，その機能も特に発達している。進化の過程で大きくなった脳が頭蓋骨の限ら

れた空間に収まるために，脳は折りたたまれ，シワができたと考えられている。　C　大脳辺縁系は，人間の脳で情動の表出，食欲，性欲，睡眠欲，意欲などの本能，喜怒哀楽，情緒，神秘的な感覚，睡眠や夢などをつかさどっており，そして記憶や自律神経活動に関与している。
2　リラクセーションには，呼吸法と筋弛緩法(漸進的筋弛緩法)がある。呼吸法では，心と身体の状態に意識を向けることが大切である。筋弛緩法は，力を入れた後に，力を抜き，力の抜けた感じからリラックス感を得る方法である。　3　心身症とは，各科が対応する身体疾患のうち，発症や経過に心理社会的ストレスの影響で機能的な障害を伴った疾患群である。疾患群の中でも代表的なものとして，過敏性腸症候群，機能性ディスペプシア，本態性高血圧，アトピー性皮膚炎，頭痛(筋緊張型頭痛，片頭痛など)，疼痛性障害などが挙げられる。
4　PTSDは心的外傷後ストレス障害ともいい，Post-Traumatic Stress Disorderの略である。大地震や大事故などの実際に死傷するような出来事を体験したり，目撃したりしたとき，それが心の傷となり，ストレスの症状が出る場合をいう。症状としては，眠りが浅くなる，怒りっぽくなる，警戒心が強くなる，集中力が欠けるなどの不安定な状態が続く。

【3】1　A　スポーツ精神　　B　アンチ・ドーピング　　C　ユネスコ　D　主作用(主反応)　　E　副作用(副反応)　　F　薬剤師　　G　薬害
2　スポーツでルールや対戦相手，審判などを尊重しながら，最後まであきらめずに自己の最善を尽くして競技しようとする正しく立派な行為。　　3　ドーピング・コントロール　　4　大麻　　5　薬物乱用防止教室
〈解説〉1　A～C　2011年8月に施行された「スポーツ基本法」の第29条においては，JADAと連携してアンチ・ドーピング活動を推進することが国の責務として明記され，「ドーピングの検査，ドーピングの防止に関する教育及び啓発その他のドーピングの防止活動の実施に係る体制の整備，国際的なドーピングの防止に関する機関等への支援その

他の必要な施策を講ずる」ことがうたわれている。　D～F　副作用は，医薬品が適正な使用目的に従い，適正に使用された場合でも，その医薬品により，人に発現する有害な反応のことである。医薬品の販売制度(ルール)が改正(平成26年6月12日施行)され，一般用医薬品は適切なルールのもと，インターネットでの販売が可能になった。インターネット販売においても，第1類医薬品については，これまでどおり薬剤師が販売し，その際は，年齢，他の医薬品の使用状況等について，薬剤師が確認し，適正に使用されると認められる場合を除き，薬剤師が情報提供を行うことになる。　G　日本では，サリドマイド，スモン，薬害HIV感染，ヤコブ病など，多くの薬害が繰り返されてきた。

2　フェアプレイとは，「(1)運動競技で，正々堂々たるふるまい。(2)公明正大な行為・態度。」のことである。スポーツにはルールがあり，そのルールを守ることでアスリートが互いに競い合い，高めあう。それがスポーツマンシップであり，オリンピズムの1つである。　3　世界規程ではドーピングとして 10 項目を定義しており，ドーピング検査の禁止物質の検出以外に，確実な証言や証拠などによるドーピングの証明，ドーピング検査拒否，ドーピング検査妨害，共犯関係のスタッフの行為などもドーピングと規定している。この世界規程の下に，より具体的なアンチ・ドーピング活動のルールとして「禁止表」，「検査及びドーピング捜査」，「分析機関」，「治療使用特例」，「プライバシー及び個人情報の保護」の5つの国際基準が作成されている。

4　2020年に大麻取締法違反で摘発された14～19歳の少年は前年を278人上回る887人で，過去最多を更新した。　5　薬物乱用防止教室は，「第五次薬物乱用防止五か年戦略(平成30年8月3日薬物乱用対策推進会議決定)」において，学校保健計画において位置付け，すべての中学校及び高等学校において年1回は開催するとともに，地域の実情に応じて小学校においても開催に努めることとされている。

【4】1　A　社会生活　　B　自他や社会　　C　保持増進　　D　向上
2　(1)　知識及び技能　　(2)　思考力・判断力・表現力等　　(3)　学

びに向かう力，人間性等　　3　体育と保健を一層関連させて指導すること。

〈解説〉1　A　「社会生活における健康・安全について理解する」とは，主に保健における知識を示している。小学校の身近な生活における健康・安全に関する基礎的な内容を実践的に理解すること，中学校での主として個人生活における健康・安全に関する内容を科学的に理解することを踏まえ，高等学校では，個人生活のみならず社会生活との関わりを含めた健康・安全に関する内容を総合的に理解することを通して，生涯を通じて健康や安全の課題に適切に対応できるようにすることを目指しているものである。　　B　「運動や健康についての自他や社会の課題を発見し」とは，各領域の特性を踏まえて，動きや技などの改善についてのポイントを発見したり，生涯にわたって豊かなスポーツライフを継続するための課題を発見したりすること，健康に関わる事象や健康情報などから自他の課題を発見することを示している。C　「健康の保持増進」とは，自他の健康やそれを支える環境づくりの大切さを認識し，健康の保持増進や回復等に主体的に取り組み，健康で豊かな生活を営む態度の育成を重視する観点から，自他の健康やそれを支える環境づくりに関心をもち，自他の健康に関する取組のよさを認める，自他の健康の保持増進や回復やそれを支える環境づくりのために主体的，協働的に活動する等の態度を育成する学びに向かう力，人間性等の資質・能力の基礎を育成することを示したものである。D　「体力の向上を目指し」とは，運動を適切に行うことによって，自己の状況に応じて体力の向上を図る能力を育て，心身の調和的発達を図ることである。　　2　体育科や保健科における目標も，(1)〜(3)は教科の目標と同様にそれぞれが三つの柱に対応している。　　3　科目体育と科目保健の関連を図る工夫の例としては，次のようなものが示されている。・体育の「A 体つくり運動」のア「体ほぐしの運動」では具体的な運動の視点から，保健の(1)「現代社会と健康」のア(オ)「精神疾患の予防と回復」では精神疾患への対処の視点から，それぞれ取り上げているので，この点を十分考慮して関連のある指導を工夫す

る。・体育の「D水泳」の事故防止に関する心得では具体的な態度の視点から，保健の(2)「安全な社会づくり」のア(イ)「応急手当」では応急手当の適切な対処の視点からそれぞれ取り上げているので，この点を十分考慮して関連のある指導を工夫する。・体育の「H体育理論」の2「運動やスポーツの効果的な学習の仕方」では健康の保持増進を図るための方法等の視点から，保健の(1)「現代社会と健康」では生活習慣病などの予防と回復の視点から日常生活にスポーツを計画的に取り入れることの重要性についてそれぞれ取り上げているので，この点を十分考慮して関連のある指導を工夫する。・体育の「A体つくり運動」から「Gダンス」の(3)学びに向かう力，人間性等の「健康・安全」では運動実践の場面での行動の視点から，保健の(4)「健康を支える環境づくり」では地域の保健・医療機関の活用の視点から，生涯スポーツの実践を支える環境づくりやその活用についてそれぞれ取り上げているので，この点を十分考慮して関連のある指導を工夫する。・教科内におけるカリキュラム・マネジメントを実現する観点から体育と保健の関連する事項を取り上げる際，指導する時期を適切に設定した年間指導計画を工夫する。

【5】A　5　　B　休養日　　C　2　　D　3　　E　超え　　F　16
〈解説〉平成30年3月にスポーツ庁から「運動部活動の在り方に関する総合的なガイドライン」が示された。熊本県では，このガイドラインを受け，中学校及び高等学校における運動部活動の指針を改正及び策定した。その中では，次のようなことも示されている。国のガイドラインにあるように休養日を少なくとも1週間に1〜2日設けること，週当たりの活動時間における上限は，16時間未満とすることが望ましいとあることから，基本的には，オンシーズンにおいても週当たりで休養日を設定する必要がある。練習試合や合宿，競技会への参加については，事前に校長の承認を得ることとなっている。練習試合や合宿の時間が3時間を超えることも考えられるが，時間超過が常態化することがないよう留意するとともに，生徒及び顧問の過度の負担とならない

よう配慮することが必要である。

# 二次試験(県のみ)

## 【中学校】

【1】(解答例)　身体機能の発達に関する指導内容は，3つに大別できる。一つ目は，体全体の各器官の発育・発達についてである。ここでは，各器官によって発育・発達する時期が異なることや，個人によっても違いがある個人差について指導する。二つ目は，呼吸器・循環器の発育・発達についてである。中学生の時期は，特に全身持久力を身に付けるのに適していることから，運動と関連づけながら呼吸器・循環器の発育・発達について指導する。三つ目は，生殖に関わる機能の成熟についてである。思春期には，下垂体から分泌される性腺刺激ホルモンの働きにより生殖器の発育とともに生殖機能が発達し，男子では射精，女子では月経が見られ，妊娠が可能となることについて指導する。主体的・対話的で深い学びの実現に向けては，まず，導入部分で各器官の名称を確認したうえで，スキャモンの発育・発達曲線を提示するとともに学習カードに示し，どの器官がどの時期に発達しやすいかを予想させる。その際，まずは個人で調べたり考えたりして予想し，近くの友達と意見交換し，その後に全体共有を図る。そこで，各器官によって発育・発達の時期が違うことについて確かな知識をおさえる。その後，健康診断で計測した自分の身長や体重を基に，どれくらい小学校から身長や体重が増えたのかを確認する。そこで，生徒の実態に配慮しながら，特に身長差に焦点を当て，なぜ，このように個人によって違いがあるかグループで話し合い，意見を全体共有する。遺伝，食生活，生活環境等，様々な意見を集約しながら，要因を特定するのではなく，個人差があって当たり前であることを確認する。最後に，知識の活用ということで，身長がなかなか伸びなくて悩んでいる中学生の場面設定を行い，それについてのアドバイスをワークシートに記

入し，発表，全体共有する。

〈解説〉今回の設問に該当する，中学校学習指導要領解説　保健体育編に示されている指導内容は，「(2)心身の機能の発達と心の健康　ア　心身の機能の発達と心の健康について理解を深めるとともに，ストレスへの対処をすること。」である。心身の機能の発達とあるが，問題文では「身体機能の発達」となっているので，「(ア)身体には，多くの器官が発育し，それに伴い，様々な機能が発達する時期があること。また，発育・発達の時期やその程度には，個人差があること。」「(イ)思春期には，内分泌の働きによって生殖に関わる機能が成熟すること。また，成熟に伴う変化に対応した適切な行動が必要となること。」を指導内容として扱うことになる。思春期の中にいる中学生において，身体の発育・発達の個人差は大きな悩みの一つになり，心の健康にも影響する。そこで，個人差があることをしっかりと理解することができるようにしたい。本問においては，次の6つの観点で評価される。①語句の表現や記述が適切であり，論理的でわかりやすい構成になっている。②自分の考えを具体的に述べ，教師としての資質(熱意，誠実さ，向上心，柔軟性，協調性，発想力など)が窺える。③器官が発育し，機能が発達する時期があることについて述べている。④発育・発達には個人差があることについて述べている。⑤指導方法の工夫について述べている。⑥学習内容と日常生活(個人生活)との関わりについて述べている。以上の6つの観点を過不足なく盛り込み，誤字脱字のないように注意して解答を作成しよう。特に⑤については，「改訂『生きる力』を育む中学校保健教育の手引」(文部科学省)の「第1章　総説　第3節　内容及び指導方法　2.保健教育の指導方法」にあるような多様な指導方法の例を参考にするとよい。

## 【高等学校】

【1】(解答例)　精神疾患として代表的なものに，うつ病，統合失調症，不安障害が挙げられる。初期段階に共通してみられる症状として，不安，抑うつ，焦燥，不眠などの精神活動の変化が通常時より強く持続

的に生じることが挙げられる。精神疾患を予防するためのストレスへの対処の方法としては「適切な運動，食事，休養及び睡眠など，調和のとれた生活を実践すること」「早期に心身の不調に気付くこと」「心身に起こった反応については体ほぐしの運動などのリラクセーションの方法でストレスを緩和すること」等が挙げられる。具体的には，腹式呼吸法や筋弛緩法などを行うことが考えられる。授業においては，まず導入として「自殺者」のデータを提示し，その原因に着目させ，精神疾患による自殺者が一定数いることを確認する。また，過食症や拒食症など，摂食障害の事例(体験談)を資料として用意し，高校生期に関心のあるダイエット等に関連して，自分でもそうなり得る可能性があることを理解させる。そうした上で，「精神疾患を予防するためには？」「もし精神疾患になってしまったら？」の二つの問いを設定し，タブレット等を利用した調べ学習を行い，ワークシートに個人の考えを記入させる。その後，グループで意見交換し，全体共有を図る。「適切な対処により回復し，生活の質の向上が可能であること」「できるだけ早期に専門家に援助を求めることが有効であること」について確認し，しっかりと「回復」することについてもおさえる。もう一方の，予防について出された意見を集約し，中学校の学習を想起させながら，リラクセーションなどを実際に行う。最後に，自分なりのストレスの対処法を考え，ワークシートに記入し，グループでの共有，全体共有を図りまとめとする。

〈解説〉今回の設問に該当する，高等学校学習指導要領で示されている内容は「(1)現代社会と健康　ア　現代社会と健康について理解を深めること。　(オ)精神疾患の予防と回復」についてである。具体的には，「精神疾患の予防と回復には，運動，食事，休養及び睡眠の調和のとれた生活を実践するとともに，心身の不調に気付くことが重要であること。また，疾病の早期発見及び社会的な対策が必要であること。」について指導する。今回の学習指導要領改訂においては，社会生活において精神疾患による社会活動への参加が困難な事例や，自殺者の増加などが背景にあり，予防と回復について明確に指導内容として位置

づけられた。アルコール，薬物，ギャンブル等への依存症もその1つであることにも触れるとともに，誰もが罹患する可能性があり，若年で発症する疾患が多いが，特に，適切な対処により回復することについてしっかりと指導する必要がある。本問においては，次の5つの観点で評価される。①語句の表現や記述が適切であり，論理的でわかりやすい構成になっている。②自分の考えを具体的に述べ，教師としての資質(熱意，誠実さ，向上心，柔軟性，協調性，発想力など)が窺える。③精神疾患の例を挙げ，初期段階で共通する主な症状について適切に述べている。④ストレスへの対処の仕方について適切に述べている。⑤上記③④を踏まえ，生徒が自分なりのストレスへの対処法について主体的に考えることができるようにするための指導方法について適切に述べている。以上の5つの観点を過不足なく盛り込み，誤字脱字のないように注意して解答を作成しよう。授業の計画，指導方法に関しては，「改訂『生きる力』を育む高等学校保健教育の手引」(文部科学省)の「第2章　保健教育の展開例　第1節　保健体育科『科目保健』5. 第1学年「(1)現代社会と健康」 (オ)精神疾患の予防と回復　⑦精神疾患への対処」にある，単元計画や事案を参考にするとよい。

## 2021年度　実施問題

# 一次試験

### 【中学校(県・市共通)】

【1】　次の文章は，新「中学校学習指導要領解説　保健体育編」の「第2
章　第2節　各分野の目標及び内容〔体育分野〕　2　内容　A　体つ
くり運動　[第1学年及び第2学年]　(1)　知識及び運動」からの抜粋で
ある。これについて，下の1〜3の各問いに答えなさい。

---

(1)　次の運動を通して，体を動かす楽しさや心地よさを味わい，
体つくり運動の意義と行い方，①<u>体の動きを高める方法</u>など
を理解し，目的に適した運動を身に付け，組み合わせること。
ア　体ほぐしの運動では，手軽な運動を行い，心と体との関
係や[　a　]に気付き，仲間と積極的に関わり合うこと。
イ　体の動きを高める運動では，ねらいに応じて，②<u>体の柔
らかさ</u>，巧みな動き，[　b　]，動きを持続する能力を高め
るための運動を行うとともに，それらを組み合わせること。

---

1　下線部①<u>体の動きを高める方法</u>では，ねらいや体力の程度に応じて
4つのことを考慮して運動を組み合わせることが大切であると示さ
れている。その中で3つのことを答えなさい。

2　下線部②<u>体の柔らかさ</u>を高めるための運動について指導をする際，
大切であると示されていることは何か，2つ答えなさい。(器具や周
囲の安全面への配慮は除外すること)

3　文中の[　a　]と[　b　]に当てはまる語句をそれぞれ答えなさい。

(☆☆☆◎◎◎)

【２】次の文章は，新「中学校学習指導要領解説　保健体育編」の「第2章　第2節　各分野の目標及び内容〔体育分野〕　2　内容　C　陸上競技　[第1学年及び第2学年]　(1)　知識及び技能」からの抜粋である。これについて，下の1～4の各問いに答えなさい。

> (1)　次の運動について，記録の向上や，競争の楽しさや喜びを味わい，陸上競技の成り立ち，①技術の名称や行い方，その運動に関連して②高まる体力などを理解するとともに，基本的な動きや効率のよい動きを身に付けること。
> ア　短距離走・リレーでは，③滑らかな動きで速く走ることやバトンの受渡しでタイミングを合わせること，長距離走では，ペースを守って走ること，ハードル走では，リズミカルな走りから滑らかにハードルを越すこと。
> イ　走り幅跳びでは，スピードに乗った助走から素早く踏み切って跳ぶこと，走り高跳びでは，リズミカルな助走から④力強く踏み切って大きな動作で跳ぶこと。

1　下線部①技術の名称について，競走に用いられるスタート法の名称を2つ答えなさい。

2　下線部②高まる体力について，陸上競技を継続することで，短距離走や跳躍種目などでは主としてどのような体力要素が関連して高まると示されているか，2つ答えなさい。

3　下線部③滑らかな動きとはどんな動きだと示されているか答えなさい。（「腕」，「脚」という言葉を用いること）

4　下線部④力強く踏み切ってとは，何のために，どのように地面をキックすることであると示されているか答えなさい。

(☆☆☆◎◎◎)

【３】次の文章は，新「中学校学習指導要領解説　保健体育編」の「第2章　第2節　各分野の目標及び内容〔体育分野〕　2　内容　D　水泳

[第3学年] (1) 知識及び技能」からの抜粋である。これについて，下の1〜3の各問いに答えなさい。

> (1) 次の運動について，記録の向上や競争の楽しさや喜びを味わい，技術の名称や行い方，体力の高め方，①運動観察の方法などを理解するとともに，[ a ]に泳ぐこと。
> ア　クロールでは，②手と足の動き，呼吸のバランスを保ち，安定したペースで長く泳いだり速く泳いだりすること。
> (イウエは省略)
> オ　[ b ]で泳ぐこと，又はリレーをすること。

1 下線部①運動観察の方法について，自己の動きや仲間の動きを分析するための方法として示された観察方法を2つ答えなさい。
2 下線部②手と足の動き，呼吸のバランスを保ちとはどんな動きだと示されているか答えなさい。(「プル」，「キック」，「ローリング」という言葉を用いること)
3 文中の[ a ]と[ b ]に当てはまる語句をそれぞれ答えなさい。

(☆☆☆○○○)

【4】次の1〜3の各問いに答えなさい。
1 中学校保健体育の平成27年度検定教科書に掲載されている主な性感染症の中で，エイズ以外の性感染症を2つ答えなさい。
2 未成年者の喫煙については法律で禁止されているが，新「中学校学習指導要領解説　保健体育編」においては，未成年者の喫煙について，どのようなことを理解できるようにすると示されているか答えなさい。
3 ごみ問題に対応するため限りある資源を有効に使う「循環型社会」における「3R：Reduce(リデュース)・Reuse(リユース)・Recycle(リサイクル)」とはそれぞれどんなことか答えなさい。

(☆☆☆○○○)

【5】　次の表は，新「中学校学習指導要領解説　保健体育編」の「第2章
　　　第2節　各分野の目標及び内容〔保健分野〕　2　内容　(1)　健康な生
　　　活と疾病の予防」からの抜粋である。これについて，新「中学校学習
　　　指導要領解説　保健体育編」の内容を踏まえて，下の1〜6の各問いに
　　　答えなさい。

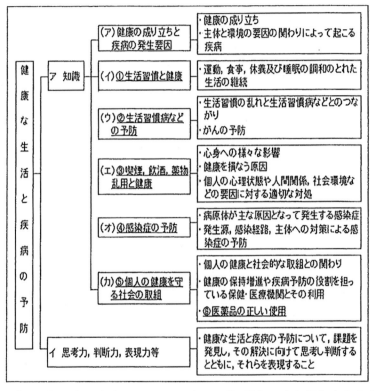

1　「ア　知識」の内容(ア)〜(カ)の中で，第2学年で取り扱う内容をす
　　べて記号で答えなさい。
2　下線部①生活習慣と健康について，運動が健康にもたらす効果には
　　どのようなものがあるか，2つ答えなさい。
3　下線部②生活習慣病などの予防について，適宜取り上げるよう示さ

れている3つの疾病等の中で，2つ答えなさい。

4　下線部③喫煙，飲酒，薬物乱用と健康について，体育分野との関連を図る観点から，触れるよう示されていることを答えなさい。

5　下線部④感染症の予防においては，後天性免疫不全症候群(エイズ)及び性感染症についても取り扱うこととされている。その際，指導に当たって配慮するよう示されている3つの中で，2つ答えなさい。

6　下線部⑤個人の健康を守る社会の取組について，地域住民の健康の保持増進や疾病の予防に関する保健機関として示されているものにはどのようなものがあるか，2つ答えなさい。また，下線部⑥医薬品の正しい使用について，使用方法として守るべきことを3つ答えなさい。

(☆☆☆◎◎◎)

【6】次の文章は，新「中学校学習指導要領解説　保健体育編」の「第2章　第2節　各分野の目標及び内容〔保健分野〕　2　内容　(3)　傷害の防止」からの抜粋である。これについて，下の1〜4の各問いに答えなさい。

> 　(前略)このため，本内容は，交通事故や自然災害などによる傷害は人的要因，[　a　]要因及びその相互の関わりによって発生すること，交通事故などの傷害の多くはこれらの要因に対する適切な対策を行うことによって防止できること，また，自然災害による傷害の多くは災害に備えておくこと，災害発生時及び発生後に周囲の状況に応じて安全に行動すること，[　b　]を把握することで防止きること，及び迅速かつ適切な①応急手当は傷害の[　c　]を防止することができるなどの知識及び応急手当の[　d　]と，傷害の防止に関する課題を解決するための思考力，判断力，表現力等を中心として構成している。(後略)

1　文中の[　a　]〜[　d　]に当てはまる語句を次の語群ア〜クからそれぞれ1つずつ選び，記号で答えなさい。

〈語群〉
　ア　悪化　　イ　知識　　ウ　技能　　　　エ　表現力
　オ　災害　　カ　環境　　キ　災害情報　　ク　発見

2　下線部①応急手当について，実習を通して習得するよう新「中学校学習指導要領解説　保健体育編」に示されているものを，2つ答えなさい。

3　次の図1は，自動車の特性の一つとされる「自動車の速度と停止距離」の関係を示したものである。ここから読み取れる自動車の特性を答えなさい。(「空走距離」，「制動距離」という言葉を用いること)

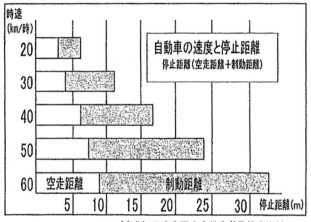

（図1）自動車の速度と停止距離

（出典）日本交通安全教育普及協会資料

4　次の図2は，「中学生(13歳～15歳)の交通事故負傷者の状態別割合」を示したものである。最も事故発生の割合が高い[　a　]に当てはまる語句を答えなさい。

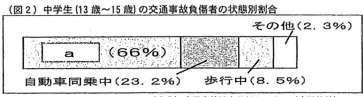

（図2）中学生（13歳〜15歳）の交通事故負傷者の状態別割合

その他（2.3%）

a （66%）

自動車同乗中（23.2%）　歩行中（8.5%）

（出典）交通事故総合分析センター（交通統計）

（☆☆☆○○○）

## 【高等学校(県のみ)】

【1】次の文章は，科目「保健」の「思春期と健康」について述べたものである。下の1〜3の各問いに答えなさい。

> 高校生の時期は思春期の後半に当たり，男女ともに生殖器はほぼ大人に近づきます。しかし，女性は初経を迎えて数年間は，[　A　]が起きない場合や起きても不規則な場合が少なくないなど，性機能の面ではまだ未熟さが残ります。卵巣など性周期にかかわる内分泌系の諸器官や子宮の発達が十分ではないからです。これらの発達につれて，[　A　]と[　B　]が周期性を持つようになり，性周期が安定してきます。性周期は[　C　]の測定値の変化によって知ることができます。

1　文中の[　A　]〜[　C　]に当てはまる語句を答えなさい。
2　[　C　]の測定方法について，簡潔に答えなさい。
3　性差別的な不用意な発言や行動など，相手の人格と立場への配慮に欠けることが原因で起こる，性に関する問題となる行為を2つ答えなさい。

（☆☆☆○○○）

【2】次の文章は，科目「保健」の「労働と健康」における授業の様子である。あとの1〜3の各問いに答えなさい。

97

先生　：さて，昔と今では働き方はどのように変化しています
　　　　か。

生徒A：肉体労働は確実に減ったと思います。

生徒B：私の父は工場で勤務していて，夜勤で仕事に行くこと
　　　　もあります。

先生　：確かに今日では，肉体労働に携わる人は少なくなり，
　　　　デスクワークなどの精神労働が増えましたね。また，
　　　　交代勤務や夜間勤務も増えました。最近では(ア)テレワ
　　　　ークという働き方も出てきました。
　　　　　では，このように働き方が多様化していますが，そ
　　　　れに伴い働く人の健康問題はどのように変化していま
　　　　すか。

生徒C：身体活動量が減り[　a　]になることで，生活習慣病や
　　　　肥満などが増えていると思います。

生徒D：精神的疲労や(イ)ストレスが大きな問題だと思います。

先生　：そうだね。働き方が多様化したことで健康問題も変化
　　　　してきていますね。心身ともに健康な状態で働くため
　　　　には，より積極的に心と体の健康づくりに取り組むこ
　　　　とが必要であり，職場で心と体の両面から総合的に健
　　　　康づくりを進めるなどの[　b　]が展開されています。
　　　　また，心身の緊張を解きほぐす[　c　]の指導など心の
　　　　健康づくり(メンタルヘルスケア)も進められています。

1　文中の[　a　]～[　c　]に当てはまる最も適当な語句を答えなさい。

2　下線部(ア)の働き方について，簡潔に説明しなさい。

3　下線部(イ)について，ストレスに対する気づきへの援助として，
　2014年の労働安全衛生法の改正により導入された制度を答えなさ
　い。

(☆☆☆◎◎◎)

【3】次の表は，科目「保健」の「感染症の予防」授業指導案(略案)の一例である。下の1〜3の各問いに答えなさい。

| 学 習 活 動 | 指導上の留意点 | 評価規準<br>(評価対象) |
|---|---|---|
| 導入 ○感染症について考える<br>発問1 感染症にはどんなものがありますか。 | ◎ねらい<br>感染症を大きく2つに分類する。<br>　ア　感染症，　イ　感染症 | |
| 展開 ○2つに分類した感染症のそれぞれについて班毎に調べ学習をする。<br>5人の班を8班作成。代表的な8つの感染症をそれぞれの調査班の代表が発表する。<br>　1　ウ　　　　5　腸管出血性大腸菌感染症<br>　2　エ　　　　6　C型肝炎<br>　3　麻疹　　　7　新型インフルエンザ<br>　4　エイズ　　8　新型コロナウイルス感染症<br>○感染症の予防について調べ学習をする。<br>発問2 感染症の予防は，どのように行いますか。<br>○各班の学習内容を発表する。 | ◎ねらい<br>各感染症にはどんな特徴があり，どのように感染していったか理解させる。<br>【ワークシート準備】<br><br><br>◎ねらい<br>(a) 感染症予防の原則に則った個人的及び　オ　的対策について，理解させる。 | 関心・意欲・態度　カ<br><br><br>思考・判断　カ |
| 整理 発問3 感染症について理解できましたか。<br><br>保健ノートの整理 | ◎(b)感染症は正しく恐れることが肝要であること，及び100%の予防策は難しいことを理解させ，感染者に対する偏見や差別をなくすようにする。 | 知識・理解<br>(保健ノート) |

1 　ア　〜　カ　の空欄に適当な語句を答えなさい。
2 下線部(a)感染症予防の原則を3つ答えなさい。
3 下線部(b)まとめの指導上の留意点では，科目保健だけでなく人権教育や道徳教育の要素を含んでおり，他教科でも同様の取り組みをしている。教育課程に基づき組織的かつ計画的に各学校の教育活動の質の向上を図っていくことを何と呼ぶか，答えなさい。

(☆☆☆◎◎)

【4】次の内容は，新「高等学校学習指導要領解説保健体育編」の「H体育理論　1　スポーツの文化的特性や現代のスポーツの発展　ア　知識」からの抜粋である。あとの1〜6の各問いに答えなさい。

　　現代のスポーツは，国際親善や世界平和に大きな役割を果たしており，その代表的なものに①オリンピックやパラリンピック等の国際大会があることを理解できるようにする。

　　②オリンピックムーブメントは，オリンピック競技大会を通じて，人々の友好を深め世界の平和に貢献しようとするものであること，また，パラリンピック等の国際大会が，障害の有無等を超えてスポーツを楽しむことができる共生社会の実現に寄与していることについて理解できるようにする。

～中略～

　　また，競技会での勝利が個人や国家等に多大な利益をもたらすようになると③ドーピング(禁止薬物使用等)が社会問題として取り上げられるようになったこと，ドーピングは不当に勝利を得ようとするフェアプレイの精神に反する不正な行為であり，能力の限界に挑戦する④スポーツの文化的価値を失わせる行為であることを理解できるようにする。

1　文中の①について，それぞれの主催団体を答えなさい。

2　文中の①について，オリンピックの主催団体である国際機構の中で，アジアで最初に委員になった日本人は誰か答えなさい。

3　文中の②について，オリンピックの開催以外の活動を3つ答えなさい。

4　文中の③について，ドーピングの身体的影響について，簡潔に答えなさい。

5　文中の③について，ドーピングについて取り組んでいる国際機関を答えなさい。

6　文中の④について，文化的価値においてはスポーツへのかかわり方と大きく関連している。施設・用具・組織やルールつくり等にみられるスポーツ文化へのかかわり方の4つの観点を答えなさい。

(☆☆☆◎◎◎)

【5】 次の内容は，科目「体育」における「日本のスポーツ振興」について
まとめたものである。下の1〜3の各問いに答えなさい。

> 　国のスポーツ振興施策としては，1961年に[　A　]が制定され，
> スポーツ施設の整備・拡充や体育指導委員の養成などによって
> いわゆる「[　B　]」の振興がはかられることとなった。さらに
> 2000年，国として初めて(ア)スポーツ振興基本計画が策定され，
> スポーツ指導者の養成や活用が一層充実して行われるようにな
> った。2011年には，先の[　A　]を改正して新たに[　C　]が制定
> され，2012年に[　D　]が策定された。

1　文中の[　A　]〜[　D　]に当てはまる語句を答えなさい。
2　下線部(ア)は，2006年に改定され，国がめざすべきスポーツ振興の
　基本的方向となる3つの柱を示した。生涯スポーツの充実と国際競
　技力の向上の他に何があるか答えなさい。
3　スポーツに関する施策を総合的に推進するために2015年に設置さ
　れたのは何か答えなさい。

(☆☆☆◎◎◎)

【6】 次の文章は，現行の「高等学校学習指導要領解説　保健体育編」の
「第1　体育　2　内容　D　水泳」からの抜粋である。下の1，2の各問
いに答えなさい。

> (1)　次の運動について，記録の向上や，[　A　]の楽しさや喜び
> 　を味わい，自己に適した泳法の[　B　]を高めて泳ぐことがで
> 　きるようにする。
> 　ア　(略)
> 　イ　平泳ぎでは，手と足，[　C　]のバランスを保ち，伸びの
> 　　ある動作と安定したペースで長く泳いだり[　D　]泳いだり
> 　　すること。

1　文中の[　A　]〜[　D　]に当てはまる語句を答えなさい。

2　各泳法において，スタート及びターンは重要な技能の一部であることから，泳法との関連においてとりあげることとしている。指導に際しての，現行の「高等学校学習指導要領　保健体育」では，ターンの局面の動作を3つの局面について書いている。その1つを答えなさい。

(☆☆☆◎◎◎)

## 二次試験(県のみ)

### 【中学校】

【1】欲求やストレスへの対処と心の健康について指導する内容を挙げ，「主体的・対話的で深い学び」の実現に向け，どのように指導するか述べなさい。

(☆☆☆◎◎◎)

### 【高等学校】

【1】高度経済成長期の社会とレジャー社会との違いに触れ，生涯にわたってスポーツの果たす役割について説明しなさい。また，生徒が生涯にわたってスポーツを継続的に実践するための効果的な体育学習の進め方について述べなさい。

(☆☆☆◎◎◎)

## 解答・解説

## 一次試験

### 【中学校(県・市共通)】

【1】1 ・適切な強度 ・時間 ・回数 ・頻度 から3つ
2 ・体のどの部位が伸展や収縮をしているのか意識できるようにすること。 ・可動範囲を徐々に広げたり，負荷の少ない動的な運動から始めたりして行うようにすること。 3 a 心身の状態
b 力強い動き

〈解説〉1 旧「中学校学習指導要領解説 保健体育編」，「体力を高める運動」として示されていたものを，第1学年及び第2学年では「体の動きを高める運動」として新たに示された。また，第1学年及び第2学年の体つくり運動の知識及び運動の指導事項には，「体の動きを高める方法を理解」することが新たに示された。運動量は，強度と時間と頻度の3つの要素で成り立ち，この3要素が運動量を判断する基本的な目安となっている。 2 体の柔らかさを高めるための運動とは，全身や体の各部位を振ったり回したりすることや，曲げたり伸ばしたりすることによって体の各部位の可動範囲を広げることをねらいとして行われる運動である。行い方としては，「大きくリズミカルに全身や体の各部位を振ったり，回したり，ねじったり，曲げ伸ばしたりすること」，「体の各部位をゆっくり伸展し，そのままの状態で約10秒間維持すること」等が挙げられる。 3 a 今回の改訂により，体ほぐしの運動においては，旧「中学校学習指導要領解説 保健体育編」における気付き，調整，交流の3つのねらいのうち，調整については内包されたと考えられる。気付きを促し，関わり合いを促進する運動を行う事で，心や体の調子を整えることにつながる。 b 力強い動きを高める運動は，自己の体重，人や物などの抵抗を負荷として，それらを動かしたり，移動したりすることによって行われる運動である。

【２】１　・クラウチングスタート　　・スタンディングスタート

　２　・敏捷性　　・瞬発力　　３　腕振りと脚の動きを調和させた全身の動き　　４　助走スピードを効率よく上昇する力に変えるために，足裏全体で強く地面を押すようにキックすること

〈解説〉１　クラウチングスタートとは，スターティングブロックを利用して，両手を地面についた状態からスタートする方法である。立った状態のスタートよりも，より水平に力を加えられるため，素早く前方に進むことができる。これまでのスタートの合図は，「位置について」「用意」だったが，最近の競技会では「On your marks(オン ユア マークス)」「Set(セット)」とコールされるようになった。スタンディングスタートは，立った状態で片足を前に出すスタートの仕方で，陸上競技では800m以上の中・長距離走で用いられる。　２　陸上競技で主として高まる体力要素は，それぞれの種目で異なる。陸上競技を継続することで，短距離走や跳躍種目などでは主として敏捷性や瞬発力，長距離走では主として全身持久力が各種目の動きに関連して高められる。

３　短距離走では，滑らかな動きで速く走ることを指導のねらいとし，クラウチングスタートから徐々に上体を起こしていき，加速し，自己に合ったピッチとストライドで走ることを指導する。　４　走り高跳びでは，リズミカルな助走から力強く踏み切り，より高いバーを越えたり，競争したりできるようにすることがねらいである。「リズミカルな助走から力強い踏み切りに移ること」，「跳躍の頂点とバーの位置が合うように，自己に合った踏切位置で踏み切ること」，「脚と腕のタイミングを合わせて踏み切り，大きなはさみ動作で跳ぶこと」が，指導内容の例示として示されている。

【３】１　・自己観察　　・他者観察　　２　プルとキックのタイミングに合わせて呼吸を行い，ローリングをしながら伸びのある泳ぎをすること　　３　a　効率的　　b　複数の泳法

〈解説〉１　自己観察や他者観察の方法として，バディシステムなどで仲間の動きを観察したり，ICT を活用して自己のフォームを観察したり

することなどがある。これらの観察で，自己の取り組むべき技術的な課題が明確になり，学習の成果を高めることができる。　2　キックとプルのタイミングとしては，腕のかき始めとかき終わりの動作時に，それぞれ同一側の脚のけり下ろし動作を合わせる。呼吸は，一方の腕で，体の下をかく間に呼気し，水面上で抜き上げながら顔をだし，肩の横まで戻す間に吸気する。呼気から吸気は連続させる。　3　a　第1学年及び第2学年の泳法を身に付けることをねらいとした学習を受けて，第3学年では効率的に泳ぐことを学習のねらいとしている。

b　複数の泳法で泳ぐとは，これまで学習したクロール，平泳ぎ，背泳ぎ，バタフライの4種目から2～4種目を選択し，続けて泳ぐことである。　学校体育実技指導資料第4集「水泳指導の手引(三訂版)」などを，併せて参照するとよい。

【4】1　・性器クラミジア感染症　　・淋菌感染症(りん病)　　・性器ヘルペスウイルス感染症　　・尖圭コンジローマ　　・梅毒　から2つ　　2　身体に大きな影響を及ぼし，ニコチンの作用などにより依存症になりやすい　　3　リデュース…ごみの発生抑制(製造や加工，販売，購入を控えて発生量を減らす・発生を抑える・物を使う量を減らす・容器や包装を減らす)　　リユース…資源の再利用(詰め替え製品を使う・他人に譲る・繰り返し使う)　　リサイクル…資源の再生利用(分別して資源として使いやすくする・リサイクル製品を使う・資源として再生して利用する)

〈解説〉1　感染症報告数としては，性器クラミジア感染症が最も多く，年齢別では20代，30代を中心に若い世代で多くなっている(厚生労働省「性感染症報告数」より)。また，近年増加傾向にあるのが梅毒である。梅毒の原因は梅毒トレポネーマという病原菌である。早期の薬物治療で完治が可能であるが，検査や治療が遅れたり，治療せずに放置したりすると，長期間の経過で脳や心臓に重大な合併症を起こすことがある。　　2　青少年期に喫煙を始めると，成人後に喫煙を始めた場合に比べて，がんや虚血性心疾患などにかかる危険性が高くなる。肺がん

による死亡率も，20歳未満で喫煙を始めた場合は非喫煙者に比べて5.5倍と高くなる(厚生労働省HPより)。　3　大量生産，大量消費，大量廃棄社会を資源循環型の社会に変えるため，循環型社会形成推進基本法が平成12(2000)年に制定され，併せて，リサイクルの推進として資源有効利用促進法(資源の有効な利用の促進に関する法律)が制定された。資源有効利用促進法では，循環型社会を構築する方法として「リデュース」「リユース」「リサイクル」の3Rを提示した。

【5】1　(ウ)，(エ)　　2　・身体の各器官の機能を刺激し，その発達を促す(骨の発達・心臓の発達・毛細血管の発達・肺の発達・筋肉の発達等も可)　　・気分転換が図られる(ストレスの緩和・脳の活性化　等も可)　　3　・心臓病　　・脳血管疾患　　・歯周病から　2つ
4　ドーピングの健康への影響　　5　・発達の段階を踏まえること・学校全体で共通理解を図ること　　・保護者の理解を得ること　から2つ　6　機関…　・保健所　　・保健センター　　使用方法…使用回数，使用時間，使用量
〈解説〉1　今回の学習指導要領の改訂で，(ア)健康の成り立ちと疾病の発生要因，(イ)生活習慣と健康は第1学年で，(ウ)生活習慣病などの予防，(エ)喫煙，飲酒，薬物乱用と健康は第2学年で，(オ)感染症の予防，(カ)健康の保持増進や疾病の予防のための個人や社会の取組は第3学年でそれぞれ取り扱うこととなり，全ての学年で内容の「(1)健康な生活と疾病の予防」について学習することとなった。　2　運動には，身体の各器官の機能を刺激し，その発達を促すとともに，気分転換が図られるなど，精神的にもよい効果がある。また，健康を保持増進するためには，年齢や生活環境等に応じて運動を続けることが必要である。
3　運動不足，食事の量や質の偏り，休養や睡眠の不足，喫煙，過度の飲酒などの不適切な生活行動を若い年代から続けることによって，肥満などを引き起こしたり，また，心臓や脳などの血管で動脈硬化が引き起こされたり，歯肉に炎症等が起きたり歯を支える組織が損傷したりするなど，様々な生活習慣病のリスクが高まることになる。

4　体育分野の目標(3)には，「公正に取り組む」という言葉があり，そこにはルールやマナーを守ろうとする意志を持つことが大切であることが示されている。さらに「球技」の指導内容には，「フェアなプレイ」を大切にしようとすることが示され，「体育理論」には，競技に応じた力を試す際にルールやマナーを守りフェアに競うことの意味が含まれた内容や，オリンピックやパラリンピックなどの国際的なスポーツ大会に関する内容があり，それらの内容との関連を図ることが想定される。　5　中学生という多感な時期であるため，「性的接触」「コンドーム」といったことに関心がいきがちなので，保護者への理解としてお便りを出すことなどが考えられる。また，学校においても性に関する指導の全体指導計画等が作成されているので，学校全体での共通理解が必要である。　6　保健所および保健センターは，地域保健法によって設置されている。「保健所」は広域的・専門的なサービスを実施し，住民に身近な保健サービスは市区町村の「保健センター」において実施されている。保健所は都道府県，政令指定都市，中核都市などに設置され，精神保健，難病対策，感染症対策など地域保健の重要な役割を担っている。医薬品の使用には，用法(のみ方，のむ回数，のむ時間)と用量(のむ量や数)が決められている。それは薬の効き目が，体の中の薬の量で決まるためである。一方，薬は必要なところで効果的に働く(主作用)だけでなく，他のところにも影響をあたえる場合がある。目的以外の好ましくない作用は「副作用」と呼ばれている。

【6】1　a　カ　b　キ　c　ア　d　ウ　2　・心肺蘇生法(胸骨圧迫・人工呼吸・AEDの使用)　・止血法(直接圧迫法)　・包帯法から2つ　3　・自動車(車両)には，ブレーキが効き始めるまでに走行する空走距離と，ブレーキが効き始めてから止まるまでに走行する制動距離があること。　・空走距離と制動距離をあわせた距離が，自動車が止まるまでに必要な距離であり，時速が速いほどその距離は長くなること。　等　4　a　自転車乗用中

〈解説〉1　交通事故の環境要因としては，道路(狭い，見通しが悪い，急カーブなど)，交通安全施設(信号機，横断歩道，道路標識，ガードレールがないなど)，気象条件(強風，雨，雪，夜間の暗さなど)がある。交通事故の場合は人的要因，環境要因の他に，車両要因(車両の欠陥や車両の整備不良など)もある。　2　応急手当の方法としては，止血や患部の保護や固定を取り上げ，心肺停止に陥った人に遭遇したときの応急手当としては，気道確保，人工呼吸，胸骨圧迫，AED(自動体外式除細動器)使用の心肺蘇生法を取り上げて，それぞれ理解できるようにすることが示されている。　3　自動車の停止距離は「空走距離＋制動距離」である。スピードが出ている自動車ほど停止距離は長くなる。例えば，前方30mに子どもが急に飛び出してきた場合，50km/時では衝突を回避できるが，60km/時では衝突することになる。　4　自転車事故の約8割が自動車との交通事故で，そのうちの半分以上が出合い頭衝突による交通事故である。また，自転車関連事故の相手当事者別件数では，全体的には減少傾向にあるが，対歩行者については横ばいを推移している。なお，高校生の自転車乗用中の事故の割合は，中学生よりさらに高く，事故による死傷者数も最も多い世代となっている(政府広報オンラインHPより)。

## 【高等学校(県のみ)】

【1】1　A　排卵(月経)　　B　月経(排卵)　　C　基礎体温　　2　朝，目覚めたときに，寝たままの状態で，舌の下ではかる。　　3　セクシュアル・ハラスメント，ストーカー行為，デートDV等から2つ

〈解説〉1・2　女性の思春期のはじめには，黄体形成ホルモンと卵胞刺激ホルモンの血中濃度が上昇し，それらが刺激となって性ホルモン(主にエストロゲン)が分泌される。エストロゲンの血中濃度が高くなると，女性特有の身体的変化が起きる。性的発達のピークは11〜13歳と言われている。月経周期は当初は不規則であるのが通常で，規則的になるのに長い場合は5年くらいを要する。基礎体温とは，生命を維持するのに必要最小限のエネルギーしか消費していない安静時の体温のこと

であり，婦人科体温計を用いて，朝起きてすぐに舌の下で検温する。排卵後は基礎体温が0.3～0.5℃上昇する高温期に入り，約2週間続く。
3　デートDVとは，「交際相手暴力」ともいい，結婚前の恋人間の暴力のことをさす。暴力は，殴る，蹴るだけではなく，人前で侮辱したり，携帯電話やメールを細かくチェックして，行動を監視したりする精神的暴力や，性行為の強要などの性的暴力も含まれる。

【2】1　a　運動不足　　b　トータル・ヘルスプロモーション・プラン
c　リラクセーション　　2　情報通信技術(IT)を活用した，場所や時間にとらわれない柔軟な働き方のこと。　　3　ストレスチェック制度
〈解説〉1　a　運動不足になることで，内臓脂肪型肥満が起きやすくなり，それに伴い高血圧や糖尿病，脂質異常症などの肥満関連の病気になりやすくなる。また，ロコモティブシンドロームやサルコペニアなどの運動器疾患が生じる恐れがある。　　b　トータル・ヘルスプロモーション・プラン(THP)とは，労働安全衛生法の規定に基づいた職場における労働者の健康保持増進のための指針による働く人を対象とした心とからだの健康づくりのことであり，健康測定やその結果に基づいた運動指導，栄養指導，保健指導，心理相談などを行っていくものである。　　c　THPにおけるメンタルヘルスケアは，積極的な心の健康づくりを目指したもので，ストレスに対する気付きへの援助や，リラクセーションの指導となる。　　2　テレワークの企業側のメリットとしては，「新型コロナウィルスによる感染症のパンデミックなどの非常時にそのリスクを抑えつつ，事業の継続が可能」「従業員の通勤負担の軽減が図れる」「優秀な人材の確保や，雇用継続につながる」「資料の電子化や業務改善の機会となる」などが考えられる。労働者側としては，「通勤の負担がなくなる」「外出しなくて済むようになる」「家族と過ごす時間や趣味の時間が増える」などが考えられる。一方で，時間の管理が難しい，コミュニケーション不足になりがちなどの課題もある。　　3　「労働安全衛生法」が改正され，労働者が50人以上いる事

業所では，平成27(2015)年12月から，毎年1回，この検査を全ての労働者に対して実施することが義務付けられた。ただし，契約期間が1年未満の労働者や，労働時間が通常の労働者の所定労働時間の4分の3未満の短時間労働者は義務の対象外である。

【3】1　ア　新興(再興)　　イ　再興(新興)　　ウ　結核(マラリア，デング熱等)　　エ　結核(マラリア，デング熱等)　　オ　社会　カ　ワークシート　　2　・感染源を絶つこと。　・感染経路を絶つこと。　・抵抗力を高めること。(順不同)　　3　カリキュラム・マネジメント

〈解説〉1　ア～エ　新興感染症とは，これまで知られておらず，新たに出現した病原体によって引き起こされ，特定の地域あるいは国際的に問題となっている感染症のことである。1970年以降，少なくとも30以上の感染症が報告されている。また，結核やマラリアなどのように，その発生が一時期は減少し，あまり問題とはみられない程度になっていたものが，再び増加し注目されるようになったものは，再興感染症と呼ばれる。　オ　社会的な対策とは，衛生的な環境の整備や検疫，正しい情報の発信，予防接種の普及などが挙げられる。　カ　評価の方法として，思考・判断については生徒が表現した内容で読みとることになるので，指導上の留意点に示されている【ワークシート準備】とあるように，ワークシートが評価方法となる。　2　感染症の感染の防止の基本は「感染源」「感染経路」「感受性者」をつなぐチェーンのどこかを断ち切ることである。感染源対策や感染経路対策については，食品の衛生管理をする，消毒をする，石けんで手を洗う，マスクをする，換気をする等が挙げられる。感受性者対策としては，予防接種をする，栄養・睡眠を十分とるといったことが挙げられる。
3　カリキュラム・マネジメントとは，「社会に開かれた教育課程」の理念の実現に向けて，学校教育にかかわる様々な取組を，教育課程を中心に据えながら，組織的かつ計画的に実施し，教育活動の質の向上につなげていくことである。そこで，教科等の目標や内容を見通し，

特に学習の基盤となる資質・能力や現代的な諸課題に対応して求められる資質・能力の育成のために教科等横断的な学習を充実することや，主体的・対話的で深い学びの実現に向けた授業改善を単元や題材など内容や時間のまとまりを見通して行うことが求められている。

【4】1　IOC，IPC　　2　嘉納治五郎　　3　休戦の呼びかけ，スポーツの普及活動，環境の保全活動，アンチ・ドーピング運動等のうち3つ　4　選手の健康を損ねる。(副作用の影響)　　5　世界アンチ・ドーピング機構(WADA)　　6「する」，「見る」，「支える」，「調べる」

〈解説〉1　国際オリンピック委員会(IOC)は1894年6月，クーベルタンの提唱によってパリで結成された。第1回大会は1896年，古代オリンピックの故郷ギリシャで開催された。出場選手は男子のみであった。パラリンピックの起源は1948年，医師ルードウィッヒ・グッドマン博士の提唱で行われたアーチェリーの競技会で，1952年に国際大会になった。国際パラリンピック委員会(IPC)は，1989年9月，ドイツのデュッセルドルフの会議において創設された。IPCの設立後に，第1回大会は1960年のローマ大会と位置付けられている。　　2　嘉納治五郎は，1909年にアジアで初のIOC委員になり，アジアや日本のオリンピックムーブメントの推進に貢献した。　　3　オリンピックムーブメントとは，国際オリンピック委員会(IOC)の統括のもと，オリンピックの精神(オリンピズム)に従って，スポーツを通じて平和でよりよい世界の実現をめざす活動である。オリンピックムーブメントは選手やオリンピック関係者だけのものではなく，代表的な活動としてドーピングの撲滅・女性の参画・経済支援などが挙げられる。また，身体障害者を対象とした世界最高峰のスポーツ競技大会「パラリンピック」も，大きなオリンピックムーブメントのひとつである。IOCは，「スポーツ・文化・環境」をオリンピックムーブメントの三本柱としている。
4　ドーピングとは「スポーツにおいて禁止されている物質や方法によって競技能力を高め，意図的に自分だけが優位に立ち，勝利を得ようとする行為」のことである。禁止薬物を意図的に使用することだけ

をドーピングと呼びがちであるが，意図的であるかどうかに関わらず，ルールに反する様々な競技能力を高める「方法」や，それらの行為を「隠すこと」も含めて，ドーピングと呼ぶ。　5　世界アンチ・ドーピング機構(WADA)は，1999年に国際オリンピック委員会(IOC)から独立して設立された。世界各国におけるドーピングの根絶と公正なドーピング防止活動の促進を目的として，国際的なドーピング検査基準の統一やドーピング違反に対する制裁手続の統一等を行うための国際的な機関である。　6　スポーツ文化へのかかわり方は，スポーツを「する」だけではなく，「みる」こと，「支える」こと，「調べる」ことも大切である。特に「みる」スポーツは応援したり，評価したり，人と交流したりするなどの楽しみがある。その一方で，「みる」媒体となっているメディアの影響力が大きくなっており，メディアによるスポーツ文化の変容をどうとらえ，スポーツ文化をどう発展させていくのかという大きな課題がある。

【5】1　A　スポーツ振興法　　B　社会体育　　C　スポーツ基本法
　D　スポーツ基本計画　　2　子どもの体力向上　　3　スポーツ庁
〈解説〉1　スポーツ基本法の規定に基づき，平成24(2012)年3月，文部科
　　学省が「スポーツ基本計画」を策定した。「スポーツ基本計画」は，
　　スポーツ基本法の理念を具体化し，今後の我が国のスポーツ施策の具
　　体的な方向性を示すものである。「スポーツ基本計画」は，10年間程
　　度を見通した基本方針を定めるとともに，第1期を平成24年度から5年
　　間，第2期を平成29年度から5年間とし，総合的かつ計画的に取り組む
　　施策を体系化している。　　2　スポーツ基本計画の「計画の概要」に
　　は，スポーツの振興を通じた子どもの体力の向上方策として，子ども
　　の体力について，スポーツの振興を通じ，その低下傾向に歯止めをか
　　け，上昇傾向に転ずることを目指すと示されている。　　3　スポーツ
　　庁は，学校体育，生涯スポーツを含め，スポーツ施策の主要部分を担
　　ってきた文部科学省の外局として創設された。各省庁のスポーツ施策
　　に関する司令塔的役割を果たす庁である。

【6】1　A　競争　　B　効率　　C　呼吸　　D　速く　　2「壁に手や足をつけるまで」,「抵抗の少ない姿勢をとって，体を丸くして膝を引き付け，回転を行う」「壁を蹴り，泳ぎ始める」のうち1つ。

〈解説〉1　水泳では，続けて長く泳ぐことや速く泳ぐことに学習のねらいがある。泳法に応じた手の動き(プル)や足の動き(キック)と呼吸動作を合わせた一連の動き(コンビネーション)によって，抵抗の少ないフォームを身に付けて，一回のストロークでより大きな推進力を得るなどの泳ぎの効率を高めることが大切である。　2　各局面を各種の泳法に適した手と足の動きで素早く行うとともに，これらの局面を，一連の動きでできるようにすることが大切である。

## 二次試験(県のみ)

### 【中学校】

【1】(解答例)　欲求やストレスへの対処と心の健康について指導する内容は，次の3点が挙げられる。1つ目は，精神と身体との関わりである。精神と身体には密接な関係があり，互いに影響を与えていることや，心の状態が体に，体の状態が心にあらわれるのは神経などの働きによることを理解できるようにする。2つ目は，欲求への対処である。心の健康を保つには，適切な生活習慣を身に付けるとともに，欲求やストレスに適切に対処することが必要であることを理解させる。さらに精神的な安定を図るには，日常生活に充実感をもてたり，欲求の実現に向けて取り組んだりすることなどを理解できるようにする。3つ目は，ストレスへの対処である。ストレスへの対処には，ストレスの原因となる事柄に対処すること，コミュニケーションの方法を身に付けることなどいろいろな方法があり，それらの中からストレスの原因，自分や周囲の状況に応じた対処の仕方を選ぶことが大切であることを理解させる。さらには，リラクセーションの方法等がストレスによる心身の負担を軽減するような技能ができるようにする。主体的・対話

的で深い学びの実現に向けては，まず，精神と身体との関わりにおいて，心と体が結びついていると実感した体験や，心と体が結びついていることのよい影響・悪い影響について，欲求への対処では実生活におけるストレスを感じる場面や欲求不満でイライラした経験等について，それぞれノートや付箋に書かせたり，ある架空の生徒のストレスを感じている場面を想定してケーススタディを用いたりといった事が考えられる。次に，ストレスに対して，どういった対処の方法があるか，まずは個人で調べたり考えたりして，付箋にできるだけ多くの方法を書かせる。その後，友達の意見を否定しない約束のもと，グループ内で伝え合いながらカテゴリー分けをしていく。そして，理由を加えながら対処の仕方について全体共有し，質問するといった話し合いの中で深い学びに繋げていく。また，話し合い後に，体ほぐしの運動で行ったリラクセーションの方法を想起させ，実際に行い，実施した後の心の状態について意見交換を行う。

〈解説〉新学習指導要領解説(平成29年7月)で示されている指導内容は，「(2)心身の機能の発達と心の健康　(エ)精神と身体は，相互に影響を与え，関わっていること。欲求やストレスは，心身に影響を与えることがあること。また，心の健康を保つには，欲求やストレスに適切に対処する必要があること」である。今回の改訂により，保健でも技能の内容が示され，ここでは「リラクセーションの方法等を取り上げ，ストレスによる心身の負担を軽くするような対処の方法ができるようにする」ことが求められている。また，保健と体育の一層の関連を図ることが指摘されており，体つくり運動の「体ほぐしの運動」との関連を図った指導計画が必要になる。本問においては，次の6つの観点で評価される。　(1)　語句の表現や記述が適切であり，論理的でわかりやすい構成になっている。　(2)　自分の考えを具体的に述べ，教師としての資質(熱意，誠実さ，向上心，柔軟性，協調性，発想力など)が窺える。　(3)　精神と身体の密接な関係について述べられている。(4)　心の健康を保つために適切な生活習慣を身につけることや欲求やストレスに適切に対処することの必要性と方法について述べられてい

る。　(5)　指導方法の工夫について述べられている。　(6)　学習内容と日常生活(個人生活)との関わりについて述べられている。　以上の6つの観点を過不足なく盛り込み，誤字脱字のないように注意して解答を作成しよう。特に，指導方法の工夫については，「改訂『生きる力』を育む中学校保健教育の手引」(文部科学省)にあるような，多様な指導方法の例を参考にするとよい。

## 【高等学校】

【1】(解答例)　高度経済成長期の社会は，人並みの生活を求める仕事社会であり，余暇は労働時間以外の余りの時間であり，単なる休息，気晴らしでしかなかった。しかし今日では，自由時間が労働時間を上回るようになり，自由時間での活動や過ごし方が重要な意味を持つようになった。このような社会をレジャー社会という。レジャー社会では，スポーツの役割が青少年だけでなく，障害者や高齢者などにとっても生活の質を高めるうえで重要となっている。スポーツの役割が広がるにつれて，一人一人のライフスタイルや年齢，体力，運動技能，興味等に応じて，生涯にわたりスポーツに関わりをもち，スポーツを暮らしの中に取り入れる，生涯スポーツの考え方が生まれた。各ライフステージに対応したスポーツの楽しみ方にはそれぞれ特徴があり，青年期までは「する」が中心で，年齢が上がるにつれて，健康に意識が強くなり，「みる」，「支える」，「調べる」などの多様なスポーツへの関わり方に広がっていく。また，生涯にわたってスポーツを継続的に実践していくためには，ライフステージに応じたスポーツライフの設計が必要になる。さまざまなスポーツに関わる高校生にとっては，自分のスポーツへのかかわり方を振り返り，評価したり，規定したりしている要因を検討して，マイスポーツライフの設計図を立てることが大切である。そのことは，その後のライフステージに応じたスポーツの楽しみ方の基礎となる。これらを学習させるためには，体育理論と体育の内容とを関連付けた指導が重要になる。まず体育理論において，これまでの自身の運動やスポーツへの関わり方を振り返り，ライフス

テージごとに変化してきたことに気付かせる。また，体格や体力の変化などに見られる身体的特徴，精神的ストレスの変化などに見られる心理的特徴，人間関係や所属集団の変化などに見られる社会的特徴に応じた多様な楽しみ方があることを，映像資料等を用いまとめていく。その上で，現在の自分，そして社会へ出て行く今後の自分のスポーツライフをどのようにしていくのかワークシートにまとめ，発表し，ディスカッションを行っていく。　それらを知識として扱った上で，体つくり運動の「体力を高める運動」における「自己のねらいに応じた運動の計画と実践」の授業を展開していく。「①自己のねらいに応じた目標の設定，②目標を達成するための課題の設定，③課題解決のための運動例の選択，④選んだ運動に基づく計画の作成，⑤実践とその内容の記録，⑥測定，評価による学習成果の確認及び新たな目標の設定」といった計画と実践の過程によって，継続的な計画を立てて取り組めるように授業を展開していく。具体的には，小グループを作り，自己の体力や生活に応じて取り組み，実生活にも生かすことができるようにするための運動の計画をどう組み立てるかといったグループワークを行う。その上で，一定期間計画に基づいた実践を行い，ワークシートに記入した感想等を発表し合い，評価，改善を図っていく。指導する際には，具体的な生徒の姿をイメージした評価規準を設定し，仲間に課題を伝え合うなど，互いに助け合い高め合おうとする姿や，課題解決に向けて話し合う場面で，合意形成に貢献しようとする姿を賞賛していくことが大切である。そして，こうした取り組みが，卒業後も自分のスポーツライフを計画・評価・改善していくといったサイクルにつながることを押さえていく。

〈解説〉現行の高等学校学習指導要領(平成21年告示)で示されている内容では，「H体育理論　(3)　イ　生涯にわたってスポーツを継続するためには，自己に適した運動機会をもつこと，施設などを活用して活動の場をもつこと，ライフスタイルに応じたスポーツとのかかわり方を見付けることなどが必要であること」との関連が深い。カリキュラム・マネジメントの充実といった観点からも，体つくり運動の「体力を高

める運動」における「自己のねらいに応じた運動の計画と実践」と関連を図った指導が求められる。なお，新高等学校学習指導要領(平成30年告示)では，「体力を高める運動」は「実生活に生かす運動の計画」として新たに示されている。　本問においては，次の5つの観点で評価される。　(1)　語句の表現や記述が適切であり，論理的でわかりやすい構成になっている。　(2)　自分の考えを具体的に述べ，教師としての資質(熱意，誠実さ，向上心，柔軟性，協調性，発想力など)が窺える。　(3)　高度経済成長期の社会とレジャー社会との違いに触れ，生涯にわたってスポーツの果たす役割について述べている内容は適切か。＜キーワード＞「する」「みる」「支える」「調べる」ことなどについて説明があるか。　(4)　スポーツライフ計画の必要性について述べている内容は適切か。＜基準＞マイスポーツライフの計画・評価・改善について述べられているか。　(5)　生涯にわたってスポーツの果たす役割について考え，公正，協力，責任，参画などに対する意欲を高めるために効果的な体育学習(ディスカッション，課題学習，知識と技能を相互に関連させた学習などを取り入れた指導の方法及び配慮事項)について述べている内容は適切か。＜基準＞生徒の活動内容(ワークシート・グループワーク・発表など)・評価基準について述べているか。以上の5つの観点を過不足なく盛り込み，誤字脱字のないように注意して解答を作成しよう。

【中学校(県・市共通)】

【 1 】 次の文章は，現行の「中学校学習指導要領解説　保健体育編」の「第2章　第2節　各分野の目標及び内容　〔体育分野〕　2　内容　B　器械運動 [第1学年及び第2学年] の「1　技能」の一部を抜粋したものである。これについて，下の1〜4の各問いに答えなさい。

---

(1)　次の運動について，技ができる楽しさや喜びを味わい，その技がよりよくできるようにする。

ア　マット運動では，①回転系や巧技系の基本的な技を滑らかに行うこと，②条件を変えた技，発展技を行うこと，それらを組み合わせること。

イ　鉄棒運動では，[　a　]や懸垂系の基本的な技を滑らかに行うこと，条件を変えた技，発展技を行うこと，それらを組み合わせること。

ウ　平均台運動では，[　b　]やバランス系の基本的な技を滑らかに行うこと，条件を変えた技，発展技を行うこと，それらを組み合わせること。

エ　跳び箱運動では，③切り返し系や回転系の基本的な技を滑らかに行うこと，条件を変えた技，発展技を行うこと。

---

1　下線部①回転系の技群として現行の学習指導要領解説書には2つの例示がある。2つの技群とは何か答えなさい。

2　下線部②条件を変えた技とは，どのような動きを示しているか，2つ答えなさい。

3　文中の[　a　]と[　b　]に当てはまる語句をそれぞれ答えなさい。

4　下線部③切り返し系や回転系の基本的な技にはどのような技があるか，それぞれ1つずつ答えなさい。

(☆☆☆◎◎◎)

【2】次の文章は，現行の「中学校学習指導要領解説　保健体育編」の「第2章　第2節　各分野の目標及び内容　〔体育分野〕　2　内容　F　武道　[第3学年]」の「1　技能」の一部を抜粋したものである。これについて，下の1，2の各問いに答えなさい。

---

(1)　次の運動について，技を高め勝敗を競う楽しさや喜びを味わい，得意技を身に付けることができるようにする。

ア　柔道では，相手の動きの変化に応じた基本動作から，①基本となる技，得意技や連絡技を用いて，相手を崩して投げたり，抑えたりするなどの攻防を展開すること。

イ　剣道では，相手の動きの変化に応じた基本動作から，基本となる技や得意技を用いて，相手の構えを崩し，しかけたり応じたりするなどの攻防を展開すること。

ウ　相撲では，②相手の動きの変化に応じた基本動作から，基本となる技や得意技を用いて，相手を崩し，投げたりひねったりするなどの攻防を展開すること。

---

1　下線部①「基本となる技」について，投げ技の基本となる技にはどのような技があるか，2つ答えなさい。

2　下線部②相手の動きの変化に応じた基本動作としてどのような動作があるか，具体的に2つ答えなさい。

(☆☆☆◎◎◎)

【3】次の文章は，現行の「中学校学習指導要領解説　保健体育編」の「第2章　第2節　各分野の目標及び内容　〔体育分野〕　2　内容　H　体育理論　[第1学年及び第2学年]　1　運動やスポーツの多様性」の一部を抜粋したものである。これについて，あとの1〜3の各問いに答えなさい。

> (1)　運動やスポーツが多様であることについて理解できるよう
> にする。
> 　ア　運動やスポーツは，体を動かしたり，健康を維持したり
> 　するなどの必要性や，競技に応じた力を試すなどの[　a　]
> 　から生み出され発展してきたこと。
> 　イ　運動やスポーツには；行うこと，見ること，[　b　]こと
> 　などの多様なかかわり方があること。
> 　ウ　運動やスポーツには，特有の技術や戦術があり，その学
> 　び方には一定の方法があること。

1　文中の[　a　]に当てはまる語句を答えなさい。
2　文中の[　b　]に当てはまる語句を答えなさい。
3　文中の技術や戦術とはどのようなものか，それぞれ説明しなさい。

（☆☆☆◎◎◎）

【4】2020年はいよいよ我が国でのオリンピック・パラリンピックの開催
　が予定されているが，学習指導要領解説には国際的なスポーツ大会が
　果たす文化的な役割について何と記されているか答えなさい。

（☆☆☆◎◎◎）

【5】「健康な生活と疾病の予防」について，次の1～3の各問いに答えな
　さい。
　1　次の図は，疾病にかかわる主体要因と環境要因について示したも
　　のである。（　①　）～（　⑥　）に当てはまる語句をあとの語群ア～
　　クからそれぞれ選び，記号で答えなさい。

<語群>

ア　動物　　イ　細菌　　ウ　温度　　エ　運動　　オ　性

カ　社会　　キ　個人　　ク　社会情勢

2　運動と健康のかかわりについて，運動がもたらす効果にはどのようなものがあるか1つ答えなさい。

3　生活習慣病の1つである「がん」はどのような病気か，説明しなさい。

(☆☆☆◎◎◎)

【6】次の文章は，現行の「中学校学習指導要領解説　保健体育編」の「第3章　1　指導計画の作成」の一部を抜粋したものである。これについて，あとの1～3の各問いに答えなさい。

<体育分野の各領域別授業時数>

　(前略)　各領域に対する授業時数の配当をどのようにするかは，それぞれの領域について，どの程度[　a　]を図るかが重要な目安となる。また，その領域が，小学校から引き続いて学習する領域か，中学校で初めて取り上げる領域であるかを考慮に入れて授業時数の適切な配当を考える必要がある。したがって，地域や学校の実態を踏まえながら，生徒の能力・適性，興味・関心等に応じて，[　b　]を見通した年間計画の作成が重要となる。

　特に今回の改訂によって，保健体育の授業時数が増加したこと，①「A体つくり運動」と「H体育理論」で各学年に配当する授業時数を示したこと，それ以外の領域では②第1学年及び第2学年における領域の取り上げ方の弾力化を図ったことなどを踏まえ，各領域に配当する授業時数については，[　c　]時間の在り方も含めて，各学校等の実態を踏まえた適切な取り組みが求められる。

<保健分野の学年別授業時数>

　保健分野の学年別の授業時数の配当については，3学年間を通

121

して適切に配当するとともに，生徒の興味・関心や[　d　]など
を高めながら効果的に学習を進めるため，学習時間を継続的又
は[　e　]的に設定することが望ましいことを示している。ただ
し，課題学習においては，課題追究あるいは調べる活動の時間
を十分確保するために，次の授業時間との間にゆとりを持たせ
るなどの工夫をすることも効果的であると考えられる。

1　文中の[　a　]～[　e　]に当てはまる語句を，次の語群ア～ソから
　それぞれ選び，記号で答えなさい。
　＜語群＞
　ア　計画　　イ　態度　　ウ　将来　　エ　意欲　　オ　年間
　カ　技能　　キ　習熟　　ク　1単位　ケ　授業　　コ　3年間
　サ　判断　　シ　集中　　ス　目標　　セ　活動　　ソ　積極
2　下線部①について，それぞれに各学年で配当することとされた時
　数を答えなさい。
3　下線部②について，どのように弾力化を図ったのか，簡潔に説明
　しなさい。

(☆☆☆◎◎◎)

【7】次の文章は，現行の「中学校学習指導要領解説　保健体育編」の
　「第2章　第2節　各分野の目標及び内容　〔保健分野〕　3　内容の取
　扱い」の一部を抜粋したものである。これについて，あとの1～4の各
　問いに答えなさい。

　3　内容の取扱い
　　(1)～(5)及び(9)・(10)　（省略）
　　(6)　内容の(3)のエについては，包帯法，止血法など傷害時の
　　　①応急手当も取り扱い，[　a　]を行うものとする。　（後略）
　　(7)　内容の(4)のイについては，[　b　]の観点も踏まえつつ健
　　　康的な生活習慣の形成に結び付くように配慮するとともに，
　　　必要に応じて，コンピューターなどの情報機器の使用と健

　　康とのかかわりについて取り扱うことも配慮するものとする。

　　(8)　内容の(4)のウについては，②心身への急性影響及び[　c　]について取り扱うこと。また，薬物は，覚せい剤や大麻等を取り扱うものとする。

1　文中の[　a　]～[　c　]に当てはまる語句をそれぞれ答えなさい。

2　応急手当の目的には3つあるが，そのうち2つを答えなさい。

3　下線部①について，心肺停止に陥った人に対して行う応急手当として，現行の「中学校学習指導要領解説　保健体育編」に示されている心肺蘇生法のうち，2つを答えなさい。

4　下線部②について，飲酒・喫煙に見られる影響を，それぞれ1つずつ答えなさい。

（☆☆☆◎◎◎）

【8】次の文章は，現行の「中学校学習指導要領解説　保健体育編」の「第2章　第2節　各分野の目標及び内容　〔保健分野〕　2　内容　(1)心身の機能の発達と心の健康」を抜粋したものである。これについて，あとの1～3の各問いに答えなさい。

　　(1)　心身の機能の発達と心の健康について理解できるようにする。

　　ア　身体には，①多くの器官が発育し，それに伴い，②様々な機能が発達する時期があること。また，発育・発達の時期やその程度には，個人差があること。

　　イ　（省略）

　　ウ　③知的機能，④情意機能，社会性などの精神機能は，生活経験などの影響を受けて発達すること。また，思春期においては，自己の認識が深まり，自己形成がなされること。

　　エ　（省略）

1　下線部①について，身長や体重が急速に発育する時期を何という
か答えなさい。

2　下線部②のうち，呼吸器・循環器について，心身の発育・発達と
ともに呼吸数と心拍数が減少する理由を，それぞれ簡潔に答えなさ
い。

3　下線部③・④にはそれぞれどのようなものがあるか。現行の「中
学校学習指導要領解説　保健体育編」に示されているものから，そ
れぞれ1つずつ答えなさい。

(☆☆☆◎◎◎)

# 【高等学校(県のみ)】

【1】次の文章は，現行の「高等学校学習指導要領　保健体育」の「第2
保健　2　内容　(1)　現代社会と健康　エ　交通安全」からの抜粋で
ある。下の1〜3の各問いに答えなさい。

---

「第2　保健　2　内容　(1)　現代社会と健康」

エ　交通安全

交通事故を防止するには，車両の特性の理解，安全な運転や
歩行など適切な行動，自他の生命を尊重する態度，交通環境の
整備などがかかわること。また，交通事故には(ア)責任や補償問
題が生じること。

---

1　下線部(ア)について，次の①〜③に当てはまる最も適切な語句を答
えなさい。

| （　①　）上の責任 | 罰金や懲役が科せられる。 |
|---|---|
| （　②　）上の責任 | 損害を賠償する責任のこと。 |
| （　③　）上の責任 | 反則点数が科せられる。 |

2　交通社会で必要な資質と責任を高校生に指導する際，高等学校学
習指導要領解説の中に明記された，重視する視点は何か，答えなさ
い。

3 交通事故の防止の指導に当たって，高等学校学習指導要領解説で交通法規の詳細など範囲が広がりすぎないようにするために，中心として取り上げるものは何か，2つ答えなさい。

(☆☆☆◎◎◎)

【2】次の文章は，科目「保健」における「人工妊娠中絶」について述べたものである。下の1～3の各問いについて答えなさい。

> 人工妊娠中絶は，女性にとって身体的な負担が大きく，精神的にも大きな傷を残すことになります。人工妊娠中絶を行う時期が遅くなるほど健康を損なう有能性は高くなります。
> わが国では現在，(ア)ある限られた時期までは，妊娠した場合でも(イ)特別な理由があれば手術によって胎児を母体外に出すことが[ A ]法で認められています。中絶という新しい命の芽をつむ行為をしないためにも，妊娠を望まない性交の場合には，確実に[ B ]することを忘れてはなりません。

1 文中の[ A ]，[ B ]に当てはまる最も適当な語句を答えなさい。
2 下線部(ア)について，ある限られた時期とはいつまでのことか答えなさい。
3 下線部(イ)について，特別な理由を2つ答えなさい。

(☆☆☆◎◎◎)

【3】次の文章は，科目「保健」における「様々な保健活動や対策」について述べたものである。あとの1～3の各問いについて答えなさい。

> わが国の健康づくりのための活動は，(ア)二次予防中心の「第一次国民健康づくり対策」(1978年～)，(イ)一次予防中心の「第二次国民健康づくり対策(アクティブ80ヘルスプラン)」(1988年～)，さらに「[ A ](2000年～)」へと続き，現在では「[ A ](第二次)(2013年～)が行われています。」[ A ](第二次)は，

1986年に世界保健機関が示した健康づくりの考え方である[　B　]の概念に基づいています。

1　文中の[　A　]，[　B　]に当てはまる語句を答えなさい。
2　下線部(ア)，(イ)について，生活習慣病の予防とはどのような内容か，簡潔に答えなさい。
3　現行の「高等学校学習指導要領　保健体育」の「第2　保健　2　内容　(1)現代社会と健康　ア　健康の考え方」において，健康の保持増進には，健康に関する個人の適切な意思決定や行動選択，及び何がかかわることが示されているか答えなさい。

(☆☆☆◎◎◎)

【4】次の文章は，現行の「高等学校学習指導要領　保健体育」の「第1　体育　2　内容　A　体つくり運動」からの抜粋である。下の1～4の各問いに答えなさい。

「第1　体育　2　内容　A　体つくり運動」
(3)　(ア)体つくり運動の行い方，(イ)体力の構成要素，[　A　]への取り入れ方などを理解し，自己や仲間の課題に応じた運動を[　B　]するための取り組み方を工夫できるようにする。

1　文中の[　A　]，[　B　]に当てはまる最も適当な語句を答えなさい。
2　下線部(ア)について，次の各問いに答えなさい。
　(1)　効果的な成果を得るためにオーバーロードの原理があるが，オーバーロードの原理について簡潔に説明しなさい。
　(2)　オーバーロードの原理を満たしつつ，さらに効果を得ようとするときには，体力の向上とともにトレーニングの強度を徐々に増していく必要がある。このトレーニングの効果を上げるための原則を何というか答えなさい。
3　下線部(イ)について，瞬発力と調整力のほかに3つ答えなさい。
4　体つくり運動において，入学年次にできるようにすることを，下

の①〜④の中から2つ選び，番号で答えなさい。

① 仲間と学習する場面で，自己や仲間の危険を予測し回避するための活動の仕方を選ぶこと。

② 自己や仲間のねらいや体力の程度に応じて，適切な運動の種類，強度，量，頻度を選ぶこと。

③ 体ほぐしのねらいを踏まえて，自己の課題に応じた活動を選ぶこと。

④ 自己の責任を果たす場面で，ねらいに応じた活動の仕方を見付けること。

(☆☆☆◎◎◎)

【5】次の文章は，科目「体育」における「体力トレーニング」について述べたものである。下の1〜4の各問いに答えなさい。

> 持久力トレーニングでは，心肺機能だけでなく，(ア)筋肉内のミトコンドリアが増えることによって，酸素を使って筋力を出し続ける能力が向上するという効果が得られる。心拍数が毎分180拍程度の運動強度のランニングを短い休息時間をはさんで繰り返す[ A ]トレーニングや(イ)レペティショントレーニング，野山をかけまわりながら強度を上げ下げする[ B ]走がある。
> また，1分間に体に取り入れることがてきる酸素量の最大値を[ C ]という。

1 文中の[ A ]〜[ C ]に当てはまる最も適当な語句を答えなさい。

2 下線部(ア)について，筋力発揮のために細胞呼吸によって合成されるエネルギー源を何というか答えなさい。

3 下線部(イ)について，簡潔に説明しなさい。

4 長距離走の授業において，現行の「高等学校学習指導要領解説保健体育編・体育編」が示す，入学年次のねらいは「自己に適したペースを維持して走ること」であるが，その次の年次以降のねらい

は何か答えなさい。

(☆☆☆◎◎◎)

【6】次の文章は，科目「体育」における「オリンピックとドーピング」について述べたものである。下の1〜4の各問いに答えなさい。

> オリンピックの創始者[　A　]は，(ア)スポーツによる青少年の健全育成と世界平和の実現を理念として掲げた。そして，この理念を実現するために国際オリンピック委員会が中心となって行う活動が[　B　]である。この活動には，オリンピックの開催やスポーツの普及活動，(イ)アンチ・ドーピング運動のほか，世界に向けた休戦の呼びかけ，環境の保全運動などが含まれている。

1　文中の[　A　]，[　B　]に当てはまる最も適当な語句を答えなさい。
2　下線部(ア)について，この理念を何というか答えなさい。
3　下線部(イ)について，日本アンチ・ドーピング機構が設立された年を答えなさい。また，日本アンチ・ドーピング機構の略称をアルファベット4文字で答えなさい。
4　体育理論の授業において，現行の「高等学校学習指導要領解説保健体育編・体育編」が示す，オリンピックとドーピングに関する内容を取り上げる年次を答えなさい。

(☆☆☆◎◎◎)

【7】科目「体育」における領域「球技」について，1〜5の各問いに答えなさい。
1　ハンドボールにおいて，明らかなシュートチャンスが反則によって妨害された場合，相手チームに何mスローが与えられるか答えなさい。
2　ラグビーにおいて，手または腕で相手のデッドボールラインの方

向にボールを落とす，押す，たたくなどして押し進める反則を何というか答えなさい。

3 卓球において，サービスは手のひらにボールをのせ，ほぼ垂直に何cm以上投げ上げなければならないか答えなさい。

4 バドミントンにおいて，リアコートからネットを越えて，すぐに落下するように飛んでいくフライトを何というか答えなさい。

5 ソフトボールにおいて，振り子のように腕を振って投球する方法を何というか答えなさい。

(☆☆☆◎◎◎)

【8】科目「保健」で取り扱う1〜3の用語について答えなさい。

1 HACCP方式とは，どのような食品衛生管理の方法のことか答えなさい。

2 WHO(世界保健機関)憲章の「健康の定義」を答えなさい。

3 ユニバーサルデザインとは，どのようなデザインをする考え方か答えなさい。

(☆☆☆◎◎◎)

# 二次試験(県のみ)

## 【中学校】

【1】医薬品の有効利用について指導する内容を挙げ，どのように指導するか述べなさい。

(☆☆☆◎◎◎)

## 【高等学校】

【1】運動やスポーツによるけがの実態について説明し，なぜウォームアップやクールダウンが必要なのかを述べなさい。また，熱中症の予防とけがの処置について説明し，生徒たちが熱中症の予防とけがの処置

について理解を深めるための効果的な体育学習の進め方について述べなさい。

(☆☆☆◯◯◯)

## 解答・解説

# 一次試験

### 【中学校(県・市共通)】

【1】1　接転技群，ほん転技群　　2　・同じ技でも開始姿勢や終末姿勢を変えて行う　・その技の前や後に動きを組み合わせて行う　・手の着き方や握り方を変えて行う　から2つ　　3　a　支持系　b　体操系　　4　切り返し系の基本的な技…開脚とび，開脚伸身跳び，かかえ込み跳び，屈身跳び　から1つ　　回転系の基本的な技…頭はね跳び，前方屈腕倒立回転跳び，前方倒立回転跳び　から1つ

〈解説〉1　接転技群は更に前転グループ，後転グループに分かれる。ほん転技群は，倒立回転グループ，倒立回転跳びグループ，はねおきグループに分かれる。　2　前転の条件を変えた技とは，足を前後に開いた直立の開始姿勢や歩行から組み合わせて行ったり，回転後の終末姿勢を片足立ちに変えたり，両足で立ち上がった直後にジャンプしたりするなど，動きを組み合わせて行うことである。　3　鉄棒運動の支持系は前転，前方足かけ回転グループと後転，後方足かけ回転グループとに分かれる。平均台運動の体操系は，歩走グループと跳躍グループとに分かれる。　4　切り返し系は，切り返し跳びグループとされ，跳び箱上に支持して回転方向を切り替えて跳び越す技の分類である。回転系は，回転跳びグループとされ，跳び箱上を回転しながら跳び越す技の分類である。

【2】1　体落とし，大腰，払い腰，大外刈り，大内刈り，小内刈り，背負い投げ，釣り込み腰，支え釣り込み足　から2つ　　2　蹲踞姿勢，塵浄水，四股，伸脚，腰割り，中腰の構え，調体，運び足，立ち合い，受け身　から2つ

〈解説〉1　投げ技の基本となる技は，取(技をかける人)と受(技を受ける人)の双方が比較的安定して投げたり，受けたりすることのできる技のことである。　　2　受け身は，相手の動きや技に応じて安全に行うこと，中腰の構えや運び足は，重心を低くし安定した姿勢で行うことができるようにすることが必要である。また，相手の動きの変化に応じて行う仕切りからの立ち合いは，対人的な技能として基本となる技と一体として指導することが大切である。

【3】1　a　楽しさ　　2　b　支える　　3　技術…運動やスポーツの課題を解決するための合理的な体の動かし方　　戦術…技術を選択する際の方針

〈解説〉1　運動やスポーツは，体を動かしたり，健康を維持したりする必要性や，競技に応じた力を試したり，記録等を達成したり，自然と親しんだり，仲間と交流したり，感情を表現したりするなどの多様な楽しさから生みだされてきた。　　2　運動やスポーツを直接「行うこと」に加えて，「見ること」には，テレビなどのメディアや競技場等での観戦を通して一体感を味わったり，研ぎ澄まされた質の高い動きに感動したりするなどの多様な関わり方があること，「支えること」には，運動の学習で仲間の学習を支援したり，大会や競技会の企画をしたりするなどの関わり方があること，「知ること」には，運動やスポーツの歴史や記録などを書物やインターネットなどを通して調べる関わり方がある。　　3　球技の場合，戦術にはチーム全体に関わる連携の仕方(チーム戦術)，部分的な集団に関わる連携的行動の仕方(グループ戦術)，個人に関わる行動の仕方(個人戦術)がある。

【４】世界中の人々にスポーツのもつ教育的な意義や倫理的な価値を伝え
　　たり，人々の相互理解を深めたりすることで，国際親善や世界平和に
　　大きな役割を果たしている。
〈解説〉ここでは，メディアの発達によって，スポーツの魅力が世界中に
　　広がり，オリンピック競技大会や国際的なスポーツ大会の国際親善や
　　世界平和などに果たす役割が一層大きくなっていることについても触
　　れるようにする。

【５】１　①　ウ　　②　カ　　③　イ(ア)　　④　ア(イ)　　⑤　オ(エ)
　　⑥　エ(オ)　　２　体の各器官の発達を促す，健康の保持増進，気分転
　　換が図られる，ストレス解消，体力向上，生活習慣病の予防，免疫力
　　を高める，骨量の増加　から１つ　　３　正常な細胞の遺伝子が傷つい
　　てがん細胞に変化し，無秩序に増殖して器官(体組織)の働きを侵す(体
　　の正常な働きを妨げる)
〈解説〉１　健康を保つためには，自分自身をよい状態に保つとともに，
　　身のまわりの環境をよい状態に保つことが必要である。健康に及ぼす
　　自分自身の要因を主体要因，健康に及ぼす周りの環境の要因を環境要
　　因という。　　２　運動には，身体の各器官の機能を刺激し，その発達
　　を促すとともに，気分転換が図られるなど，精神的にもよい効果があ
　　ること，健康を保持増進するためには日常生活において適切な運動を
　　続けることが必要である。　　３　がんは悪性新生物と呼ばれ，その死
　　亡率は死因の第１位となっており(全死亡者に占める割合は27.4％)，全
　　死亡者のおよそ3.6人に1人が悪性新生物で死亡している(平成30(2018)
　　年「人口動態統計月報年計(概数)の概況」厚生労働省)。

【６】１　a　キ　　b　コ　　c　ク　　d　エ　　e　シ　　２　体つくり
　　運動…7単位時間以上　　体育理論…3単位時間以上　　３　A体つくり
　　運動とH体育理論を除く領域は，いずれかの学年で取り上げ，指導す
　　ることもできる。
〈解説〉１　体つくり運動と体育理論については授業時数が規定されてい

るが，その他の領域については習熟が図れるように，各学校で生徒の実態に合わせて時間数を設定し年間指導計画を立てることになる。

2 体つくり運動は，現行の中学校学習指導要領では「体ほぐしの運動」と「体力を高める運動」から構成されているが，新学習指導要領(平成29年3月告示)では，体力を高める運動が「体の動きを高める運動」(第1学年及び第2学年)及び「実生活に生かす運動の計画」(第3学年)と名称変更された。体育理論では，第1学年で取り扱っていた「運動やスポーツの学び方」が，新学習指導要領では第2学年の取扱いとなった。また，第1学年に「運動やスポーツの多様な楽しみ方」が新しい内容として加えられた。 3 第1学年及び第2学年の2年間を1つの単位として考えると，ある程度の時間数で1つの単元を組めるので習熟を図ることも可能になる。

【7】1 a 実習 b 食育 c 依存症 2 ・けがや病気の悪化を防止すること ・苦痛を和らげること ・生命を救うこと から2つ 3 気道確保，人工呼吸，胸骨圧迫，AED から2つ

4 飲酒の心身への急性影響…中枢神経の働きの低下，思考力や自制力の低下，急性アルコール中毒，脈が速くなる から1つ 喫煙の心身への急性影響…毛細血管の収縮，心臓への負担，運動能力の低下，血圧の上昇，酸素運搬能力の低下 から1つ

〈解説〉1 a 包帯法，止血法としての直接圧迫法などを取り上げ，実習を通して理解できるようにする。また，心肺停止に陥った人に遭遇したときの応急手当としては，気道確保，人工呼吸，胸骨圧迫などの心肺蘇生法を取り上げ，実習を通して理解できるようにする。必要に応じてAED(自動体外式除細動器)にも触れる。 b 生徒の心身の調和的発達を図るためには，運動を通じて体力を養うとともに，食育の推進を通して望ましい食習慣を身に付けるなど，健康的な生活習慣を形成することが必要である。 c 特に，未成年者の喫煙については，身体に大きな影響を及ぼし，ニコチンの作用などにより依存症になりやすいことを理解できるようにする必要がある。 2 応急手当の目的

は，「救命」「悪化防止」「苦痛の軽減」であるが，一番の目的は，生命を救うことなので，救命処置を目的とした手当を最優先する。また，応急手当は，けがや病気を治すために行うのではなく，現在以上に悪化させないことが目的となる。傷病者の症状，訴えを十分把握した上で，必要な応急手当を行う。さらに，傷病者は，心身ともにダメージを受けているので，できるだけ苦痛を与えない手当を心がける。
3　急変した傷病者を救命し，社会復帰させるために必要となる一連の行いを「救命の連鎖」という。「救命の連鎖」を構成する4つの輪がすばやくつながると救命効果が高まる。鎖の1つめの輪は心停止の予防，2つめの輪は心停止の早期認識と通報，3つめの輪は一次救命処置(心肺蘇生とAED)，4つめの輪は救急救命士や医師による高度な救命医療を意味する二次救命処置と心拍再開後の集中治療である。　4　長期にわたり大量の飲酒をすると，肝臓でアルコールが代謝される際に中性脂肪が蓄積し，脂肪肝や肝硬変などの肝臓障害が引き起こされる。その他，糖尿病やすい炎などのすい臓の障害のほか，消化管，循環器系，脳，末梢神経障害など，全身の臓器に障害が現れる。さらに，アルコール依存症をきたすこともある。また，本人は喫煙しなくても身の回りのたばこの煙を吸わされてしまうことを受動喫煙といい，平成30年に「健康増進法の一部を改正する法律」(平成30年法律第78号)が公布された。望まない受動喫煙の防止を図るため，多数の者が利用する施設等の区分に応じ，当該施設等の一定の場所を除き喫煙を禁止するとともに，当該施設等の管理について権原を有する者が講ずべき措置等について定めたものである。基本的考え方として，「望まない受動喫煙をなくす」「受動喫煙による健康影響が大きい子ども，患者等に特に配慮」「施設の類型・場所ごとに対策を実施」が示されている。

【8】1　発育急進期　　2　呼吸数…肺活量が増える，1回の呼吸量が増える　　心拍数…拍出量(一度に送り出す血液の量)が増える　　3　知的機能…認知，記憶，言語，判断　から1つ　　情意機能…感情，意志　から1つ

〈解説〉1　人間の体は，生まれてから2回，急速に発育・発達する時期がある。1度目は乳児期・幼児期の頃で第1発育急進期という。2度目は小学校高学年頃(9歳頃)から高校生ぐらいまでの期間で，この時期を第2発育急進期という。　2　肺活量とは，できるだけ多く空気を吸い込んだあとに，できるだけ多く吐き出せた空気の量のことを指す。1回の拍出量は，心臓に戻ってくる循環血液量と心臓から血液を出す時の抵抗，心臓の収縮力で決定される。　3　知的機能や情意機能は，人や社会との様々な関わりなどの生活経験や学習などにより発達する。心は，知的機能，情意機能，社会性等の精神機能の総体としてとらえられ，生活経験や学習などの影響を受けながら，大脳の発達とともに発達する。

# 【高等学校(県のみ)】

【1】1　①　刑事　②　民事　③　行政　2　多くの者が近い将来，運転者として交通社会の一員となることを考慮し，加害事故を起こさない努力が必要であるという視点　3　二輪車，自動車
〈解説〉1　刑事上の責任は刑事罰を伴う。民事上の責任とは，被害者に対する民事上の損害賠償責任のことである。行政上の責任は，行政処分のことであり，刑事罰同様に厳しい制裁処分である。　2　原付免許，自動二輪免許については16歳から，普通免許は18歳で取得可能となる。　3　高校生段階では，実生活及び社会生活に関連する内容を取り上げる。多くは社会へ出た際，二輪車，自動車が交通手段となるため，それらを中心に取り上げている。

【2】1　A　母体保護　B　避妊　2　妊娠満22週未満　3　・身体的，経済的理由で，妊娠の継続により母体の健康が損なわれる場合・性的暴力の結果による妊娠の場合
〈解説〉1　母体保護法は，母性の生命健康を保護することを目的とし，不妊手術と人工妊娠中絶について定められた。平成8(1996)年に，優生保護法から，優生思想に基づく規定が削除され，名称が改められた。

2　手術ができる時期は，母体保護法によって妊娠22週未満(妊娠21週と6日まで)と定められている。それ以降は母体にかかるリスクの大きさや倫理的な問題から，中絶手術は認められていない。　3　母体保護法第14条には，「一　妊娠の継続又は分娩が身体的又は経済的理由により母体の健康を著しく害するおそれのあるもの」「二　暴行若しくは脅迫によって又は抵抗若しくは拒絶することができない間に姦淫されて妊娠したもの」とある。

【3】1　A　健康日本21　　B　ヘルスプロモーション　　2　(ア)　早期発見し，早期治療すること。　　(イ)　病気の発生を未然に防ぐこと(健康増進でも可)。　　3　環境づくり
〈解説〉1　「健康日本21」とは，国民の健康医療対策上重要となる課題(生活習慣病及びその原因となる生活習慣等)について，2010年度を目途として目標等が提示された「21世紀における国民健康づくり運動」のことである。「ヘルスプロモーション」とは，WHOがオタワ憲章(1986年)のなかで提唱した概念である。バンコク憲章(2005年)など，その後もヘルスプロモーションの定義については検討が加えられている。　2　その他に三次予防があり，病気が進行した後の，後遺症治療，再発防止，残存機能の回復・維持，リハビリテーション，社会復帰などの対策を立て，実行することをいう。　3　すべての段階において，保健・医療制度などの社会的資源を適切に活用することは極めて重要であり，それらの仕組みや活用の仕方などに関して理解できるようにする必要がある。

【4】1　A　実生活　　B　継続　　2　(1)　ある一定水準以上の運動負荷(過負荷)が運動刺激として与えられることによって，体の適応が誘発されること(それまで行ってきた運動より難度や強度が高い運動を行わなければトレーニングの効果は表れないこと。)。　　(2)　漸進性　3　筋力，持久力(全身持久力・筋持久力)，柔軟性　　4　③，④
〈解説〉1　「実生活への取り入れ方」では，学校(体育の授業，休憩時間，

運動部活動)や登校時・下校時，家庭などでの行動を考慮した1日1回の運動の計画，行う運動の頻度や平日と週末を考慮した1週間の運動の計画，四季及び授業期間や長期休業期間を考慮した1年間・数か月の運動の計画，入学から卒業までの運動の計画，仲間や家族の運動の計画などの自己と違う体力の状況や加齢期における運動の計画などがあることについて理解できるようにする。　2　(1)　オーバーロードの原理の他に，特異性の原理，可逆性の原理もおさえておくこと。(2)　トレーニングの原則として，漸進性の他に意識性と全面性，個別性，反復性がある。　3　体力の構成要素をバランスよく全面的に高めることは，体つくり運動における「体力を高める運動」のねらいの一つとして示されている。　4　入学年次の「思考・判断」の内容は，他に「ねらいや体力の程度に応じて，適切な運動の種類，強度，量，頻度を設定すること」「仲間と学習する場面で，体力の違いに配慮した補助の仕方などを見付けること」「実生活で継続しやすい運動例を選ぶこと」が例示されている。

【5】1　A　インターバル　　B　クロスカントリー　　C　最大酸素摂取量　　2　ATP(アデノシン3リン酸)　3　全力のランニングを十分な休息時間をとって，数本繰り返すトレーニングのこと。　　4　ペースの変化に対応するなどして走ること(自ら変化のあるペースを設定して走ったり，仲間のペースの変化に応じて走ったりすること)。
〈解説〉1　インターバルトレーニングは，一定の間隔で疾走と休息を繰り返し行うことで，心肺機能を向上することを目的とする。クロスカントリー走は自然公園やハイキングコースなど，起伏に富んだ未舗装の道を走るトレーニングで，陸上トラックや舗装道路を走る時とは異なる筋肉をバランスよく鍛えることができる。　2　ATPがADP(アデノシン2リン酸)とリン酸に分解される過程でエネルギーが放出され，これを使って筋肉の収縮が行われる。　3　レペティショントレーニングとインターバルトレーニングの大きな違いは，休息の仕方である。インターバルトレーニングは，不完全休養である「ジョグ」で呼吸を

整え疾走へのつなぎを果たすが，レペティショントレーニングでは完全休養である「休み」を取り，完全に体を回復させてから次の完全疾走へとつなげる。　4　その次の年次以降では「・自分で設定したペースの変化や仲間のペースの変化に応じて，ストライドとピッチを切り替えて走ること」が例示されている。

【6】1　A　クーベルタン　　B　オリンピックムーブメント　　2　オリンピズム　　3　2001年，JADA　　4　入学年次

〈解説〉1　1894年6月，パリの万国博覧会に際して開かれたスポーツ競技者連合の会議で，クーベルタンは，オリンピック復興計画を議題に挙げ，満場一致で可決された。第1回大会は，1896年，古代オリンピックの故郷オリンピアのあるギリシャで開催することも採択された。「オリンピックムーブメント」とは，オリンピックのあるべき姿(オリンピズム)を世界中の人々に知ってもらい，その考え方を大きく広げていく活動のことである。　2　オリンピズムとは「スポーツを通してこころとからだを健全にし，さらには文化・国籍といったさまざまな違いを超え，友情や連帯感，フェアプレーの精神をもって互いを理解し合うことで，平和でよりよい世界の実現に貢献する」という考え方のことである。　3　2011年8月に施行された「スポーツ基本法」の第29条においては，JADAと連携してアンチ・ドーピング活動を推進することが国の責務として明記されている。　4　体育理論の「1　スポーツの歴史，文化的特性や現代のスポーツの特徴」の指導内容である。

【7】1　7(mスロー)　　2　ノックオン　　3　16(cm以上)　　4　ドロップ　　5　スリングショットモーション

〈解説〉2　「ノックオン」とは，プレーヤーがボールを落としボールが前方へ進む，または，プレーヤーが手または腕でボールを前方へたたく，または，ボールがプレーヤーの手または腕にあたってボールが前方へ進み，そのプレーヤーがそのボールを捕りなおす前にボールが地面または他のプレーヤーに触れることをいう。　4　ドロップショットは，

スマッシュと全く同じフォームで打つが，最後に力を緩めるのがコツである。力を抜くことによって，球は緩やかに放物線を描きながら相手コートの手前に垂直に落下する。　5　他に「ウィンドミル」，「エイトフィギュア」がある。

【8】1　食品の製造・加工の工程で発生する恐れのある危害を分析し，特に重点的に管理するポイントを決め，対策がきちんと行われているかを常時監視する方法。　　2　健康とは，身体的，精神的，社会的に完全に良好な状態であり，単に病気あるいは虚弱でないことではない。　　3　障がいの有無や年齢・性別・国籍にかかわらず，初めから誰もが使いやすいように施設や製品，環境などをデザインするという考え方のこと。

〈解説〉1　HACCP(Hazard Analysis Critical Control Point)は「危害分析重要管理点」ともいわれる。　2　この定義によって，WHOでは，医療に限定されず幅広い分野で，人々の健全で安心安全な生活を確保するための取り組みが行われている。　3　バリアフリーが障がいによりもたらされるバリアに対処するという考え方であるのに対し，ユニバーサルデザインはあらかじめ多種多様な人々が利用しやすい製品，都市，生活環境等をデザインするという考え方である。

## 二次試験(県のみ)

### 【中学校】

【1】(解答例)　医薬品の作用のうち，治療の目的に利用される作用を主作用といい，治療上不必要なもの，障害となるような作用を副作用という。有効利用するためには，使用回数，使用時間，使用量などの使用法を理解し，正しく使用する必要がある。特に使用時間については，「食前」は食事前の空腹時(食前1時間～30分)，「食後」は食事の後(食後30分以内)，「食間」は食事と食事の間(食後約2時間)のことをいうの

で，適切な時間帯に適切な回数，量を摂取することが有効な作用につながる。また，薬の効き目は，薬の血中濃度によって変わるため，適切な濃度が保たれるように使用回数や使用量が決められている。飲み忘れた際にはすぐ飲むことが大事であるが，次の時間が近いときには，忘れた分はぬかして1回分だけ飲むことで危険な高い血中濃度になることを防ぐ。医師の処方や指示によって提供される医薬品の場合は，医療機関を受診し，医師の診断に基づいて処方せんを発行してもらい，それを薬剤師のいる薬局にもっていって入手する。望ましい効果を得るためには，医師の指示通りに利用することが大切である。学習指導ではまず，「医薬品を入手するためにはどうするか？」といった発問を行い数名発表させる。予想される「ドラッグストアで購入する」ことや「病院で処方してもらって薬局で受け取る」といった生徒の回答に加え，インターネット販売も可能となっていることを伝える。そこで，「医薬品をみんなが自由に手に入れたり，自分勝手に使用したりしたらどのような状況になるか」を問いかけ，利用方法にはルールがあることに気付かせる。その上で，各生徒が自宅から持参した医薬品の使用上の注意が書かれた紙や箱を材料にしながら，グループワークを行い，どのような注意書きがあるか調べ学習を行う。その後，グループでまとめた内容を発表し合い，全体で情報を共有し，使用回数，使用時間，使用量などの使用法があることをおさえる。最後に，具合の悪い生徒が医薬品を入手しようとしている実生活でも考えられる場面を想定し，グループワークや教科書，資料から得た医薬品の有効利用の知識をもとに，その生徒に，どのようなアドバイをしたらよいかワークシートに記入する。まとめとして，アドバイスについて発表し合い，その内容に本時で獲得した知識が活用されているかを評価する。

〈解説〉現行の中学校学習指導要領(平成20年3月告示)で示されている指導内容は，同解説保健体育編(平成20年7月)の「第2章　第2節〔保健分野〕2内容　(4)　健康な生活と疾病の予防　オ　保健・医療機関や医薬品の有効利用」の項によれば，「医薬品には，主作用と副作用があることを理解できるようにする。医薬品には，使用回数，使用時間，

使用量などの使用法があり，正しく使用する必要があることについて理解できるようにする」である。厚生労働省では，副作用の定義を「医薬品を通常の方法で使用した場合に発現する好ましからざる作用で，使用時に予期しえなかったもの」としている。薬事法及び薬剤師法の一部を改正する法律が施行され，平成26年6月12日から医薬品の販売制度が変わり，一般用医薬品は適切なルールの下，全てインターネットでの販売が可能となった。

## 【高等学校】

【1】(解答例)　運動やスポーツによるけがには，捻挫，骨折，創傷などがある。また，スポーツ種別の発生原因は，バレーボールでは「着地したとき」，サッカーやバスケットボールでは「転倒」，ソフトボールでは「受けそこなう」，バドミントンでは「ひねり」，柔道では「投げられたとき」，剣道では「転倒」，ラグビーでは「タックルしたとき」が多くなっている。いきなり運動やスポーツを行うと，関節や筋肉を痛めたり，心臓に急激な負担を与えたりするので，運動の前には軽いジョギングなどでウォームアップをし，ストレッチングを行うことがけがの防止のためにも必要である。また，練習の後にはストレッチングや軽い運動によるクールダウンを行うことで，疲労の回復が早まり，けがの防止にもつながる。高温下で運動をすると汗を出すことで体温調整が行われるが，汗で失われた水分を補給しないまま長時間運動を続けると熱中症になる危険性がある。熱中症を予防するためには，水分補給を行うことはもちろん，運動する前に服装の点検，運動環境の整備点検，健康状態の確認を行うことが重要である。また，けがをした際には，素早い処置が重要であり，特に打撲や捻挫の手当ては，安静(Rest)，冷却(Ice)，圧迫(Compression)，挙上(Elevation)を基本に進める。学習の進め方としては，熱中症については，高温下で行っているスポーツ大会や部活動の様子を映した映像資料を視聴し，熱中症にならないためには，どのような対策をしたらよいか，また，熱中症になってしまった場合はどのような処置をすればよいかについてワークシ

ートに記入し，グループでディスカッションを行う。その後，グループの意見を全体で共有し，教科書や補助資料を使って熱中症予防と対処の仕方について正しい知識をおさえる。打撲や捻挫の際のRICEについては，手当の実習を行う。ストレッチマットを各グループ分用意し，けが人役の生徒が横たわり，実際に氷のうや包帯等を使って，手順を踏んでRICEを行う。養護教諭に協力を仰ぎ，正しいRICEの行い方のポイントを生徒に教授した後で，そのポイントを示したワークシートを使って，正しく行えたかを相互評価する。

〈解説〉現行の高等学校学習指導要領(平成21年3月告示)で示されている内容は，同解説保健体育編・体育編(平成21年7月)の「第2章　第1節　3内容　H体育理論　2　運動やスポーツの効果的な学習の仕方　エ　運動やスポーツの活動時の健康・安全の確保の仕方」の項によれば，「運動やスポーツを行う際には，活動に伴う危険性を理解し，健康や安全に配慮した実施が必要になること，身体やその一部の過度な使用によってスポーツに関わる障害が生じる場合があること，気象条件や自然環境の変化など様々な危険を予見し回避することが求められること，けが防止のための対策，発生時の処置，回復期の対処などの各場面での適切な対応方法があることを理解できるようにする」である。

**2019年度** **実施問題**

# 一次試験

## 【中学校(県・市共通)】

【1】 次の文章は，現行の「中学校学習指導要領解説　保健体育編」の「第2章　第2節　各分野の目標及び内容　〔体育分野〕　1　目標」の一部を抜粋したものである。あとの1～4の各問いに答えなさい。

---

[第1学年及び第2学年]

(1)　運動の[　a　]な実践を通して，①運動の楽しさや喜びを味わうことができるようにするとともに，知識や[　b　]を身に付け，運動を豊かに実践することができるようにする。

(2)　運動を適切に行うことによって，体力を高め，心身の調和的発達を図る。

(3)　運動における競争や[　c　]の経験を通して，公正に取り組む，互いに協力する，自己の役割を果たすなどの意欲を育てるとともに，健康・安全に留意し，自己の最善を尽くして運動をする態度を育てる。

[第3学年]

(1)　運動の[　a　]な実践を通して，運動の楽しさや喜びを味わうとともに，知識や[　b　]を高め，生涯にわたって運動を豊かに実践することができるようにする。

(2)　運動を適切に行うことによって，自己の状況に応じて体力の向上を図る能力を育て，②心身の調和的発達を図る。

(3)　運動における競争や[　c　]の経験を通して，公正に取り組む，互いに協力する，自己の責任を果たす，③参画するなど

---

　　の意欲を育てるとともに，健康・安全を確保して，生涯にわ
　　たって運動に親しむ態度を育てる。

1　文中の[　a　]～[　c　]に当てはまる語句を答えなさい。
2　下線部①運動の楽しさや喜びを味わうことができるようにするに
　　は，どのようなことが大切か。学習指導要領解説に沿って答えなさ
　　い。
3　下線部②心身の調和的発達を図るには，どのようなことが大切か。
　　学習指導要領解説に沿って答えなさい。
4　下線部③参画するには，どのようなことが大切か。学習指導要領解
　　説に沿って答えなさい。

(☆☆☆◎◎◎)

【２】次の文章は，現行の「中学校学習指導要領解説　保健体育編」の
　　「第2章　第2節　各分野の目標及び内容　〔体育分野〕　2　内容　E
　　球技　[第1学年及び第2学年]」の「1　技能」の一部を抜粋したもので
　　ある。下の1～3の各問いに答えなさい。

　　(2)　ネット型
　　　第1学年及び第2学年では，ラリーを続けることを重視して，
　　ボールや用具の操作と①定位置に戻るなどの動きなどによる空い
　　た場所をめぐる攻防を展開できるようにする。
　　　指導に際しては，空いた場所への攻撃を中心に②ラリーを続け
　　る学習課題を追求しやすいようにプレイヤーの[　a　]，コート
　　の[　b　]，[　c　]，③プレイ上の制限を工夫したゲームを取り
　　入れ，ボールや用具の操作とボールを持たないときの動きに着
　　目させ，取り組ませることが大切である。

1　文中の[　a　]～[　c　]に当てはまる語句を答えなさい。
2　下線部①定位置に戻るなどの動きとは，どのような動きのことか。
　　学習指導要領解説に示されている例示の中から1つ答えなさい。
3　下線部②ラリーを続ける学習課題を追求しやすいように，下線部

144

③<u>プレイ上の制限を工夫したゲーム</u>を取り入れるとあるが，バレーボールの指導を行う際に，どのようなゲームを取り入れるとよいか，具体的に2つ答えなさい。

(☆☆☆◎◎◎)

【3】次の文章は，現行の「中学校学習指導要領解説　保健体育編」の「第2章　第2節　各分野の目標及び内容　〔体育分野〕　2　内容　Gダンス [第1学年及び第2学年]」の「1　技能」の一部を抜粋したものである。あとの1，2の各問いに答えなさい。

(1)　次の運動について，感じを込めて踊ったりみんなで踊ったりする楽しさや喜びを味わい，イメージをとらえた表現や踊りを通した交流ができるようにする。
　ア　創作ダンスでは，多様なテーマから表したいイメージをとらえ，動きに変化を付けて[　a　]に表現したり，変化のあるひとまとまりの表現にしたりして踊ること。
　イ　フォークダンスでは，踊り方の特徴をとらえ，音楽に合わせて[　b　]なステップや動きで踊ること。
　ウ　[　c　]では，リズムの特徴をとらえ，変化のある動きを組み合わせて，リズムに乗って全身で踊ること。

(1)　創作ダンス
　「変化のあるひとまとまりの表現にして踊る」とは，表したいイメージを変化と起伏(盛り上がり)のある「はじめ－なか－おわり」のひとまとまりの構成で表現して踊ることである。
　このため，指導に際しては，テーマに適した動きで表現できるようにすることが重要となるため，①多様なテーマの例を具体的に示し取り組みやすいテーマを選んで，動きに変化を付けて素早く即興的に表現することができるようにする。次に，②表したい感じやイメージを強調するように表現して踊ることができるようにすることが大切である。

145

1　文中の[　a　]～[　c　]に当てはまる語句を答えなさい。
2　②の学習段階では，どのような活動を行えばよいか。学習指導要領解説を踏まえて2つ答えなさい。

(☆☆☆◎◎◎)

【4】次の文章は，現行の「中学校学習指導要領解説　保健体育編」の「第2章　第2節　各分野の目標及び内容　〔保健分野〕　1　目標」の一部を抜粋したものである。文中の[　a　]～[　c　]に当てはまる語句を答えなさい。

個人生活における[　a　]・安全に関する理解を通して，[　b　]を通じて自らの健康を適切に管理し，[　c　]していく資質や能力を育てる。

(☆☆☆◎◎◎)

【5】次の文章は，現行の「中学校学習指導要領解説　保健体育編」の「第2章　第2節　各分野の目標及び内容　〔保健分野〕　2　内容　(4)　健康な生活と疾病の予防」の一部を抜粋したものである。あとの1～6の各問いに答えなさい。

(4)　健康な生活と疾病の予防について理解を深めることができるようにする。
ア　健康は，主体と環境の相互作用の下に成り立っていること。また，疾病は，①主体の要因と環境の要因がかかわり合って発生すること。
イ　健康の保持増進には，年齢，生活環境等に応じた②食事，運動，休養及び睡眠の調和のとれた生活を続ける必要があること。また，食事の量や質の偏り，運動不足，休養や睡眠の不足などの生活習慣の乱れは，[　a　]などの要因となること。

146

　ウ　③喫煙，飲酒，薬物乱用などの行為は，心身に様々な影響を与え，健康を損なう原因となること。また，これらの行為には，個人の心理状態や人間関係，社会環境が影響することから，それぞれの要因に適切に対処する必要があること。

　エ　感染症は，[　b　]が主な要因となって発生すること。また，感染症の多くは，発生源をなくすこと，感染経路を遮断すること，主体の抵抗力を高めることによって予防できること。

　オ　健康の保持増進や疾病の予防には，④保健・医療機関を有効に利用することがあること。また，⑤医薬品は，正しく使用すること。

　カ　個人の健康は，健康を保持増進するための[　c　]の取組と密接なかかわりがあること。

1　文中の[　a　]～[　c　]に当てはまる語句を答えなさい。

2　下線部①について，主体の要因には，素因と生活習慣・行動にかかわるものがあるが，環境の要因には，物理的・化学的環境の他に何があるか。現行の「中学校学習指導要領解説　保健体育編」の内容から2つ答えなさい。

3　下線部②について，健康を保持増進するために食生活で必要なことを現行の「中学校学習指導要領解説　保健体育編」の内容から2つ答えなさい。

4　下線部③について，どのような物質が依存症を引き起こすか。現行の「中学校学習指導要領解説　保健体育編」の内容からそれぞれ答えなさい。

5　下線部④について，地域には，人々の健康の保持増進や疾病予防の役割を担う機関がある。その機関を現行の「中学校学習指導要領解説　保健体育編」の内容から医療機関の他に2つ答えなさい。

6　下線部⑤について，医薬品の使用法3つを，現行の「中学校学習指

147

導要領解説　保健体育編」の内容から答えなさい。

(☆☆☆◎◎◎)

【6】「傷害の防止」について，次の1，2の各問いに答えなさい。

1　中学生期には，自転車乗車中の事故が多く発生している。事故発生の原因について，次の(1)～(3)の要因を何というか，それぞれ答えなさい。

(1)　不安定な心身の状態又は危険な行動などの要因

(2)　気象条件や道路状況などの要因

(3)　自転車の欠陥や整備不良などの要因

2　交通事故や犯罪被害を防止するためには，どのような能力を身に付けることが必要か，学習指導要領解説に沿って答えなさい。

(☆☆☆◎◎◎)

【7】「健康と環境」について，次の1～5の各問いに答えなさい。

1　人の暑さや寒さの感じ方に関係のある3つの条件を答えなさい。

2　人が快適に能率よく活動するのに最も適した温度の範囲を何というか答えなさい。

3　環境が変化した時に体の諸器官を働かせてその変化に対応しようとする能力を何というか答えなさい。

4　文部科学省策定(平成22年3月)の改定版学校環境衛生管理マニュアルに示されている明るさの基準に照らして，次のア～オを照度の高い順に並べ，記号で答えなさい。

ア　階段　　　イ　ロッカー室・便所・洗面所　　　ウ　体育館

エ　保健室　　オ　廊下・渡り廊下

5　学校における熱中症予防のための指導のポイントを3つ答えなさい。

(☆☆☆◎◎◎)

## 【高等学校(県のみ)】

【1】次の文章は，現行の「高等学校学習指導要領　保健体育」の「第2
保健　1　目標」及び「第2　保健　2　内容」からの抜粋である。下
の1～3の各問いに答えなさい。

---

「第2　保健　1　目標」

(1)　個人及び社会生活における健康・安全について理解を深め
るようにし，生涯を通じて自らの健康を適切に管理し，
[　A　]していく資質や能力を育てる。

「第2　保健　2　内容」　(1)　現代社会と健康

イ　健康の保持増進と疾病の予防

健康の保持増進と生活習慣病の予防には，食事，運動，
休養及び睡眠の調和のとれた生活を実践する必要があるこ
と。[　B　]は，生活習慣病の要因になること。また，①薬
物乱用は，心身の健康や社会に深刻な影響を与えることか
ら行ってはならないこと。それらの対策には，個人や社会
環境への対策が必要であること。

ウ　精神の健康

人間の欲求と[　C　]には，様々な種類があること。精神
と身体には，密接な関連があること。また，精神の健康を
保持増進するには，欲求や②ストレスに適切に対処すると
ともに，自己実現を図るよう努力していくことが重要であ
ること。

---

1　文中の[　A　]～[　C　]に当てはまる語句を答えなさい。

2　下線部①について，薬物乱用防止教育において禁止薬物として理
解させる薬物を4つ答えなさい。また，薬物乱用の開始の背景とし
て，高等学校学習指導要領解説の中で適宜触れる内容として書いて
あるものを1つ答えなさい。

3　下線部②について，ストレスの原因として理解させる要因を2つ答
えなさい。また，自分自身でストレスに対処する方法として，高等

学校学習指導要領解説の中で適宜触れる内容として書いてあるものを1つ答えなさい。

(☆☆☆◎◎◎)

【2】次の文章は，科目「保健」の「医薬品と健康」について述べたものである。下の1〜3の各問いに答えなさい。

> 　医療用医薬品は，医師・歯科医師の診断により，患者の年齢，けがや病気の程度に合わせて種類や量が決められており，医師・歯科医師が作成する[　A　]がないと薬局では購入することができない。それに対し，一般用医薬品は，自らの判断で購入することができるが，その際には，[　B　]などから適切な情報を得て，自己の責任で使用することになる。

1　文中の[　A　]，[　B　]に当てはまる最も適当な語句を答えなさい。
2　下線部のうち，第1類医薬品の販売規制について，説明しなさい。
3　医薬品の使用により生じた，社会問題となった薬害事件のうち，代表的なものを2つ答えなさい。

(☆☆☆◎◎◎)

【3】次の文章は，科目「保健」の「日常的な応急手当」について述べたものである。あとの1，2の各問いに答えなさい。

> 　突き指，捻挫，打撲，切り傷など，日常的なけがについても応急手当をおこなうことにより，苦痛をやわらげたり治りを早くしたりすることができる。まず，けがの部位と種類，程度を確認し，痛み，出血，腫れのようすや，手や足であればその動きぐあいも確かめる。本人や周囲の人に，けがをした状況や痛みなどについてたずね，判断や手当に役立てる。痛みが激しいときや，意識や顔色などがふつうではないと感じたときには，すぐに医療機関に運ぶようにする。

1　下線部(捻挫)の応急手当の基本について，4つの要素を用いて説明しなさい。
2　橈骨骨折が疑われる応急手当は，その部位を動かさないように固定をする必要がある。保健の授業中における教室内での応急手当の具体的な実習例を簡潔に答えなさい。

(☆☆☆◎◎◎)

【4】熊本県教育委員会が発出した「運動部活動の指導の手引き」中の高等学校における運動部活動の指針に記載してあることについて，下記文中の[　Ａ　]～[　Ｄ　]に当てはまる数字又は語句を答えなさい。

・練習日について…1週間の練習日は，[　Ａ　]日以内を原則とする。
・練習時間について…平日の練習時間は，[　Ｂ　]時間以内を原則とする。土曜日，日曜日，祝日，長期休養日の練習時間は，[　Ｃ　]時間以内を原則とする。
・練習試合について…顧問が，練習相手，試合日，場所，時間，引率等について，事前に[　Ｄ　]の承認を得る。

(☆☆☆◎◎◎)

【5】次の文章は，科目「体育」における「技能の上達過程と練習」について述べたものである。あとの1～3の各問いに答えなさい。

　技能の上達過程には，意識してもなかなかうまくいかない[　Ａ　]の段階，意識しながらできる意図的な調節の段階，意識しなくてもひとりでにできる[　Ｂ　]の段階の3つの段階がみられる。
　技能がある程度上達すると，次のステップに進むまでに一時的な(ア)停滞や(イ)低下の時期が訪れる。技能の上達段階を踏まえて練習を効果的に進めるためには，内在的フィードバックと(ウ)外

在的フィードバックを通して，動作やタイミングを修正するとよい。

1　文中の[　A　],[　B　]に当てはまる最も適当な語句を答えなさい。
2　下線部(ア)と(イ)の状態をそれぞれ何というか答えなさい。
3　下線部(ウ)の具体例を2つ答えなさい。

(☆☆☆◎◎◎)

【6】次の文章は，科目「体育」における「技能と体力」について述べたものである。下の1〜4の各問いに答えなさい。

体力には，環境に働きかけて積極的によりよく生きてゆくために必要な[　A　]と，生存のために[　B　]必要な生存力とがある。[　A　]には，筋活動によって発揮されるエネルギーの大きさを決める能力(エネルギー的体力)と，そのエネルギーの使い方を調整する能力((ア)サイバネティックス的体力)とがある。エネルギー的体力には，運動を発現する能力と運動を[　C　]する能力とがあり，サイバネティックス的体力には，運動を調整する能力がある。

練習やトレーニングによって技能や体力を向上させるためには，(イ)オーバーロードの原理で運動をおこなう必要がある。

また，体の動きに必要な筋力は，筋肉が収縮することによって発生する。筋肉は筋線維(筋細胞)の束でできているが，大きく(ウ)2つの種類に分けることができる。

1　文中の[　A　]〜[　C　]に当てはまる最も適当な語句を答えなさい。
2　下線部(ア)がとくに重要なスポーツを，次の①〜③から1つ選び，記号で答えなさい。
　　①　重量挙げ　　②　スケート　　③　砲丸投げ
3　下線部(イ)について説明しなさい。

4 下線部(ウ)の2つの種類を答えなさい。

(☆☆☆◎◎◎)

【7】次の1〜3の用語について，簡潔に説明しなさい。
1 心肺蘇生法
2 オープンスキル
3 バーンアウト

(☆☆☆◎◎◎)

【8】次の1〜5の文中の下線部について，適切であれば○を，不適切であれば適切な語句を答えなさい。
1 たばこのおもな有害物質のうち，ニコチンは，健康な細胞をがん細胞に変化させ(発がん作用)，増殖させる(がん促進作用)。
2 高血圧症とは，血液中の脂質のうち，中性脂肪やLDL(悪玉)コレステロールが過剰な状態，あるいはHDL(善玉)コレステロールが少ない状態であり，動脈硬化をもたらす。
3 ウエアやシューズなどの消費活動，施設の使用料，スタジアム入場料，飲食費などスポーツが経済活動に及ぼす影響をスポーツの経済波及効果という。
4 フェアプレイの精神やスポーツマンシップ，マナーやエチケットなどといった，スポーツをおこなったり，みたり，支えたりするなかで求められる行為の規準をスポーツ倫理という。
5 試合で力を発揮するために，興奮が低すぎる場合には，動機づけを高くする，体に刺激を与えるなど，興奮水準を上げる方法をリラクセーションという。

(☆☆☆◎◎◎)

```
┌─────────────────────────────┐
│     二次試験(県のみ)          │
└─────────────────────────────┘
```

### 【中学校】

【１】欲求やストレスへの対処と心の健康について指導する内容を挙げ，どのように指導するか述べなさい。

(☆☆☆◎◎◎)

### 【高等学校】

【１】健康から見た運動の意義について述べなさい。また，運動の種類と効果について説明し，運動を継続的におこなう習慣を身につけるための効果的な学習の進め方について述べなさい。

(☆☆☆◎◎◎)

```
┌─────────────────────────────┐
│        解答・解説            │
└─────────────────────────────┘
```

```
┌─────────────────────────────┐
│        一次試験              │
└─────────────────────────────┘
```

### 【中学校(県・市共通)】

【１】１　a　合理的　　b　技能　　c　協同　　２　それぞれの運動が有する特性や魅力に応じて，運動を楽しんだり，その運動のもつ特性や魅力に触れたりすること　　３　心と体を一体としてとらえ，バランスよく育てること　　４　グループの課題などの話合いなどで，自らの意思を伝えたり，仲間の意見を聞き入れたりすることを通して，仲間の感情に配慮して合意形成を図ろうとするなどの意思をもつこと。

〈解説〉２　学習指導要領解説では「教科の目標において「生涯にわたって運動に親しむ資質や能力の育成」を目標の一つとして明確にしたこととの関連から，運動の楽しさや喜びを味わうことが引き続き，体育

の重要なねらいであることを示した上で，小学校第5学年及び第6学年との接続を踏まえ，運動を豊かに実践するための知識や技能を確実に身に付けることが大切であることを強調している。」としている。

3　これは，適切な運動が体力を高め，心身のバランスのとれた発達を助長するという側面からとらえたものである。　4　生涯にわたって運動に親しむなどの運動への愛好的な態度は，公正に取り組む，互いに協力する，自己の責任を果たす，参画するなどの意欲や，健康・安全を確保する態度などの具体的な学習を通して育成される。

【2】1　a　人数　　b　広さ　　c　用具　　2　・相手の打球に備えた準備姿勢をとること　・プレイを開始するときは，各ポジションごとの定位置に戻ること　・ボールを打ったり受けたりした後，ボールや相手に正対すること　から1つ　　3　・ワンバウンドOKのゲーム　・キャッチレシーブOKのゲーム　・キャッチトスOKのゲーム　・サービスの方法を工夫したゲーム　・ローテーションを工夫したゲーム　・三段攻撃からのゲーム　から2つ

〈解説〉2　「定位置に戻るなどの動き」とは，相手側のコートにボールを打ち返した後，基本的なステップなどを用いて，自分のコートに空いた場所を作らないように定位置に戻り次の攻撃に備えるなどのボールを持たないときの動きのことである。　3　簡易化したルールを適用することが挙げられればよい。他にも，セカンドキャッチ後にトスしやすい場所に動いてよいなどの工夫したゲームも考えられる。

【3】1　a　即興的　　b　特徴的　　c　現代的なリズムのダンス

2　・仲間とともに，テーマにふさわしい変化と起伏や場の使い方で，「はじめ－なか－おわり」の構成で表現して踊ることができるようにする。　・仲間やグループ間で動きを見せ合う発表の活動を取り入れる。

〈解説〉②の段階に移行するためにも，①の学習段階が重要である。①の段階では次のような活動が考えられる。・グループを固定せず多くの

155

仲間とかかわり合うようにして，毎時間異なるテーマを設定し，即興的に表現できるようにする。その際，身近なテーマから連想を広げてイメージを出す，思いついた動きを即興的に踊ってみたり，仲間の動きをまねたりするなどの活動を取り上げる。・動きを誇張したり，繰り返したり，動きに変化を付けたりして，ひと流れの動きで表現できるようにする。

【４】a　健康　　b　生涯　　c　改善
〈解説〉学習の展開の基本的な方向として，小学校での実践的に理解できるようにするという考え方を生かすとともに，抽象的な思考なども可能になるという発達の段階を踏まえて，心身の健康の保持増進に関する基礎的・基本的な内容について科学的に思考し，理解できるようにすることを目指したものである。中学校段階では，「個人生活」に関する内容を「科学的に」思考し，理解することが求められる。

【５】1　a　生活習慣病　　b　病原体　　c　社会　　2　生物学的環境，社会的環境　　3　・毎日適切な時間に食事をすること。　・年齢や運動量に応じて栄養素のバランスや食事の量などに配慮すること。・運動によって消費されたエネルギーを食事によって補給すること。から2つ　　4　喫煙…ニコチン　　飲酒…エチルアルコール
5　保健所，保健センター　　6　使用回数，使用時間，使用量
〈解説〉1　病原体とは，感染症を引き起こす微生物などで，細菌やウイルスが代表的なものである。　2　主体の要因には，年齢，性，免疫，遺伝などの素因と，生後に獲得された食事，運動，休養及び睡眠を含む生活上の様々な習慣や行動などがある。環境の要因には，温度，湿度や有害化学物質などの物理的・化学的環境，ウイルスや細菌などの生物学的環境及び人間関係や保健・医療機関などの社会的環境などがある。　3　改訂された新学習指導要領では，「健康な生活と疾病の予防」については，生活習慣病の予防の観点から，1〜3学年までに内容が振り分けられ，「健康な生活と疾病の予防について，課題を発見し，

その解決に向けて思考し判断するとともに，それらを表現すること」といった内容についてはどの学年でも取り扱うことになる。　4　アルコール依存症は，成人よりも未成年，男性より女性の方がなりやすい。　5　保健センターは，保健福祉センター，保健福祉総合センター，健康福祉センターなど，自治体で異なる名前で呼ばれることもある。　6　医薬品の剤型は，その役割を効果的に発揮することができるように，「効果が早くあらわれるようにする」「効果が長時間続くようにする」「子供や高齢者に飲みやすくする」「病気の場所に直接作用させる」といった視点から選択されており，勝手に形状を変えて服用してはいけない。「食間」は，食事と食事の間のことをいい，食後約2時間をさしている。「食前」は食事前の空腹時(食前1時間〜30分)，「食後」は食事の後(食後30分以内)のことをいう。お茶，牛乳，清涼飲料水で飲むと，効果がなかったり，思わぬ副作用に苦しんだりすることになりかねないので，特に使用上の注意はよく読む必要がある。

【6】1　(1)　人的要因　　　(2)　環境要因　　　(3)　車両要因(環境要因)
　2　危険予測・危険回避の能力(危険予測能力，危険回避能力)
〈解説〉1　主体要因は，眠い，車間距離をとらない運転スタイル，イライラしやすい性格などが挙げられる。環境要因は，見づらい信号機，道路の凍結，カーブの逆傾斜などが挙げられる。車両要因は，ブレーキの利きが甘いなどの整備不良，後方視界の悪い構造的問題などが挙げられる。　2　指導に当たっては，地域の実情に応じて，犯罪被害をはじめ身の回りの生活の危険が原因となって起こる傷害を適宜取り上げる必要がある。

【7】1　気温(温度)，湿度，気流　　2　至適範囲　　3　適応能力
　4　エ→ウ→イ→ア→オ　　5　帽子の着用，薄着，こまめな水分補給，休憩，健康観察　から3つ
〈解説〉1　人間が感じる気温の感覚を，気温・湿度・気流を用いて表したものを「体感温度」という。　2　気温などが至適範囲から外れる

と体温調節に負担がかかり，学習や作業の効率，スポーツの成績などの低下が見られるようになる。　3　適応能力には限界があり，それを越えると，熱中症や凍傷，低体温症になったりする。　4　教室内で，最も明るい場所と暗い場所の照度の比が10：1を越えないことが望ましいとされている。　5　熱中症には，気温(高温)，湿度(高湿)，気流(風量の少なさ)，ふく射熱(日光の強さ)が大きく関係する。熱中症は屋外だけでなく室内でも，夏だけでなく冬にも起こる。

## 【高等学校(県のみ)】

【1】1　A　改善　　B　喫煙と飲酒　　C　適応機制　　2　薬物名…大麻・覚せい剤・MDMA・シンナー　　触れる内容…社会の規範を守る意識の低下，周囲の人々からの誘い，断りにくい人間関係，薬物を手に入れやすい環境などがあること。　から1つ　　3　要因…物理的要因，心理的・社会的要因　から2つ　　触れる内容…ストレスの原因となっている事柄に対処すること，自分自身の受け止め方を見直すこと，リラクセーションの方法で緩和する，周りからの支援やコミュニケーションの方法を身につけることが有効な場合があること。　から1つ

〈解説〉2　大麻は，記憶力や集中力が低下し，情緒不安，知的レベルの低下，幻覚，妄想，うつ，気分の不安定など精神にも大きな影響を与える。MDMA(メチレンジオキシメタンフェタミン)は，覚醒剤と類似の構造をもち，多様な形態をとる。乱用により，吐き気，血圧上昇，興奮・錯乱，幻覚などが起こる。　3　労働安全衛生法の一部改正を受け，平成27年12月1日にストレスチェック制度が施行された。ストレスチェック制度は，定期的に労働者のストレスの状況について検査を行い，本人にその結果を通知して自らのストレスの状況について気付きを促し，個人のメンタルヘルス不調のリスクを低減させるとともに，検査結果を集団的に分析し，職場環境の改善につなげることによって，労働者がメンタルヘルス不調になることを未然に防止することを主な目的としたものである。

【2】1　A　処方箋　　B　薬剤師　　2　購入者が直接手に取れない場所に陳列されている。販売については，薬剤師が対応する。

3　サリドマイド事件，スモン事件，薬害エイズ，薬害肝炎。　から2つ

〈解説〉2　医薬品の販売制度が改正(平成26年6月12日施行)され，一般用医薬品は適切なルールのもと，インターネットでの販売が可能になった。インターネット販売においても，第1類医薬品については，これまでどおり薬剤師が販売し，その際は，購入希望者の年齢，性別，症状，他の医薬品の使用状況等について，薬剤師がメール等で確認し，適正に使用されると認められる場合，薬剤師が購入者の状況に応じた個別の情報提供を行うことになる。　3　薬害エイズは，厚生省(当時)が承認した非加熱血液製剤にHIVが混入していたことにより，主に1982年から85年にかけて，これを治療に使った血友病患者の4割，約2000人もがHIVに感染した事件である。被害者はいわれなき偏見により差別を受け社会から排除され，さらに感染告知が遅れ，発病予防の治療を受けなかったことに加え，二次・三次感染の悲劇も生まれた。

【3】1　安静，冷却，圧迫，挙上を基本に進め，痛みをやわらげ，内出血や腫れをおさえ，けがをした部位や周囲の腱・血管・神経などの保護につとめる。　　2　教科書やほうき等を骨折した部位にあて，ハンカチやタオルで巻きつけ，動かないように固定するなど臨機応変に対応する。

〈解説〉1　打撲や捻挫の手当ては，安静(Rest)，冷却(Ice)，圧迫(Compression)，挙上(Elevation)を基本に進める。それぞれの頭文字をとって，RICEという。　2　基本的に「固定」することが重要なので，副木は，授業用の幅のある定規など様々な物で代用できる。

【4】A　6　　B　3　　C　4　　D　校長

〈解説〉スポーツ庁では，「運動部活動の在り方に関する総合的なガイドライン」を平成30年3月19日に示している。その中では，「学期中は，週当たり2日以上の休養日を設ける。(平日は少なくとも1日，土曜日及

び日曜日(以下「週末」という。)は少なくとも1日以上を休養日とする。週末に大会参加等で活動した場合は，休養日を他の日に振り替える。)」，「長期休業中の休養日の設定は，学期中に準じた扱いを行う。また，生徒が十分な休養を取ることができるとともに，運動部活動以外にも多様な活動を行うことができるよう，ある程度長期の休養期間(オフシーズン)を設ける。」，「1日の活動時間は，長くとも平日では2時間程度，学校の休業日(学期中の週末を含む)は3時間程度とし，できるだけ短時間に，合理的でかつ効率的・効果的な活動を行う。」と示されている。

【5】1　A　試行錯誤　　B　自動化　　2　ア　プラトー　　イ　スランプ　　3　言語的フィードバック，記録によるフィードバック，映像によるフィードバック　から2つ
〈解説〉1　試行錯誤の段階は，これまでにやったことのない，全く新しい運動を始める時に直面する最初の段階のことである。意図的な調節の段階は，初期段階で獲得した運動の理解や計画を実際の動きとして形成・洗練し安定させていく段階である。自動化の段階は，運動それ自体に意識を集中させなくても，自然によい動きができるようになってくる段階である。　2　プラトーは，もてる力を発揮できているが，その力が伸び悩んでいる時期のことである。スランプは，上級者に生じ，実力があるのにそれを発揮できない状態のことをいう。　3　運動を行うことによって生じる感覚情報のことを，フィードバック情報という。フィードバックとは本来，出力(結果)を入力(原因)の側に戻すことを意味する。

【6】1　A　行動力　　B　最小限(最低限)　　C　持続　　2　②
　3　それまでに行っていた運動より難度や強度が高い運動を行うこと。
　4　速筋線維(白筋)，遅筋線維(赤筋)
〈解説〉1　行動力は，短距離走のスタートダッシュなどで素早く力強い動きを発現させる筋力と瞬発力，有酸素的あるいは筋力的な動きを持続させる全身持久力と筋持久力，そして巧みに体の動きをコントロー

ルする調整力，柔軟性で構成されている。生存力は，体の組織や機能，ホメオスタシス(恒常性)を働かせて体温を一定に保つ機能，外界から体内に侵入しようとする病原体に対する抵抗力など，生存のために必要な能力や機能から成り立っている。抵抗力，防衛体力ということもある。　2　重量挙げと砲丸投げは，運動を発現する体力(筋力，パワー)が必要であり，これは，運動を持続する能力と併せて，エネルギー的体力という。スケートは，運動を調整する能力(調整力，柔軟性)が必要であり，これをサイバネティックス的体力という。　3　オーバーロードの原理は，トレーニングの3原理の一つである。オーバーロードとは過剰な負荷という意味で，通常の運動における負荷以上の負荷を与えることでトレーニング効果が生じるというもの。　4　筋力トレーニングによって，筋線維の直径が太くなり，筋の横断面積が増大することを筋肥大という。速筋線維は，肉眼で白く見えるので白筋と呼ばれる。遅筋線維は，肉眼で赤く見えるので赤筋と呼ばれる。速筋線維は収縮力が大きく，遅筋線維は収縮力が小さい。

【7】1　胸骨圧迫，人工呼吸，AEDを行うこと。心肺停止の状態に陥った時，心肺蘇生(胸骨圧迫，人工呼吸)にAEDを用いた除細動を合わせたこと。　2　相手が常に変化する状況の中で用いられる技術のこと。　3　今まで一生懸命運動していたにもかかわらず，突然，精神的にあたかも燃えつきたような状態になり，運動する意欲がなくなってしまうこと。

〈解説〉1　AEDは心臓の致死的な不整脈を自動で感知して電流を流し，心臓の動きを正常に戻すことができる機器である。AEDは機械が心臓の動きを判断するので，間違って不要な電流が流れることはないため，専門知識のない一般人でも使用できる。人が倒れている場面に遭遇したら，心肺蘇生を行いながら人手を集め，119番へ連絡し，AEDを準備する。　2　体育科の領域でオープンスキルは，武道，球技がこれにあたる。対して，外的要因によって左右されない技能，自分のペースで行える技能をクローズドスキルといい，器械運動や陸上競技など

がこれにあたる。　3　バーンアウトは，モーターなどが焼き切れる，擦り切れる状態を示すことからきており，「燃え尽き症候群」ともいう。

【8】1　タール　2　脂質異常症　3　○　4　○　5　サイキングアップ

〈解説〉1　ニコチンには依存性があり，喫煙への依存が生じる主たる原因となっている。ニコチンは吸収が速く，体内から消失するのも速いため，常習喫煙者では喫煙後30分程度でニコチン切れ症状が生じ「次の1本」の願望を生じるようになる。　2　高血圧症とは，くり返して測っても血圧が正常より高い場合をいう。繰り返しの測定において診察室血圧で最高血圧が140mmHg以上，あるいは最低血圧が90mmHg以上であれば，高血圧と診断される。　5　リラクセーションとは，緊張を緩めること，精神的平衡を取り戻すこと，くつろぎ，息抜きなどを意味する。

# 二次試験(県のみ)

## 【中学校】

【1】(解答例)　学習指導要領で示されている指導内容は，「2　内容　(1) 心身の機能の発達と心の健康について理解できるようにする」の「エ　精神と身体は，相互に影響を与え，かかわっていること。欲求やストレスは，心身に影響を与えることがあること。また，心の健康を保つには，欲求やストレスに適切に対処する必要があること。」である。心と体は関わっており，互いに影響を及ぼしている。例えば，大勢の人の前に出て緊張すると，心臓がドキドキしたり，汗ばんだり，口が渇いたりすることがある。反対にリラックスしていると，思うように体が動き運動やスポーツでよい結果が出ることがある。これらは，心が緊張すると，その刺激が神経やホルモンの働きによって，心臓や汗

腺，唾液腺に作用し，現れるものである。ストレスには，そのことによって心が鍛えられ成長できる側面と，そのことが原因で心が傷つき，体に様々な症状となってあらわれる側面とがあり，ストレス耐性には個人差がある。ストレスに対処する方法には，自分でできる対処法と他人の助けを借りる対処法がある。自分でできるものには，「物事を前向きに捉える」，趣味や音楽を聴いたりする「気分転換」，体ほぐしの運動などによる「リラクセーション」等が挙げられる。他人の助けを借りる場合は，友達や家族に相談する，スクールカウンセラーに相談するといったようなことが挙げられる。ストレスに対して，どう対処しても効果がなく心が耐えきれなくなった時は，ストレスを生じさせている状況から，いったん遠ざかることも一つの対処法になる。学習指導ではまず，「どんなときにストレスを感じるか？」「自分の抱えているストレスについて挙げてみよう」という問いについて数名発表させる。そこで，ストレスを抱えている中学生のモデルを提示し，そのまま生活を続けていくと，体にどのような影響が出てくるのかを個人で考えさせるケーススタディを行う。ストレスへの対処を行わないと，体へ様々な影響を及ぼすことになるといった例を挙げ，知識として心身相関についておさえる。その後，ストレス対処法についてブレインストーミングを行い，どのような方法があるかを話し合う。最後に，話し合いや教科書，資料から得たストレス解消法の知識をもとに，その中学生に，どのようなアドバイスをしたらよいかワークシートに記入する。まとめとして，アドバイスについて発表し合い，その内容に本時で獲得した知識が活用されているかを評価する。導入の一つとして，また，対処法の一つとして，体ほぐしの運動のリラクセーションやペアストレッチなどを取り入れることも，心と体の関係を実感する上で有効である。

〈解説〉本問においては，次の6つの観点で評価される。①語句の表現や記述が適切であり，論理的でわかりやすい構成になっている。②自分の考えを具体的に述べ，教師としての資質(熱意，誠実さ，向上心，柔軟性，協調性，発想力など)が窺える。③精神と身体の相互の影響につ

いて述べられている。④欲求やストレスへの心身の影響と適切な対処について述べられている。⑤指導方法の工夫について述べられている。⑥学習内容と実生活とのかかわりについて述べられている。以上の6つの観点を過不足なく盛り込み，誤字脱字のないように注意して解答を作成しよう。特に，⑤については，「「生きる力」を育む中学校保健教育の手引き」(文部科学省)の第1章　第3節　3.保健教育の指導方法にあるような多様な指導方法の例を参考にするとよい。

### 【高等学校】

【1】(解答例)　学習指導要領で示されている指導内容は，「2　内容　(1)現代社会と健康」の「イ　健康の保持増進と疾病の予防」であり，学習指導要領解説「イ　健康の保持増進と疾病の予防　(ア)生活習慣病と日常の生活行動」には，「生活習慣病を予防し，健康を保持増進するには，適切な食事，運動，休養及び睡眠など，調和のとれた健康的な生活を実践することが必要であることを理解できるようにする。」とある。運動は，体力の維持・向上に役立つだけでなく，病気にかかりにくい体をつくったり，生活習慣を予防して健康を維持したりするなど，重要な意義がある。また，スポーツとして楽しみながら家族や仲間との交流を図ることができ，さらにはストレス解消や心の健康にも効果的な側面をもっている。運動を取り入れる際には，日常生活の中で自分に合った適度な運動を継続することが重要になる。例えば，ウオーキングやジョギングなどの有酸素運動では，循環器系の機能を高めたり持続的に運動できる筋肉を発達させたりすることができる。歩くことや走ることは，骨にも刺激を与え骨粗鬆症の予防になることや，動脈硬化の予防や糖尿病の予防，メタボリックシンドロームの予防にもつながる。また，バーベルやペットボトル等を利用した筋肉に負荷をかける運動では，筋力を維持・向上させることで，転倒や寝たきりの予防にもつながる。これらの運動を継続的に行う習慣は，成人になって獲得しようとしてもなかなか難しく，比較的運動しやすい環境にある高校生までに付けておくことが重要である。学習の進め方としては，

まず，自分の1週間の生活スケジュールを書き出し，運動している箇所をマークするようにする。その後，運動不足でいるとどのようなリスクがあるかについて，ブレインストーミングを行い，班ごとにカテゴリー分けを行う。それを全体で共有し，どのように運動を生活の中に組み込むかを考えさせ，スケジュールに書き込む。その際，「健康づくりのための身体活動指針(アクティブガイド)」(厚生労働省)を資料として配付し，自分の生活スタイルと合わせて工夫できる簡単なことでよいことを確認する。また，取り入れる運動にはその期待できる効果がそれぞれ違うことをおさえる。これらの内容は，体つくり運動の内容と関係が深いので，体つくり運動での運動の計画を立てる活動とタイアップして行うとよい。また，期間をおいて，計画通りに継続できているかの確認も必要である。

〈解説〉 本問においては，次の6つの観点で評価される。①語句の表現や記述が適切であり，論理的でわかりやすい構成になっている。②自分の考えを具体的に述べ，教師としての資質(熱意，誠実さ，向上心，柔軟性，協調性，発想力など)が窺える。③健康から見た運動の意義について述べている内容が適切である。④運動の種類と効果について述べている内容が適切である。⑤運動を継続的におこなう習慣について述べている内容が適切である。⑥ ③～⑤を踏まえ，運動を継続的に行う習慣について考え，公正，協力，責任，参画などに対する意欲を高めるために効果的な体育学習(ディスカッション，課題学習，知識と技能を相互に関連させた学習などを取り入れた指導の方法及び配慮事項)について述べている内容が適切である。以上の6つの観点を過不足なく盛り込み，誤字脱字のないように注意して解答を作成しよう。特に，⑤については，「「生きる力」を育む高等学校保健教育の手引き」(文部科学省)の第1章 第3節 3. 保健教育の指導と評価にあるような多様な指導方法の例を参考にするとよい。

## 一次試験

### 【中学校(県・市共通)】

【1】次の文章は，現行の「中学校学習指導要領解説　保健体育編」の「第2章　保健体育科の目標及び内容　第2節　各分野の目標及び内容〔体育分野〕　2　内容　D　水泳　[第3学年]　1　技能」の一部を抜粋したものである。下の1～3の各問いに答えなさい。

---

(1)　次の運動について，記録の向上や競争の楽しさや喜びを味わい，( ① )に泳ぐことができるようにする。

ア　クロールでは，<u>手と足，呼吸のバランスを保ち</u>，安定したペースで長く泳いだり速く泳いだりすること。

イ　( ② )では，手と足，呼吸のバランスを保ち，安定したペースで長く泳いだり速く泳いだりすること。

ウ　背泳ぎでは，手と足，呼吸のバランスを保ち，安定したペースで泳ぐこと。

エ　( ③ )では，手と足，呼吸のバランスを保ち，安定したペースで泳ぐこと。

オ　複数の泳法で泳ぐこと，又は( ④ )をすること。

---

1　文中の( ① )～( ④ )に当てはまる最も適当な語句を答えなさい。

2　次の文章は，上記アのクロールにおける下線部の<u>手と足，呼吸のバランスを保ち</u>を説明したものである。( a )～( c )に当てはまる最も適当な語句を答えなさい。

> （　a　）と（　b　）のタイミングに合わせて呼吸をし，（　c　）をしながら伸びのある泳ぎをすること。

3　各泳法におけるスタートの指導については，安全の確保のため水中からのスタートを行うようにしている。その際に指導するスタートの局面として3つ考えられるが，そのうちの1つを答えなさい。

（☆☆☆◎◎◎）

【2】球技について，次の1〜3の各問いに答えなさい。

1　次の文章は，現行の「中学校学習指導要領解説　保健体育編」の「第2章　保健体育科の目標及び内容　第2節　各分野の目標及び内容　〔体育分野〕　2　内容　E　球技　[第1学年及び第2学年]」の「1　技能」及び「2　態度」の一部を抜粋したものである。文中の（　a　）〜（　d　）に当てはまる最も適当な語句を下の①〜⑧から1つずつ選び，番号で答えなさい。

> 1　技能
> （1）次の運動について，勝敗を競う楽しさや喜びを味わい，基本的な技能や仲間と連携した動きでゲームが展開できるようにする。
> 　　ア〜イ　(省略)
> 　　ウ　ベースボール型では，①基本的なバット操作と走塁での攻撃，（　a　）と定位置での守備などによって（　b　）を展開すること。
> 2　態度
> （2）球技に積極的に取り組むとともに，（　c　）なプレイを守ろうとすること，②分担した役割を果たそうとすること，作戦などについての話合いに参加しようとすることなどや，（　d　）・安全に気を配ることができるようにする。
>
> ①　健康　　　　②　競争　　　③　体力

④　ボール操作　　⑤　フェア　　⑥　グラブ操作

⑦　セーフティ　　⑧　攻防

2　下線部①基本的なバット操作とは，タイミングを合わせてバットを振り抜きボールを打ち返すことである。そのために指導すべき基本となる事項を「中学校学習指導要領解説　保健体育編」の内容をふまえて1つ答えなさい。

3　下線部②分担した役割について，球技では練習やゲームの際にどのようなことが考えられるか。「中学校学習指導要領解説　保健体育編」の内容をふまえて1つ答えなさい。

(☆☆☆◎◎◎)

【3】次の文章は，現行の「中学校学習指導要領解説　保健体育編」の「第2章　保健体育科の目標及び内容　第2節　各分野の目標及び内容〔体育分野〕　2　内容　H　体育理論　[第3学年]　3　文化としてのスポーツの意義」の一部である。下の1～3の各問いに答えなさい。

1　下線部①について，現代生活におけるスポーツは，生きがいのある豊かな人生を送るために必要な3つのことを提供する重要な文化的意義を持っている。その3つを答えなさい。

2　下線部②について，オリンピック競技大会や国際的なスポーツ大会などは，世界中の人々にスポーツのもつ教育的な意義や倫理的な価値を伝えたり，人々の相互理解を深めたりすることで，果たす役割がある。その役割を「中学校学習指導要領解説　保健体育編」の内容をふまえて2つ答えなさい。

3　2019年に熊本県内で開催される次の(1)，(2)の説明に当てはまる国際スポーツ大会の競技種目は何か。それぞれ答えなさい。

(1)　4年に1度開催されるワールドカップで，アジアでは初開催となる。国内では12会場で実施され，九州では本県を含め福岡県と大

168

分県で実施される。日本の組み合わせは，1次リーグA組に入り，アイルランド及びスコットランド，欧州予選勝者，欧州・オセアニア・プレーオフ勝者と対戦する。

(2) 前回1997年に男子の世界選手権大会が熊本県で開催された。今回22年ぶりに本県で女子の世界選手権大会が開催されることになり，パークドーム熊本をメイン会場とする県内3市4施設で全88試合が行われる。

(☆☆☆◎◎◎)

【4】現行の「中学校学習指導要領解説 保健体育編」について，次の1,2の各問いに答えなさい。

1 次の文章は「第2章 保健体育科の目標及び内容 第2節 各分野の目標及び内容 〔保健分野〕 3 内容の取扱い」の一部を抜粋したものである。これについて，あとの(1)～(5)の各問いに答えなさい。

(1) 内容の(1)は第1学年，①内容の(2)及び(3)は第2学年，内容の(4)は第3学年で取り扱うものとする。

(2) 内容の(1)のアについては，②呼吸器，循環器を中心に取り扱うものとする。

(3) 内容の(1)のイについては，妊娠や出産が可能となるような成熟が始まるという観点から，受精・妊娠を取り扱うものとし，妊娠の経過は取り扱わないものとする。また，身体の機能の成熟とともに，性衝動が生じたり，異性への関心が高まったりすることなどから，異性への尊重，③情報への適切な対処や行動の選択が必要となることについて取り扱うものとする。

(4) 内容の(1)のエについては，④体育分野の内容の「A体つくり運動」の(1)のアの指導との関連を図って指導するものとする。

　(5)　内容の(2)については，地域の実態に即して<u>公害と健康</u><u>との関係</u>を取り扱うことも配慮するものとする。また，生態系については，取り扱わないものとする。

　(6)〜(10)　省略

(1)　下線部①について，第2学年で取り扱う内容のうち，(3)は「傷害の防止」である。(2)は何か答えなさい。

(2)　下線部②について，「中学生の時期には，持久力を高める運動が適している。」と言われるが，それはどうしてか，呼吸器及び循環器の視点から，簡潔に答えなさい。

(3)　下線部③について，SNSによる性犯罪の被害を防ぐために，どのような指導が必要か，簡潔に答えなさい。

(4)　下線部④について，「A体つくり運動」の(1)のアに示されているのは，何という運動か答えなさい。

(5)　下線部⑤について，環境保全のための循環型社会の基本的な考え方である3Rとは何か答えなさい。

2　次の文章は「第2章　保健体育科の目標及び内容　第2節　各分野の目標及び内容　〔保健分野〕　2　内容　(3)　傷害の防止」の一部を抜粋したものである。あとの(1)〜(4)の各問いに答えなさい。

　(3)　傷害の防止について理解を深めることができるようにする。

　ア　<u>交通事故</u>や自然災害などによる傷害は，人的要因や環境要因などがかかわって発生すること。

　イ　交通事故などによる傷害の多くは，安全な行動，環境の改善によって防止できること。

　ウ　自然災害による傷害は，災害発生時だけでなく，<u>二次災害</u>によっても生じること。また，自然災害による傷害の多くは，災害に備えておくこと，<u>安全に避難する</u>ことによって防止できること。

　エ　応急手当を適切に行うことによって，傷害の悪化を防

止することができること。また，応急手当には，④心肺蘇生等があること。

(1) 下線部①について，「自転車安全利用五則」のうちの2つを答えなさい。

(2) 下線部②について，地震によって起こる二次災害を「中学校学習指導要領解説　保健体育編」の内容をふまえて2つ答えなさい。

(3) 下線部③について，地震発生時にどのような場所に避難すればよいかを示した『地震から命を守る合言葉「落ちてこない・（　　）・移動してこない場所」』の（　　）に当てはまる適切な言葉を答えなさい。

(4) 下線部④について，心停止に関わる救命のために重要だとされる「救命の連鎖」とは何か，簡潔に答えなさい。

(☆☆☆◎◎◎)

【5】応急手当について，次の1，2の各問いに答えなさい。

1　次のグラフは，緊急事態時の時間経過と死亡率の関係を示したものである。①～③は，それぞれどんな緊急事態を示したものか答えなさい。また，このグラフから，応急手当の重要性について，救急車が到着するまでの時間と関連づけて簡潔に答えなさい。

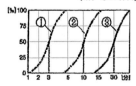

2　応急手当の順序について示した次のフローチャートの①～⑤に当てはまる最も適当な語句をあとのア～オの中から1つずつ選び，記号で答えなさい。

171

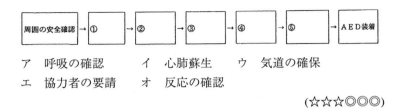

ア　呼吸の確認　　　イ　心肺蘇生　　　ウ　気道の確保
エ　協力者の要請　　オ　反応の確認

(☆☆☆◎◎◎)

【6】性感染症及びエイズについて書かれた次の文章について，下の1～4の各問いに答えなさい。

> 　性感染症には，①性器クラミジア感染症，淋菌感染症，性器ヘルペスウイルス感染症などがあり，近年では，性器クラミジア感染症を中心に，特に若い世代で感染率が高いことが問題となっています。
> 　エイズは，②HIVというウイルスに感染することによって起こる病気です。HIVは免疫の働きを低下させるので，発病するとさまざまな感染症やがんなどの病気にかかりやすくなります。近年では，治療方法が進歩し，HIVに感染しても早期に発見して治療すれば，発病を長く抑えられるようになってきています。しかし，HIV感染者数やエイズ患者数は増加傾向にあり，HIV感染を予防するためには，③正しい予防法を理解することが大切です。

1　下線部①について，性器クラミジア感染症の病原体は何というか答えなさい。また，潜伏期間はどれくらいか答えなさい。
2　下線部②について，HIVの感染経路を2つ答えなさい。
3　下線部③について，有効な予防法を2つ答えなさい。
4　性感染症及びエイズの指導に当たって，配慮すべき事項を「中学校学習指導要領解説　保健体育編」の内容をふまえて2つ答えなさい。

(☆☆☆◎◎◎)

## 【高等学校(県のみ)】

【1】次の文章は，現行の「高等学校学習指導要領　保健体育」の「第1
体育　1　目標」及び「第1　体育　2　内容　G　ダンス」からの抜粋
である。下の1〜2の各問いに答えなさい。

---

「第1　体育　1　目標」
　　運動の合理的，計画的な実践を通して，知識を深めるととも
に技能を高め，運動の楽しさや喜びを深く味わうことができる
ようにし，自己の状況に応じて体力の向上を図る能力を育て，
[　A　]，協力，責任，参画などに対する意欲を高め，健康・安
全を確保して，生涯にわたって豊かな[　B　]を継続する資質や
能力を育てる。

「第1　体育　2　内容　G　ダンス」
ア　創作ダンスでは，<u>表したいテーマ</u>にふさわしいイメージを
　　とらえ，個や[　C　]で，対極の動きや空間の使い方で変化を
　　つけて即興的に表現したり，イメージを強調した作品にまと
　　めたりして踊ること。
イ　フォークダンスでは，踊り方の特徴を強調して，音楽に合
　　わせて多様な[　D　]や動きと組み方で仲間と対応して踊るこ
　　と。
ウ　[　E　]では，リズムの特徴を強調して全身で踊ったり，変
　　化とまとまりを付けて仲間と対応したりして踊ること。

---

1　文中の[　A　]〜[　E　]に当てはまる最も適当な語句を答えなさ
　い。
2　下線部について，学習指導要領解説が示す，創作ダンスにおける
　表したいテーマの例示のうちから，2つ答えなさい。

(☆☆☆○○○)

【2】次の文章は，科目「保健」の「健康のとらえ方」について述べたものである。下の1〜4の各問いに答えなさい。

> ・　健康に関係する主体要因として，年齢，性別，[　A　]，免疫などの人間の生物としての側面と，(ア)生活習慣があります。
> 　　環境要因としては，(イ)自然環境や，所得，職場，人間関係のような経済的または[　B　]環境があります。
> ・　こんにちでは，健康はたんに長生きすることだけではなくなってきています。1人ひとりがそれぞれの状況のなかで自分なりの目標をもち，生きがいや満足感といった(ウ)生活の質を重視した健康観も生まれています。

1　文中の[　A　]・[　B　]に当てはまる語句を答えなさい。

2　次の文章は，下線部(ア)が深く関わっている生活習慣病を予防するための「ブレスローの7つの健康習慣」である。[　①　]，[　②　]に当てはまる最も適当な語句を答えなさい。

> ○　適切な睡眠をとる　　　　○　朝食をほぼ毎日食べる
> ○　ほとんど[　①　]をしない　○　適正[　②　]を保つ
> ○　運動を規則的にする　　　○　過度の飲酒をしない
> ○　喫煙をしない

3　下線部(イ)について，自然環境とは何を示すか1つ答えなさい。

4　次の文章は，下線部(ウ)について，説明したものである。[　あ　]・[　い　]に当てはまる最も適当な語句を答えなさい。

> 　人生において多くの[　あ　]役割を実行できる能力だけでなく，自分の生活への満足感や[　い　]も含まれる。

(☆☆☆◎◎◎)

【3】次の文章は，科目「保健」の「働くことと健康」について述べたものである。あとの1〜3の各問いに答えなさい。

　　職場の人間関係や，急速な技術革新，仕事上の責任の重さや[　A　]の重視がもたらす過重な労働などが原因で，精神的ストレスや疲労を強く感じながら働いている人が少なくありません。その結果，職場に適応できずに会社へ行けなくなったり，アルコール依存症になったり，[　B　]をはじめとする精神性の病気にかかったりする人が増えています。

　　こんにちでは多くの産業で機械化・自動化が進み，(ア)肉体労働にたずさわる人は少なくなりました。インターネットや携帯電話などの普及・発展により，それらを活用した社外勤務や在宅勤務が増えるなど，作業形態や作業環境が変化し，(イ)働き方の多様化が進んでいます。

　　働き方の変化にともない，健康問題も多様化し，変化しています。

1　文中の[　A　]・[　B　]に当てはまる最も適当な語句を，次の①〜⑥から選び，記号で答えなさい。
　①　協調性　　②　PTSD　　③　効率性　　④　生活習慣病
　⑤　うつ病　　⑥　普遍性

2　下線部(ア)の代わりに増えている，コンピューターを駆使するといったデスクワークなどの労働を何というか答えなさい。

3　下線部(イ)として，情報通信技術(IT)を活用した，場所や時間にとらわれない柔軟な働き方を何というか，カタカナで答えなさい。

（☆☆☆◎◎◎）

【4】次の内容は，科目「体育」における「文化としてのスポーツ」についてまとめたものである。文中の[　A　]〜[　F　]に当てはまる最も適当な語句を答えなさい。

　　スポーツにかかわる思想や考え方，[　A　]，技術や戦術，[　B　]や用具などがスポーツの文化的内容である。
　　私たちは，そのようなスポーツ文化に対して，「する」「みる」

「[　C　]」「調べる」ことを通してかかわっている。

　とくに，「みる」スポーツには，特定のチームや人を応援したり，競技のできばえやすばらしさを[　D　]したり，これらを通じて人と交流したりといった楽しさがある。また，1960年代以降，テレビなどの[　E　]を通じてスポーツイベントが同時に配信されるようになってから，世界中の多くの人々が同時にスポーツを楽しむことができるようになった。

　しかし，そうなるとスポーツイベントの内容を伝える役割を果たす[　E　]が，今度はスポーツをより多くの人々に視聴してもらおうとする商業主義や[　F　]の影響で，スポーツの文化的内容を変えるほどまでになった。

（☆☆☆◎◎◎）

【5】次の表は球技の4つの型の特徴をまとめたものである。下の1〜4に答えなさい。

| 型 | ゴール型 | ネット型 |
|---|---|---|
| ゲームの特徴 | ・ゴールが設置されている。<br>・ボールの保持，奪回によって　①　が入れ替わりながら，　①　が入り乱れてプレイがおこなわれる。<br>・ゴールにボールを入れて得点する。<br>・一定の時間内での得点を競う。 | ・ネットで区切られている。<br>・サーブを交代しながら，ネットで区切られた自陣コートでプレイがおこなわれる。<br>・ネット越しに，相手が　②　場所にボールを落として得点する。<br>・一定の得点により早く到達することを競う。 |
| 種目 | ・バスケットボール，ハンドボール，サッカー，ラグビーなど | ・バレーボール，卓球，テニス，バドミントンなど |

| 型 | ベースボール型 | 　A　型 |
|---|---|---|
| ゲームの特徴 | ・ベースが設置されている。<br>・一定のアウト数に達したときに攻守を交代しながらプレイがおこなわれる。<br>・進塁できるようにフィールド上にボールを打ち，得点する。<br>・一定の　③　内での得点を競う。 | ・　A　が設置されている。<br>・交代しながらプレイがおこなわれる。<br>・　A　にボールを入れたり，当てたりして得点する。<br>・一定の試行回数内での得点や試行回数の少なさを競う。 |
| 種目 | ・ソフトボール，ティーボール，野球など | ・ゴルフ，ボウリング，カーリングなど |

1　文中の　A　に当てはまる最も適当な語句を答えなさい。

2　他の型を参考に　①　〜　③　に当てはまる最も適当な語句を答えなさい。

3　高等学校のゴール型の体育授業における技能の到達目標のうち，

ボールをもたない時の動きを2つ答えなさい。

4 球技の授業で生徒の「態度」について，「学習指導要領解説 保健体育編・体育編」が示す内容を1つ答えなさい。

(☆☆☆◎◎◎)

【6】次の1〜5は，科目「体育」及び「保健」でよく取り上げられる用語である。それぞれの用語について，授業で生徒が十分に理解できるように，わかりやすく，かつ簡潔に説明しなさい。

1 後産

2 セカンドオピニオン

3 動的ストレッチ

4 内在的フィードバックと外在的フィードバック

5 オリンピズム

(☆☆☆◎◎◎)

【7】次の1〜6の文中の下線部について，適切であれば○を，不適切であれば適切な語句を答えなさい。

1 違法な薬物の使用をやめていても強いストレスなどにより，幻覚など乱用時と同じ症状が出る場合がある。これを心身症という。

2 車の安全性を高める対策で，エアバッグのように事故による乗員の障害を軽減するための対策をアクティブセイフティという。

3 地震の力を建物に直接伝えないよう，積層ゴムなどの装置を建物の下に設置する構造を免震構造という。

4 動きを開始するには，脳をはじめとする神経系からの運動指令が伝わることによって平滑筋が収縮する必要がある。

5 IOCやJOCはオリンピックの計画段階から撤去にいたるまでの$CO_2$排出量を算出し，その値を上回る削減を既存施設の活用やリサイクルの徹底などによってめざそうとするカーボンオフセット・オリンピックを提唱している。

6 筋力トレーニングのうち，台の上から飛び降りてその反動を使っ

て飛び上がるトレーニングを<u>プラオメトリック</u>トレーニングとい
う。

(☆☆☆◎◎◎)

## 二次試験(県のみ)

### 【中学校】

【 1 】生活習慣病とその予防について指導する内容を挙げ，どのように指
導するか述べなさい。

(☆☆☆◎◎◎)

### 【高等学校】

【 1 】わが国の人工妊娠中絶について説明し，なぜ人工妊娠中絶が認めら
れているかについて述べなさい。また，避妊法について説明し，妊娠
を望まない場合には，確実に避妊することについて理解を深めるため
の効果的な保健学習の進め方について述べなさい。

(☆☆☆◎◎◎)

## 解答・解説

## 一次試験

### 【中学校(県・市共通)】

【 1 】1　①　効率的　　②　平泳ぎ　　③　バタフライ　　④　リレー
2　a　プル　　b　キック　　c　ローリング　　3　・壁に足をつける
・力強く蹴りだす　・泳ぎ始める　のうち1つ
〈解説〉近年，運動する子どもと，しない子どもの二極化が進んでおり，

学校教育の中で運動する楽しさや運動に親しむ資質を充分に引き出せていない可能性が指摘されている。そこで，現行の学習指導要領では，健やかな体を育成するための体育の充実を，改訂のポイントのひとつとしている。その中において水泳は，水の中で運動するという特性を理解し，水の事故を未然に防ぐ知識と能力を身に付けるという観点からも重要である。学習指導要領解説によれば，第1・第2学年では「泳法を身に付ける」ことを目指し，第3学年では「効率的に泳ぐことができるようにする」ことを学習のねらいとしている。身体が成長していくこの時期は，長く泳いだり早く泳いだりすることで，持久力や調整力の向上が期待できる。また，第3学年では「複数の泳法で泳ぐこと」が新たに取り扱われることになったが，さまざまな泳法を試す中で，生徒各自が自分に適した泳ぎ方を見つけることは，生涯に渡る豊かなスポーツライフを実現するためにも意義がある。指導に際しては，二人が組になるバディシステムを取り入れて，お互いの安全を確かめ合いながら，フォームをチェックしたり，個人の技能に応じて泳ぐ距離を変えるなど，さまざまな工夫を取り入れ，安全で意欲的な学習を行わせることが必要である。

【2】1 a ④　　b ⑧　　c ⑤　　d ①　　2　・基本となるバットの握り方(グリップ)　・基本となるバットの構え方　・ボールをとらえる際の体重移動(踏み込み)　・バットの振り方(テイクバックやスイング)　・ボールのとらえ方(インパクト)　・ボールをとらえた後の身体や用具の操作(フォロースルー)　のうち1つ　　3　・用具の準備　・用具の後片付け　・記録　・審判　のうち1つ

〈解説〉学習指導要領によれば，中学校の体育において，第1・第2学年で「球技」は必修である。「球技」領域は，「ゴール型」・「ネット型」・「ベースボール型」に分類されており，2年間でこれらの型のすべてを履修させることになっている。第3学年では，「球技」及び「武道」から1つ以上を選択して履修できるようにし，「球技」を履修した場合には，前述の3つの型の中から2つを選択して履修する。「ゴ

ール型」には，バスケットボールやハンドボール，サッカーが含まれる。コート内で攻守が入り交じり，手や足などを使って攻防を組み立て，一定の時間内に得点を競い合うゲームである。「ネット型」には，卓球やバドミントン，バレーボールが含まれる。ネットで区切られたコートの中で攻防を組み立て，一定の得点に早く達することを競い合うゲームである。出題の「ベースボール型」には，ソフトボールや野球が含まれる。攻守を規則的に交代し合い，一定の回数内で得点を競い合うゲームである。「ベースボール型」の球技は，チームで行う集団運動のため，ルールやマナーを学び，分担した役割を果たすことで，協調性や責任感を育むこともできる。また，フェアプレイを心がけることで社会性を身に付けることにもつながる。学習指導要領解説では，体育科の基本方針について「身体能力を身に付けるとともに，情緒面や知的な発達を促し(中略)筋道を立てて練習や作戦を考え，改善の方法などを互いに話し合う活動などを通じて論理的思考力をはぐくむ」としている。球技においても，運動技術を高めるだけでなく，幅広い視点での指導が求められる。学習指導要領と解説の両方をしっかり読み込んで，体育科の目的をふまえて，各領域の内容についても要点を押さえておくこと。

【３】１　・健やかな心身　　・豊かな交流　　・伸びやかな自己開発の機会　　２　・国際親善　　・世界平和　　３　(1)　ラグビーフットボール(ラグビー)　　(2)　ハンドボール
〈解説〉１　体育理論は，第1・第2学年で「運動やスポーツの多様性」と「運動やスポーツが心身に発達に与える効果と安全」を取り扱い，第3学年で「文化としてのスポーツの意義」を学ぶ。「文化としてのスポーツの意義」では，国内外のスポーツ憲章やスポーツの振興に関する計画などに触れることも求められる。一例を挙げると，日本国内では平成23(2011)年，スポーツ基本法が施行された。これは，昭和36(1961)年に制定されたスポーツ振興法を50年ぶりに全部改正したもので，スポーツに関する施策の基本となる事項を定めたものである。スポーツ

基本法の規定に基づいて，平成24(2012)年には「スポーツ基本計画」が策定された。これは，国や地方公共団体及びスポーツ団体等が，一体となって施策を推進していくための重要な指針である。

3 (1)　ラグビーワールドカップは，2019年の第9回大会の開催地に決定した。開催期間は2019年9月20日〜11月2日，世界から20チームが参加し，予選40試合，決勝8試合が日本全国12会場で行われる。熊本の会場は，熊本県民総合運動公園陸上競技場である。　(2)　ハンドボールの世界選手権大会は，男女別で2年に1度行われる。2019年の女子の世界選手権は，開催期間が11月30日〜12月15日で，24チームが参加し，試合会場はパークドーム熊本，アクアドームくまもと，八代市総合体育館，山鹿市総合体育館の4か所である。

【4】1 (1)　健康と環境　　(2)　中学生の時期には，呼吸器(肺)及び循環器(心臓)が発育・発達し，肺活量が増えたり，心拍数が減ったりして，からだに酸素を取り入れる能力が高くなる。従って，この時期には長距離走などの持久力を高める運動が適している。　　(3)　学校総体として，情報モラル教育を推進し，安易に出会い系サイトにアクセスしたり，直接会うことがないように指導する。また，スマートフォン等の購入時にフィルタリングなどの使用制限をかけるよう保護者に依頼する。　　(4)　体ほぐしの運動　　(5)　・リデュース　・リユース　・リサイクル　　2 (1)　・自転車は，車道が原則，歩道は例外　・車道は左側を通行　・歩道は歩行者優先で，車道寄りを徐行　・安全ルールを守る　・子どもはヘルメットを着用　のうち2つ

(2)　津波，土砂崩れ，地割れ，火災　のうち2つ　　(3)　倒れてこない　　(4)　素早い通報，素早い心肺蘇生，素早い除細動，二次救命処置(医療機関での処置)の4つが，つながって行われること。

〈解説〉1 (1)　学習指導要領解説によれば，中学校の保健分野は「心身の機能の発達と心の健康」，「健康と環境」，「傷害の防止」及び「健康な生活と疾病の予防」の4つの内容で構成されている。　　(2)　身体が成長すると，より多くの酸素や栄養素が必要になり，呼吸器や循環器

が発育する。呼吸器が発育すると肺活量が増え，呼吸数は少なくなる。これは肺全体が大きくなることで，1回で肺に取り込める空気の量が増えるからである。循環器も同様に，心臓が大きくなって，血液の排出量が増えるので，心拍数は少なくなる。成長期に持久力を高める運動を行うことで，呼吸器や循環器をより発達させることができる。

(3)　文部科学省では，平成21(2009)年に，学校での携帯電話の取扱いについて，小・中学校では，やむを得ない場合を除き原則持ち込み禁止，高校では校内での使用制限等を行うよう，方針を示している。また，利用に際しての注意点やトラブル，犯罪被害の例，対応方法のアドバイスなどをまとめた啓蒙資料「ケータイ＆スマホ，正しく利用できていますか？」(小中学生版・高校生版)が，文部科学省のホームページで公開されている。参考のために確認しておくことが望ましい。

(4)　保健分野の内容の(1)のエでは「精神と身体は，相互に影響を与え，かかわっていること。欲求やストレスは，心身に影響を与えることがあること。また，心の健康を保つには，欲求やストレスに適切に対処する必要があること。」と述べられている。このストレスへの適切な対処法への理解として，解説では「コミュニケーションの方法を身に付けること，体ほぐしの運動等でリラクセーションの方法を身に付けること，趣味をもつこと」が示されている。体ほぐしの運動は，のびのびした動作やペアになってのストレッチなどで，心と体の一体化を関連づけて指導できる領域である。解説には「心と体の関係に気付く」こと，「体の調子を整える」こと，「仲間と交流する」ことをねらいとして行われる運動」と示されている。　(5)　「リデュース」は，ごみを出さないこと。消費者が製品を長く使う，買い物袋を持参するなど。「リユース」は，一度使用して不要になった物を，そのままの形でもう一度使うこと。フリーマーケットやリサイクルショップなどがこれにあたる。「リサイクル」は，廃棄物や不用物を回収・再生し，再資源化，再利用すること。リサイクルには，新製品に使う原料として再資源化(再生利用)する「マテリアルリサイクル」と，焼却の際に発生する熱をエネルギーとして使う「サーマルリサイクル」とがある。

2 (1) ① 警察庁の統計によると，2015(平成27)年の自転車が当事者となった交通事故は9万8700件で，交通事故全体の約2割を占めている。「自転車安全利用五則」は解答にある通りだが，「安全ルールを守る」の中には「夜間はライトを点灯・飲酒運転，二人乗り，並進の禁止・信号を守る・交差点での一時停止と安全確認」が含まれる。 (2) 地震による二次災害について，平成28(2016)年に起こった熊本地震でも，多くの地域で地割れが発生した。地割れは，埋め立て地などの軟弱な地盤や傾斜地にできやすく，山地では落石や山崩れが発生する可能性もある。また，二次災害には液状化現象もある。 (3) 熊本県は，熊本地震や九州北部豪雨から学んだことを教訓に，災害時に避難する際の注意点や必要な情報をまとめた「防災ハンドブック」を，県内全世帯に配布している。パソコンやスマートフォンからもダウンロードできるので，目を通しておくこと。 (4) 市民を対象に行われる救急蘇生法のテキストとして，厚生労働省が発表する「救急蘇生法の指針」がある。これは「JRC(日本蘇生協議会)蘇生ガイドライン」に準拠しており，5年毎に改定されている。2015年版では，すべての心停止傷病者に，質の高い胸骨圧迫が行われることが最重要視されている。そのため，仮に傷病者が心停止ではなかったとしても，胸骨圧迫を開始することが強調されることになった。中学校の保健体育では，AED等を使った心肺蘇生の実習が重視されるようになっており，「救急蘇生法の指針」についても，その内容を把握しておくことが望ましい。

【5】1 ① 心臓停止 ② 呼吸停止 ③ 大量出血(多量出血)・心臓停止後約3分で死亡率が50％となる(呼吸停止後10分，大量出血後約30分)が，119番通報で救急車が到着するまでの時間は，約7分であるため，救急車到着までの応急手当(心肺蘇生など)が，とても大切である。 2 ① オ ② エ ③ ア ④ ウ ⑤ イ

〈解説〉1 わが国における心肺停止者の生存率は約11％にとどまっている。その原因の1つとして，その場に居合わせた人によって心肺蘇生

法が行われる例が少ないことが指摘されている。　２　心肺蘇生については，胸骨圧迫を1分間に少なくとも100回は行う。人工呼吸ができる場合には，胸骨圧迫30回と人工呼吸2回の組み合わせを繰り返す。

【6】１　病原体名…クラミジアトラコマチス(マラティス)
潜伏期間…1～3週間　　２　性的接触による感染，血液による感染，母子感染　のうち2つ　　３　性的接触をしないこと，コンドームを正しく使うこと，他人の血液に触れないこと　のうち2つ　　４　・発達の段階を踏まえること　・学校全体で共通理解を図ること　・保護者の理解を得ること　のうち2つ

〈解説〉１　性器クラミジア感染症の症状は，男性では尿道炎を起こし，尿道から膿が出て，排尿時に痛みがある。女性では自覚症状のない場合が多く，膿のようなおりものがある。進行すると，子宮頸管炎，骨盤内付属器炎，肝周囲炎，不妊などを起こす。妊婦が感染すると，流産や早産の原因になることもある。　２　国立感染症研究所によれば，平成28(2016)年の新規報告件数は，HIV感染者及びエイズ患者を合わせて，1448件であった。2007年以降，毎年，1500件前後が報告されている。1990年代から2000年代は，新規HIV感染者報告数は増加傾向にあったが，2008年以降は横ばいが続いている。一方，新規エイズ患者報告数は未だ減少傾向にはない。2016年の報告件数の30％あまりがエイズ発症によりHIV感染が判明しており，自身の感染を知らないHIV感染者の存在が示唆される。　３　エイズに関しては，早期に治療を開始するためにも感染を広めないようにするためにもHIV抗体検査が重要である。これは，全国のほとんどの保健所において匿名・無料で行える検査である。ただし，感染から一定期間は抗体ができないので，その期間の感染の有無はわからない。　４　エイズ患者への偏見や差別などをなくすように，正しい知識を身に付けることが大切であることを強調することが重要である。

## 【高等学校(県のみ)】

【1】1 A 公正　　B スポーツライフ　　C 群　　D ステップ
E 現代的なリズムのダンス　　2 ・身近な生活や日常動作　・対極
の動きの連続　・多様な感じ　・群，集団の動き　・もの(小道具)を
使う　・運びとストーリー　のうち2つ

〈解説〉1 この目標では，卒業後に少なくとも一つの運動が継続できる
ようにし，生涯にわたって豊かなスポーツライフの実現を図ることを
目指している。高校の体育では，入学年次で「体つくり運動」と「体
育理論」，それ以外の領域については「器械運動」，「陸上競技」，「水
泳」，「ダンス」のまとまりと，「球技」，「武道」のまとまりの中から，
それぞれ1領域以上を選択して履修する。その次の年次以降では，「体
つくり運動」と「体育理論」，それ以外の領域については「器械運動」，
「陸上競技」，「水泳」，「球技」，「武道」，「ダンス」の中から2領域以上
を選択して履修する。学習指導要領解説によれば「ダンスは「創作ダ
ンス」，「フォークダンス」，「現代的なリズムのダンス」で構成され，
イメージをとらえた表現や踊りを通した交流を通して仲間とのコミュ
ニケーションを豊かにすることを重視する運動で，仲間とともに感じ
を込めて踊ったり，イメージをとらえて自己を表現したりすることに
楽しさや喜びを味わうことのできる運動である」とある。

【2】1 A 遺伝　　B 文化的　　2 ① 間食　　② 体重　　3 大
気・水・土壌・動物　のうち1つ　　4 あ 社会的　　い 幸福感

〈解説〉1 健康の定義は，昭和21(1946)年に定められた WHO(世界保健
機関)憲章の前文において「健康とは，身体的・精神的・社会的に完全
に良好な状態であり，たんに病気あるいは虚弱でないことではない」
とされている。現代では，日常生活に不自由を感じることなく，毎日
を生き生きと過ごせることが重視される傾向になっている。健康に関
係する主体要因としては，設問で挙げられているほかに，パーソナリ
ティ，体格，体型，体力などもある。　　2 「ブレスローの7つの健康
習慣」は，米国・カリフォルニア大学のブレスロー教授が，生活習慣

と身体的健康度(障害・疾病・症状など)との関係を調査した結果に基づいて，1965年に発表し提唱したものである。7つの習慣を数多く実践している人ほど死亡率が低いとされている。生活習慣病は，食事や運動，ストレス，喫煙，飲酒などの生活習慣が発症と進行に関与する病気の総称で，糖尿病，心臓病，脳卒中，高血圧症，脂質異常症などがある。　　3　健康に関係する環境要因は，大きく自然環境と社会環境とに分かれる。社会環境には，経済的または文化的環境のほかに，保健所，保健センター，病院，診療所などの保健・医療サービスも含まれる。　　4　生活の質は，QOL(quality of life)とも呼ばれる。QOLは，人間らしく自分らしい生活を送れているか，生きることに喜びや楽しみを感じられているかを指針にするもので，精神面を含めた生活全体の豊かさと自己実現を含めた概念である。

【3】1　A　③　　　B　⑤　　　2　精神労働　　　3　テレワーク
〈解説〉1　厚生労働省が3年ごとに全国の医療施設に対して行っている「患者調査」によると，平成8(1996)年には43.3万人だったうつ病等の気分障害の患者数が，平成26(2014)年には112万人と急増している。ただ，うつ病は検査などで明確に診断できる疾患ではないため，診断基準が変わることで，患者数に大きな差が出てくる。うつ病は，精神的・身体的ストレスが重なるなど，さまざまな理由によって脳に機能障害が起きている状態を指す。その要因には，健康問題，家族問題，経済生活問題，雇用・労働問題などの問題が背景にあると考えられる。WHOによれば，世界のうつ病患者数は3億人を上回り，うつ病から年間約80万人が自殺しているとされ，国際的な取り組みが求められている。2　「肉体労働・精神労働」という分類は，「筋肉労働・頭脳労働」とも言い換えられる。また近年，この二つのほかに「感情労働」という概念が登場している。これは，職務として，表情や声や態度で，適正な感情を演出することが求められる仕事で，顧客と直接対応する営業職や接客業，介護士やソーシャルワーカーなど福祉関係，医師や看護師，聖職者であることを求められる教師などが挙げられる。

3　テレワークの形態には，自宅で会社の仕事をする在宅勤務や，移動の合間に電車や飲食店などから情報をやり取りするモバイルワーク，勤務先以外のサテライトオフィスなどで就業する施設利用型勤務，個人事業主が自宅などの小規模なオフィスで働くSOHO(ソーホー)などがある。その一方で，パソコンなどの情報端末機器で作業することによって，目の疲れ，首や肩の痛み，頭痛などを訴える人も増えており，この症状をVDT(Visual Display Terminal)障害という。

【4】A　ルール　　B　施設　　C　支える　　D　評価　　E　メディア(マスメディア)　　F　スポンサー

〈解説〉新聞社がプロ野球のスポンサーになったり，テレビ各局の放映権料が大規模なスポーツイベントを支えるなど，スポーツとメディアは共に歩んできた歴史がある。メディアにとってスポーツは商品であり，スポーツはメディアの経営戦略に影響を受ける。スポーツもまた，自らの商品価値を高めるためにメディア対応を行う場合があり，メディアがスポーツに与える影響は拡大している。

【5】1　A　ターゲット　　2　①　攻守　　②　取れない　　③　攻撃回数　　3　・ゴール前に広い空間を作り出すために，守備者を引き付けてゴールから離れること。・パスを出した後にパスを受ける動きをすること。　4　球技に主体的に取り組むとともに，フェアなプレイを大切にしようとすること，役割を積極的に引き受け，自己の責任を果たそうとすること，合意形成に貢献しようとすることなどや，健康・安全を確保することができるようにする。

〈解説〉1　現行の学習指導要領では，高等学校における球技の内容は，ゴール型，ネット型，ベースボール型の3つに整理された。ターゲット型球技は，専門教育を行う体育科において，「スポーツⅡ(球技)」の中で「(4)ターゲット型球技の理解と実践」として示されている。その内容としては，「ゴルフを適宜取り上げるものとし，その他の球技についても，地域や学校の実態に応じて扱うことができる」とされてい

る。　2　ゲームの形態から，ゴール型は入り乱れ型，ネット型は攻守分離型，ベースボールは攻守交替型と分類することもできる。
3　解答で挙げられたほかにも，学習指導要領解説には「ボール保持者が進行できる空間を作りだすために，進行方向から離れること。」「ゴールとボール保持者を結んだ直線上で守ること。」「ゴール前の空いている場所をカバーすること。」等が示されている。該当部分を読んで，技能について確認しておくことが望ましい。　4　高等学校の体育において，求められる態度の内容は「愛好的態度」「公正・協力」「責任・参画」「健康・安全」である。

【6】1　役割を終えた胎盤が，出産後数十分で子宮内膜からはがれ落ち，体外へ出ること　　2　第二の意見とも呼ばれ，別の医療機関や医師などに意見を求めること　　3　動きの反動を利用しておこなうなど，動きを伴うストレッチをすること　　4　運動した結果の情報で，内在的は自分の感覚などから得られる情報，外在的は他人や映像など，自分以外から得られる情報のこと　　5　クーベルタンが掲げたスポーツによる青少年の健全育成と世界平和の実現を理念とするもの
〈解説〉1　妊娠中，胎児に酸素や栄養を与えていた胎盤は，出産によって役目を終える。　　2　セカンドオピニオンによって，別の立場の医師からも意見を聞くことで，患者は治療法について具体的な比較ができ，納得した治療法を自身で選択することができる。また関連する用語に「インフォームド・コンセント」があるが，これは治療法や薬の内容について，その目的や方法，予想される結果や危険性など，患者やその家族が医師から十分な説明を受けたうえで同意することを指す。　　3　動的ストレッチは，ダイナミックストレッチとも呼ばれる。目的は筋肉をほぐし，可動域を広げることにある。スポーツ前のウォームアップとして，怪我の予防やパフォーマンスアップに有効である。一方，静的ストレッチは，反動を使わず，体を伸ばしたままの姿勢を15〜30秒間維持する。目的は筋肉に蓄積した老廃物を排出することで，運動後に行うのが効果的とされている。　　4　フィードバックは結果

から得られる情報だが，運動には，フィードフォワードという概念もある。これは，前もって状況を予測し目標を設定することで，運動の上達には，フィードバックとフィードフォワードを両方活用して，最適な動きを目指すことが望ましい。　5　クーベルタンの提唱したオリンピズムの内容は「スポーツを通して心身を向上させ，さらには文化・国籍などさまざまな差異を超え，友情，連帯感，フェアプレーの精神をもって理解し合うことで，平和でよりよい世界の実現に貢献する」となっている。

【7】1　フラッシュバック　　2　パッシブセイフティ　　3　○
　　4　骨格筋　　5　カーボンマイナス　　6　○
〈解説〉1　心身症は，不安や悩みなどを原因とする精神的ストレスから，体に何らかの症状があらわれることをいう。　2　アクティブセイフティは，事故を未然に防ぐための対策で，自動車のアンチロック・ブレーキング・システム(ABS)などを指す。　4　平滑筋は，消化器や呼吸器，泌尿器，生殖器，血管など，心臓以外の内臓と血管の壁にある筋肉である。自分の意思で動かすことはできないので，骨格筋と違って不随意筋の一種となる。　5　カーボンオフセットとは，日常生活や経済活動の中で排出せざるを得ない二酸化炭素(カーボン)を，植林・森林保護や，他の場所で行われる$CO_2$削減活動に投資することで，相殺(オフセット)する取り組みのことをいう。

# 二次試験(県のみ)

## 【中学校】

【1】(解答例)　学習指導要領では「健康な生活と疾病の予防」の指導内容について「健康の保持増進には，年齢，生活環境等に応じた食事，運動，休養及び睡眠の調和のとれた生活を続ける必要があること。また，食事の量や質の偏り，運動不足，休養や睡眠の不足などの生活習

慣の乱れは，生活習慣病などの要因となること」と示している。

　学習指導では，まず食生活と健康についての学習を行い，自分の食生活についてワークシートに振り返りを書かせたり，ある中学生の食生活のモデルを提示して，自分と比較するなどして，規則正しい食生活を送ることが健康につながることをおさえる。その際，給食や自分の家での朝食などのメニューをもとに，6つの食品群と主な栄養素の表に照らし合わせ，バランスのよい食事になっているか考える活動を行う。

　次に，運動と健康を取り上げ，運動の効果について考える活動を取り入れる。これについては，生徒に自分自身の1週間の運動時間を計算させて，「全国体力運動能力生活習慣等調査」における統計と比較する活動を行い，実生活の運動への取り組み方について見直すことができるようにする。また，高齢者になっても，健康でスポーツに取り組む例などを示しながら，運動することが自分の体の健康維持につながるということを再認識させる。

　最後に，休養・睡眠と健康について取り上げ，疲労を回復させるために，休養・睡眠が必要であり，十分な休養・睡眠をとることが，体の抵抗力を高めることについて理解できるようにする。そのためにも，食生活や運動習慣と同様，自分の生活リズムについて振り返ったり，睡眠不足で生活している例と十分睡眠をとって生活している例とを比較したりして，健康を保持増進するための生活リズムについて確認する。特に睡眠は，体や心の疲労を回復させるとともに，脳を休めることにつながることなどもおさえ，ゲーム，コンピューター，スマートフォンの使い過ぎが脳に与える影響についても触れながら学習を進めていく。

　まとめとして，これまでの学習を踏まえ，食事，運動，休養・睡眠が十分でない生活習慣を続けていると生活習慣病になりやすいことを確認するとともに，それ以外にも，過度なストレス，喫煙，飲酒といった生活行動のすべてが原因になることへの理解へつなげる。また，日本人の死亡原因を予想させるとともに，上位である，がん，心臓病，

脳卒中について説明を加え，これらに生活習慣が大きくかかわっていることもおさえる。さらに，写真やパワーポイントの資料などを用い，血管に脂肪がたまって血液が流れにくくなっている状態になっている様子を視覚的に捉えさせる。こういった生活習慣病を予防するためには，どのような生活を送ることが望ましいか，不適切な生活習慣で生活している中学生の例を提示し，その中学生にアドバイスするようなワークシートを使用し，それまで学習した知識がきちんと活用されているかを評価する。

　なお，学習活動を進めるにあたっては，個人のワークシートの記入，ペアでの意見交換，グループ及び学級全体での意見交換ができるように，ディスカッションをする場を適宜設定していく。

〈解説〉本問は，次の6つの観点で評価される。　①　語句の表現や記述が適切であり，論理的でわかりやすい構成になっているか。　②　自分の考えを具体的に述べ，教師としての資質(熱意，誠実さ，向上心，柔軟性，協調性，発想力など)が窺えるか。　③　健康と生活行動(食事・運動・休養及び睡眠)の関わりについて述べられているか。④　生活習慣病の要因や予防について，それぞれについて詳しく述べられているか。　⑤　指導方法の工夫について述べられているか。⑥　学習内容と実生活とのかかわりについて述べられているか。　以上の6つの観点を過不足なく盛り込み，誤字脱字のないように注意して解答を作成する。また，文部科学省は保健教育関連資料として「「生きる力」を育む中学校保健教育の手引き」を公開しており，ディスカッションやブレインストーミングなど，指導方法の具体例も示されている。インターネット上でも閲覧できるので，目を通しておくこと。

## 【高等学校】

【1】(解答例)　人工妊娠中絶が認められるのは，母体保護法が適用される場合で，身体的，経済的理由で，妊娠の継続により母体の健康が損なわれる場合と，性的暴力の結果による妊娠の場合がその理由として

定められている。人工妊娠中絶手術が受けられるのは妊娠22週未満(21週6日)までであるが，妊娠初期(12週未満)と，それ以降とでは手術方法が異なる。妊娠初期(12週未満)には，子宮内容除去術として掻爬法(内容をかきだす方法)または吸引法(器械で吸い出す方法)が適用される。通常は10〜15分程度の手術で済み，痛みや出血も少ないので，体調などに問題がなければその日のうちに帰宅できる。妊娠12週〜22週未満では，あらかじめ子宮口を開く処置を行なった後，子宮収縮剤で人工的に陣痛を起こし流産させる方法をとる。体に負担がかかるため，通常は数日間の入院が必要になり，妊娠12週以後の中絶手術を受けた場合は役所に死産届を提出し，胎児の埋葬許可証をもらう必要がある。人工妊娠中絶については，母性の生命・健康を保護することを目的として，母体保護法において規定されている。

　妊娠については，「妊娠を望んでいるか」をパートナーと互いに確かめ合っておく必要がある。また，「今妊娠をした場合，出産は可能かどうか」も，母体の健康状態，家庭や職場の状況を踏まえてよく話し合っておくことが必要である。そういった，妊娠に伴う様々な問題を考慮して子どもを望むときだけ妊娠するようにし，子どもを望まないときに避妊することは，女性の健康だけでなく，子どもの健康を守ることにもつながる。

　避妊法については，いくつかの方法があるが，一般的にはコンドームの使用や，低用量ピルの服用が考えられる。コンドームは，陰茎に装着して精液を膣の中に出さないことで避妊する方法である。正しく使用すれば避妊効果が高いが，使い方によっては効果がなくなる場合がある。低用量ピルは，女性が服用することによって女性ホルモンを調節し，排卵をおさえることで避妊する。服用によって，気分不良やめまいといった副作用がおこる場合もある。100％完璧な避妊法は存在しないので，基礎体温とコンドームを併用するなど，2種類以上の避妊法を併用することが望ましい。

　学習の進め方としては，まず，家族計画の意義について話し合い，避妊法を項目に合わせて分類する。次に，人工妊娠中絶のリスクにつ

いて，人工妊娠中絶により胎児はどうなるのか，母体にはどのような影響があるのかといった資料を用意し，それをもとに心と体への影響に分けて考え，妊娠を望まない場合の行動についてワークシートにまとめる。学習を進める際には，ワークシートに個人の考えを記入し，グループで話し合い，全体で意見を共有するようなディスカッションの時間を設ける。また，人工妊娠中絶の母体への影響や避妊法について，専門知識を有する養護教諭の協力を得るなど，指導方法を工夫する。

〈解説〉本問においては，次の5つの観点で評価される。　①　語句の表現や記述が適切であり，論理的でわかりやすい構成になっているか。　②　自分の考えを具体的に述べ，教師としての資質(熱意，誠実さ，向上心，柔軟性，協調性，発想力など)が窺えるか。　③　人工妊娠中絶及び人工妊娠中絶が認められていることについて述べている内容は適切か。　④　避妊法について述べている内容は適切か。　⑤　②〜④を踏まえ，妊娠を望まない場合には確実に避妊することを考え，公正，協力，責任，参画などに対する意欲を高めるために効果的な保健学習(ブレインストーミング，ロールプレイングなどの学習活動を取り入れた指導の方法及び配慮事項)について述べている内容は適切か。　以上の5つの観点を過不足なく盛り込み，誤字脱字のないように注意して解答を作成する。また，文部科学省は保健教育関連資料として「「生きる力」を育む高等学校保健教育の手引き」を公開しており，ディスカッションやブレインストーミングなど，指導方法の具体例も示されている。インターネット上でも閲覧できるので，目を通しておくこと。

## 一次試験

### 【中学校(県・市共通)】

【1】次の文章は，現行の「中学校学習指導要領解説　保健体育編」の「第2章　第2節　各分野の目標及び内容　〔体育分野〕　2　内容　A　体つくり運動　[第1学年及び第2学年1]」の一部である。下の問いに答えなさい。

> 　体つくり運動は，①体ほぐしの運動と②体力を高める運動で構成され，自他の心と体に向き合って，体を動かす楽しさや心地よさを味わい，心と体をほぐしたり，体力を高めたりすることができる領域である。(後略)

1　下線部①体ほぐしの運動のねらいを3つ答えなさい。
2　下線部②体力を高める運動には，どのような運動があるか，4つ答えなさい。

(☆☆☆○○○○○)

【2】陸上競技について，次の各問いに答えなさい。

1　次の文章は，現行の「中学校学習指導要領解説　保健体育編」の「第2章　第2節　各分野の目標及び内容　〔体育分野〕　2　内容　C　陸上競技　[第1学年及び第2学年]　1　技能　及び　[第3学年]　1　技能」の一部である。

　文中の( ア )～( エ )に当てはまる最も適当な語句を，あとの語群から1つずつ選んで，①～⑧の番号で答えなさい。

[第1学年及び第2学年]
ア　(前略)　ハードル走では，リズミカルな走りから( ア )
　　　　　にハードルを越すこと。
イ　(前略)　走り高跳びでは，リズミカルな助走から力強く踏
　　　　　み切って( イ )で跳ぶこと。

[第3学年]
ア　(前略)　ハードル走では，スピードを維持した走りからハ
　　　　　ードルを( ウ )越すこと。
イ　(前略)　走り高跳びでは，リズミカルな助走から力強く踏
　　　　　み切り( エ )で跳ぶこと。

【語群】
①　緩やか　　　②　小さな動作　　　③　大きな動作
④　勢いよく　　⑤　真っ直ぐな姿勢で　⑥　滑らかな空間動作
⑦　低く　　　　⑧　滑らか

2　ハードル走の学習を行う際に，次の(1)，(2)のような跳び方をした
　生徒に対し，その原因と，どのような支援を行えばよいか，それぞ
　れ簡潔に答えなさい。
(1)　抜き脚の動作が上手くできない。
(2)　ハードルを高く跳びすぎてしまい，滑らかにハードルを越せな
　　い。

3　現行の中学校学習指導要領解説では，第3学年の走り高跳びについ
　て，「背面跳び」は競技者の間に広く普及している合理的な跳び方
　であるが，すべての生徒を対象とした学習では，危険な場合もある
　と考えられ，指導に際しては，条件が十分に整っている場合に限っ
　て実施することと示されている。それはどのような条件か，2つ簡
　潔に答えなさい。

(☆☆☆◎◎◎◎)

195

【３】次の文章は，現行の「中学校学習指導要領解説　保健体育編」の「第2章　第2節　各野の目標及び内容　〔体育分野〕　2　内容　H　体育理論」の一部である。

　体育理論の内容は，中学校期における運動やスポーツの合理的な実践や生涯にわたる豊かなスポーツライフを送る上で必要となる運動やスポーツに関する科学的知識等を中心に，3つの分野で構成されている。その3つの分野を示した次の( ア )〜( ウ )に当てはまる適当な語句を答えなさい。

```
                ┌─ 運動やスポーツの（ ア ）
  体育理論 ──┼─ 運動やスポーツが（ イ ）に与える効果と安全
                └─（ ウ ）としてのスポーツの意義
```

(☆☆☆◎◎◎◎)

【４】現行の「中学校学習指導要領解説　保健体育編」について，次の問いに答えなさい。

1　次の文章は「第2章　第2節　各分野の目標及び内容　〔保健分野〕　2　内容　(2)　健康と環境」の一部を抜粋したものである。これについて，あとの問いに答えなさい。

---

(2)　健康と環境について理解できるようにする。

　ア　身体には，環境に対してある程度まで①適応能力があること。身体の適応能力を超えた環境は，健康に影響を及ぼすことがあること。また，快適で能率のよい生活を送るための温度，湿度や明るさには一定の範囲があること。

　イ　②飲料水や空気は，健康と密接なかかわりがあること。また，飲料水や空気を衛生的に保つには，基準に適合するよう管理する必要があること。

　ウ　人間の生活によって生じた廃棄物は，③環境の保全に十分配慮し，環境を汚染しないように衛生的に処理する必要があること。

---

(1)　下線部①について，例として取り上げるよう示されている身体機能とその限界を超えた症例を答えなさい。

(2)　下線部②について，人間が1日に必要とする水の量は約何ℓか答えなさい。

(3)　下線部③に関連のある地球温暖化が，環境や健康に及ぼす影響について，「気温の上昇」以外に2つ答えなさい。

2　次の文章は「第2章　第2節　各分野の目標及び内容　〔保健分野〕3　内容の取扱い」の一部を抜粋したものである。これについて，下の問いに答えなさい。

---

3　内容の取扱い

(1)　～　(5)　省略

(6)　内容の(3)のエについては，包帯法，①止血法など傷害時の応急手当も取り扱い，（　ア　）を行うものとする。また，効果的な指導を行うため，（　イ　）など体育分野の内容との関連を図るものとする。

(7)　内容の(4)のイについては，食育の観点も踏まえつつ健康的な②生活習慣の形成に結び付くように配慮するとともに，必要に応じて，コンピューターなどの情報機器の使用と健康とのかかわりについて取り扱うことも配慮するものとする。

(8)　～　(9)　省略

(10)　保健分野の指導に際しては，知識を活用する学習活動を取り入れるなどの③指導方法の工夫を行うものとする。

---

(1)　下線部①について，患部をおさえることが可能な場合に用いられる方法を答えなさい。

(2)　下線部②により内臓脂肪の蓄積に加え，高血糖・脂質異常症・高血圧のリスクが2つ以上重なり，心臓病や脳卒中などの生活習慣病を発症しやすくなった状態を何というか答えなさい。

(3)　下線部③について，例として示されている指導方法のうち2つ

答えなさい。

(4)　文中の（　ア　），（　イ　）に当てはまる語句を答えなさい。

(☆☆☆☆◎◎◎◎)

【5】現行の「中学校学習指導要領」の「第1章　総則　第1　教育課程編成の一般方針　3」には，学校における体育・健康に関する指導は，生徒の発達の段階を考慮して，学校の教育活動全体を通じて適切に行うものとされている。そのうち，保健体育科の時間はもとより，技術・家庭科，特別活動などにおいてもそれぞれの特質に応じて適切に行うよう示されている指導にはどのようなものがあるか，2つ答えなさい。

(☆☆☆☆◎◎◎◎)

【6】「心身の機能の発達と心の健康」について，次の問いに答えなさい。

1　呼吸器が発育・発達すると呼吸数は減少するが，それはなぜか。簡潔に説明しなさい。

2　次の説明文は月経のしくみについて示したものです。（　ア　）～（　エ　）にあてはまる語句を下の語群からそれぞれ選び，番号で答えなさい。

・思春期になると，脳の（　ア　）から性腺刺激ホルモンが分泌されるようになり，女子は卵巣が発達し卵子が成熟するようになる。

・成熟した卵子は，周期的に（　イ　）され，子宮に向かう。

・同時に（　ウ　）は充血して厚くなる。卵子が精子と受精しなければ，（　ウ　）ははがれて体外へ出される。これを月経という。

・卵子が受精し（　ウ　）に定着することを（　エ　）といい，これで妊娠が成立となる。

【語群】

①　月経　　②　卵巣　　③　着床　　④　子宮内膜

⑤　下垂体　⑥　性腺　　⑦　初経　　⑧　排卵

(☆☆☆◎◎◎◎)

【7】「傷害の防止」について，次の問いに答えなさい。

 1 中学生期には，どのような時に交通事故が最も多く発生しているか答えなさい。

 2 大きな地震が発生した場合，二次災害にはどのようなものがありますか。2つ答えなさい。

 3 AED(自動体外式除細動器)について説明しなさい。

(☆☆☆◎◎◎◎)

【8】「健康な生活と疾病の予防」について，次の問いに答えなさい。

 1 感染症を予防するためには，3つの対策があるが，「免疫力を上げるなど抵抗力を高める対策」以外の2つを答えなさい。

 2 平成12年から国の制度となった「お薬手帳」の概要と効果について，簡潔に説明しなさい。

(☆☆☆◎◎◎◎)

## 【高等学校(県のみ)】

【1】次の文章は，現行の「高等学校学習指導要領 保健体育」の「第1体育 2 内容 H 体育理論」及び「第1 体育 3 内容の取扱い」からの抜粋である。文章を読んで，あとの1，2の各問いに答えなさい。

---

「第1 体育 2 内容 H 体育理論」

(1) スポーツの歴史，文化的特性や現代のスポーツの特徴について理解できるようにする。

  ア スポーツは，人類の歴史とともに始まり，その理念が時代に応じて変容してきていること。また，我が国から世界に[ A ]し，発展しているスポーツがあること。

「第1 体育 3 内容の取扱い」

＜略＞

(6) 筋道を立てて練習や作戦について話し合う活動などを通して，[ B ]能力や[ C ]の育成を促し，主体的な学習活動が充実するよう配慮するものとする。

---

1　文中の[　Ａ　]～[　Ｃ　]に当てはまる語句を答えなさい。

2　下線部に関して，高等学校で学習する内容を，次の①～④の中から2つ選び，番号で答えなさい。

> ①　国際的なスポーツ大会などが果たす役割
> ②　オリンピックムーブメントとドーピング
> ③　スポーツの技術，戦術，ルールの変化
> ④　人々を結び付けるスポーツの文化的な働き

(☆☆☆◎◎◎◎)

【2】次の文章は，科目「保健」の「生活習慣病とその予防」について述べたものである。文章を読んで，下の1～4の各問いに答えなさい。

> 　がん，心臓病，[　Ａ　]，(ア)糖尿病といった病気の発病や進行には，年齢だけでなく，運動不足などの様々な生活習慣の積み重ねが強く関連しています。そこで，(イ)ブラッシングの習慣などと関連のある歯周病なども含めて(ウ)生活習慣病と呼ばれるようになりました。

1　文中の[　Ａ　]の病気の症状などを説明した次の文を読んで，[　Ａ　]に当てはまる病名を答えなさい。

> 　血液中の脂質のうち，中性脂肪やLDLコレステロールが過剰な状態，あるいは，HDLコレステロールが少ない状態。動脈硬化をもたらす。

2　次の文は，下線部(ア)について，説明したものである。[　①　]に当てはまる最も適当な語句を答えなさい。

> 　[　①　]というホルモンの作用不足により，血液中の糖の濃度が高くなってしまう病気。

3　下線部(イ)について，「歯みがき」から「ブラッシング」と表現することが多くなった理由を簡潔に説明しなさい。

4　下線部(ウ)の予防には，一次予防と二次予防があるが，それぞれ簡潔に説明しなさい。

(☆☆☆◎◎◎◎)

【3】次の文章は，科目「保健」の「医薬品と健康」についての授業の様子である。文章を読んで，下の1～3の各問いに答えなさい。

> 先生　：「今日は医薬品と健康について学習します。皆さんは，医薬品をどのようなところで購入していますか。」
>
> 生徒A：「私は，病院で診察を受け，かかりつけ薬局で購入しています。」
>
> 生徒B：「私は，ドラッグストアで購入しています。」
>
> 先生　：「そうですね。医薬品は薬局やドラッグストアで購入できます。その医薬品は，大きく分けると，医療用医薬品と[　A　]医薬品に分けられます。医療用医薬品は，医師の診断に基づいて購入ができ，患者の年齢，けがや病気の程度に合わせて種類や量が決められており，医師が作成する[　B　]がないと薬局で購入することはできません。[　A　]医薬品は，薬剤師などから適切な情報を得て，自らの判断で購入することができ，自己の責任で使用することになります。また，このような医薬品は，使用目的に応じて有効に作用するよう，(ア)使用方法が工夫されています。さらに，最近では，(イ)医師と薬剤師の役割を分離・独立させ，患者の診断などを医師が，医薬品の調剤は薬剤師が専門におこなうことで，それぞれの専門性を発揮してもらうしくみが進んでいます。」

1　文中の[　A　]，[　B　]に当てはまる最も適当な語句を答えなさい。

2　下線部(ア)について，正しい使用方法として，「前もって説明書(添付文書)を読む」，「決められた服用時間を守る」，「決められた用法・用量を守る」の他に何があるか，2つ答えなさい。

3　下線部(イ)のしくみのことを，漢字4文字で答えなさい。

(☆☆☆◎◎◎◎)

【4】次の内容は，科目「体育」の「日本のスポーツ振興」についてまとめたものである。文中の[　A　]〜[　E　]に当てはまる最も適当な語句や数字を答えなさい。

---

おもなスポーツ振興の歩み

(1)　【[　A　]年】　[　B　]法の制定《我が国の[　B　]に関する施策の基本を初めて明らかにした法律》

(2)　【1964年】　オリンピック東京大会の開催

(3)　【1966年】　[　C　]の設定《オリンピック東京大会の開会の日を記念して定めた》

(4)　【2000年】　スポーツ振興基本計画の策定《公認スポーツ指導者の養成，国立スポーツ科学センター(2001年)の開所，[　D　](2008年)の開所》

(5)　【2011年】　スポーツ基本法の制定《[　B　]法の改正》

(6)　【2012年】　スポーツ基本計画の策定《[　E　]社会の実現と国際競技力の向上等が計画の柱》

---

(☆☆☆◎◎◎◎)

【5】次の内容は，科目「体育」における「練習とトレーニングの効果をあげるための5原則」についてまとめたものである。あとの1，2の各問いに答えなさい。

---

(1)　意識性の原則：おこなおうとしている練習やトレーニングの[　A　]は何なのかを意識する。

(2)　個別性の原則：個人の能力や[　B　]に応じた練習やトレーニングをおこなう。

---

202

(3) 全面性の原則：心身の機能が[ C ]を保ちながら全面的
　　　　　　　　　に高まるようにする。
(4) [ D ]の原則：規則的に繰り返し練習やトレーニングをお
　　　　　　　　　こなう。
(5) [ E ]の原則：技能や体力の向上の様子をみながら，無理
　　　　　　　　　をしないで練習やトレーニングの内容を
　　　　　　　　　徐々に高めていく。

1　文中の[ A ]〜[ E ]に当てはまる最も適当な語句を答えなさ
　い。
2　筋力トレーニングにおける次の①〜③の筋収縮について，筋肉が
　どのような活動をして筋力を発揮するのか，簡潔に説明しなさい。
　また，新体力テストにおける「握力」は，どの筋収縮で発揮される
　筋力を測定しているか，番号で答えなさい。
　①　アイソメトリック収縮　　②　コンセントリック収縮
　③　エクセントリック収縮

(☆☆☆◎◎◎)

【6】次の1〜5は，科目「体育」及び「保健」で取り扱う用語である。そ
　れぞれの用語について，簡潔に説明しなさい。
1　動的ストレッチングと静的ストレッチング
2　超回復
3　PTSD
4　8020運動
5　メタボリックシンドローム

(☆☆☆◎◎◎◎)

【7】次の1〜6の文中の下線部について，適切であれば○を，不適切であ
　れば適切な語句を答えなさい。
1　医薬品の服用後に起きるアナフィラキシーとは，アレルギー反応

の1つで，呼吸困難や血圧降下が起きる。

2　二酸化窒素は，血液中のヘモグロビンと結びつき，酸素の運搬能力を弱めるので，細胞の酸素不足を起こす。

3　廃棄物処理法は，ごみの定義や処理責任，処理方法を定めたもので，正式には，「廃棄物の処理及び清掃に関する法律」という。

4　自分自身をどれだけ大切に考えているかをセルフコントロールと言い，自尊感情などとも言われる。

5　創作ダンスでは，「踊り方の特徴を強調して，音楽に合わせて多様なステップや動きと組み方で仲間と対応して踊ること」を学習のねらいとする。

6　マット運動では，「支持系や巧技系の基本的な技を滑らかに安定して行うこと，条件を変えた技，発展技を滑らかに行うこと，それらを構成し演技すること」を学習のねらいとする。

(☆☆☆◎◎◎◎)

# 二次試験(県のみ)

## 【中学校】

【1】環境に対する身体の適応能力について指導する内容を挙げ，どのように指導するか述べなさい。

(☆☆☆☆◎◎◎◎)

## 【高等学校】

【1】2009年以降のWADA規定にあるドーピングの違反行為について説明し，ドーピングがなぜ許されないのかについて述べなさい。また，スポーツ倫理について説明し，生徒たちがアンチ・ドーピングについて理解を深めるための効果的な体育学習の進め方について述べなさい。

(☆☆☆☆◎◎◎◎)

## 解答・解説

# 一次試験

### 【中学校(県・市共通)】

【1】1 ・心と体の関係に気付く　　・体の調子を整える　　・仲間と交流する　　2 ・体の柔らかさを高めるための運動　　・巧みな動きを高めるための運動　　・力強い動きを高めるための運動　　・動きを持続する能力を高めるための運動

〈解説〉1　第1・2学年の体ほぐしの運動では,心と体の関係に気付き,体の調子を整え,仲間と交流するための手軽で律動的な運動を行う。とある。この3つのねらいを解答する。記述問題では文言を正確に覚えていないと解答できないので,暗記しておくことが必要である。2　体力を高める運動には,体の柔らかさ,巧みな動き,力強い動き,動きを持続する能力を高めるための運動の4つがある。それらを組み合わせて運動の計画に取り組むのである。また,学習指導要領では発達の段階のまとまりを踏まえ,第3学年の運動の内容も示されているので必ずその違いを学習しておこう。

【2】1　ア　⑧　　イ　③　　ウ　⑦　　エ　⑥
2　(1)　原因···①　(股関節の柔軟性がついていないため)膝が下がってしまいハードルに膝が当たってしまう。　　②　(股関節が十分に開いていないため)抜き脚の前方回転が大きくなってしまう。
支援···①　ハードルの上で,抜き脚を滑らせるようにして,軌道を確認する練習を繰り返す。　　②　ハードルを2台くっつけて抜き脚の練習をする。　　(2)　原因···①ハードルに恐怖心を持っている。②踏み切り位置が近すぎるため,振り上げ脚がハードルに当たりそうになり,高く跳ばないとハードルを越せなくなっている。
支援···①ハードルを低く設定したり,ハードルにスポンジを巻いた

りして恐怖心の軽減を図る。　②踏み切り位置にラインを引くなどして，確認しながら練習する。　①・②のうち１つ　３　・個々の生徒の技能が十分であること。　・器具・用具等の安全性が整っていること。　・生徒が安全を考慮した段階的な学び方を身に付けていること。　のうち2つ

〈解説〉１　陸上競技の技能について，本資料で発達の段階のまとまりを踏まえ，第1・2学年と第3学年に分けて示されている。それぞれの種目の技能のねらいを正確に理解しておくようにする。　２　本資料で，ハードル走の第1・2学年では，インターバルを3〜5歩でリズミカルに走ること。遠くから踏み切り，勢いよくハードルを走り越すこと。抜き脚の膝を折りたたんで横に寝かせて前に運ぶなどの動作でハードルを越すこと。と例示されている。そこから生徒のつまずきの原因とその支援方法について記述できるようにしておくこと。　３　第3学年の背面跳びの指導では，個々の生徒の技能や器具・用具の安全性などの条件が十分に整い，生徒が安全を考慮した段階的な学び方を身に付けている場合に限って実施すると示されている。

【３】ア　多様性　　イ　心身の発達　　ウ　文化

〈解説〉「Ｈ　体育理論」については，第1・2学年で，(1)運動やスポーツの多様性，(2)運動やスポーツの意義や効果を，第3学年で，(3)文化としてのスポーツの意義，を取り上げることとしている。

【４】(1)　身体機能・・・気温の変化に対する体温調節の機能
症例・・・熱中症・凍傷・凍死・低体温症　のうち1つ　　(2)　約2〜2.5ℓ
(3)　健康・・・熱中症の増加・動物を媒介とする感染症の感染地域と期間の変化による健康被害　　環境・・・氷河の減少や海面上昇・光化学スモッグの発生などの大気汚染・赤潮の発生・砂漠化・干ばつ・動植物の分布の変化・　集中豪雨などの異常気象　のうち２つ
２　(1)　直接圧迫止血法または直接圧迫法　　(2)　内臓脂肪症候群(メタボリックシンドローム)　(またはメタボリック症候群)　　(3)　ディ

スカッション・ブレインストーミング・実習・実験・課題学習・コンピュータ等の活用・専門性を有する教職員等の参加や協力の推進　のうち2つ　　(4)　ア　実習　　イ　水泳

〈解説〉1　(1)　身体の環境に対する適応能力について，気温の変化に対する体温調節の機能の限界を超えた例として熱中症をあげることができる。その他，山や海での遭難で凍傷・凍死・低体温症などがある。(2)　年齢・体重などによって異なるが，人間は1日に約2.5ℓの水を必要としている。　　(3)　地球温暖化が環境や健康におよぼす影響として，気温の上昇により，熱中症患者が増大する。海面の上昇により，浸水被害が起きる。などがあげられる。高等学校保健体育の教科書なども確認しておこう。　　2　(1)　止血の基本的な方法は，傷口を直接圧迫する直接圧迫止血法である。　　(2)　内臓脂肪肥満は，生活習慣病の発病に大きくかかわっている。これに高血糖・脂質異常症・高血圧のうち2つ以上があてはまる状態をメタボリックシンドローム(内蔵脂肪症候群)という。　　(3)　指導方法の工夫例として，事例を用いたディスカッションやブレインストーミング，実習(心肺蘇生法など)，実験，課題学習を取り入れるなど等がある。また，コンピュータを活用，地域や学校の実態に応じて養護教諭や栄養教諭，学校栄養職員など専門性を有する教職員等の参加協力を推進する，なども示されている。(4)　「応急手当」について本資料「(3)エ」で，傷害が発生したときにその場に居合わせた人が止血などを適切に行うことが示されている。心肺停止に陥った人の応急手当についても，その効果的な指導として，水泳などの体育分野と関連を図ることが示されている。

【5】食育の推進並びに体力の向上に関する指導・安全に関する指導・心身の健康の保持増進に関する指導　のうち2つ

〈解説〉本資料の「学校における体育・健康に関する指導」の部分は頻出である。正しく暗記しておこう。学校における「食育の推進並びに体力の向上に関する指導」，「安全に関する指導」，「心身の健康の保持増進に関する指導」があげられ，技術・家庭科，特別活動などでも適切

に行うように努め，それらの指導を通して，生涯，健康・安全で活力
ある生活を送るための基礎が培われるよう配慮しなければならないと
示されている。

【６】１　肺胞の数が増え，肺全体が大きくなることで肺活量が増大し，1
回の呼吸量が増えるから　　２　ア　⑤　　イ　⑧　　ウ　④
エ　③
〈解説〉「心身の機能の発達と心の健康」については中学校保健体育の教
　科書などで学習しておこう。　　１　呼吸数が成長とともに減少するの
　は，肺胞の数が増えたり，肺全体が大きく発育し，1回の呼吸で体内
　に取りこめる空気の量(肺活量)が増えるからである。　　２　生殖の働き
　の発達について基礎的な知識を問われている。語群が与えられていな
　くても語句を正確に記述できるようにしておこう。

【７】１　自転車乗用中　　２　火災・土砂くずれ・地割れ・津波　のうち
　２つ　　３　心臓の状態を自動的に判断し，必要に応じて電気ショッ
　クにより心室細動を取り除くための道具
〈解説〉１　「傷害の防止」についても中学校保健体育の教科書で学習して
　おこう。中学生の交通事故は，自転車乗用中に最も多く発生している。
　その原因は，交通規則を守らなかったり，安全の確認が不十分であっ
　たりなど，本人の危険な行動(人的要因)によるものが多い。また，悪
　天候，道路がせまい，夜間で暗いなどの環境要因や，転倒しやすいな
　どの自転車の特性(車両要因)も事故の発生に関係している。　　２　地震
　に伴って津波，土砂崩れ，地割れ，火災などの二次災害が発生し，大
　きな被害をもたらすことも少なくない。　　３　AEDは，心室細動を起
　こした心臓に，電気ショックを与える(除細動をおこなう)ことで，心
　臓の拍動を正常に戻す機器である。

【８】１　・感染源(発生源)をなくす　　　・感染経路を断つ
　２　概要・・・これまでに処方された薬の名前・量・飲み方・アレルギ

ー・既往症などを記録するもの。　　効果…提示することで薬の副作用や飲み合わせを確認できる。薬に関する助言を受けることができる。

〈解説〉1　感染症を予防するには，消毒や殺菌により発生源をなくすこと，周囲の環境を衛生的に保つことで感染経路を遮断すること，栄養状態を良好にしたり，予防接種の実施により免疫をつけたりするなど身体の抵抗力を高めることが有効である。　　2　お薬手帳とは医師に処方された薬の名前や使用方法，使用時期，量，副作用などを記録しておくものである。医師にお薬手帳を見せることで，同じ作用の薬が重複することを防いだり，飲み合わせの悪い薬や副作用を起こしたことのある薬が処方されるのを防いだりすることができる。

## 【高等学校(県のみ)】

【1】1　A　普及　　B　コミュニケーション　　C　論理的な思考力
　2　②，③

〈解説〉1　A　日本で生まれたスポーツとして武道(柔道・剣道など)のほかに，ソフトテニス，駅伝，競輪などがあり，世界に普及している。B　現行の学習指導要領においては，各教科における言語活動の充実が一つの柱としてあげられている。生涯にわたる豊かなスポーツライフを実現するためには，主体的に学習に取り組めるよう集団的活動や身体表現などを通じてコミュニケーション能力を育成することや，筋道を立てて練習や作戦を考え，改善の方法を互いに話し合う活動を通して論理的思考力をはぐくむことも重要な体育のねらいである。2　高等学校の体育理論の「1　スポーツの歴史，文化的特性や現代のスポーツの特徴」で学習する内容は，次の4つである。ア　スポーツの歴史的発展と変容，イ　スポーツの技術，戦術，ルールの変化，ウ　オリンピックムーブメントとドーピング，エ　スポーツの経済的効果とスポーツ産業，である。選択肢①の国際的なスポーツ大会などが果たす(文化的な意義や)役割と④の人々を結び付けるスポーツの文化的な働きの内容は，中学校の体育理論〔第3学年〕の「(1)文化とし

てのスポーツの意義」の学習内容である。

【２】１　脂質異常症　　２　インスリン　　３　歯みがきというと強くこするととらえられ，歯や歯肉を傷つけることがあるため。　　４　一次予防…発病を防ぐこと。　　二次予防…発病を早期に発見し，早期に治療すること。

〈解説〉１　代表的な生活習慣病とされる，がん(悪性新生物)，心臓病，脳卒中，脂質異常症，糖尿病，歯周病などについては，症状などを簡潔に説明できるようにしておこう。　　２　糖尿病は，インスリンの量が不足するか，または働きかけが不十分なことによって血液中のブドウ糖の量が多くなる(血糖が高くなる)病気である。　　３　歯みがきという表現では，強く歯をこすることととらえ，歯や歯肉を傷つけてしまうことがあるため，ブラッシングという。　　４　生活習慣，生活環境の改善などで病気の発生(発病自体)を未然に防ぐことを一次予防という。健康診断などで発病を早期発見し，進行する前に早期治療し重症化を予防することを二次予防という。さらに，重症化した病気を，治療・リハビリテーションで機能回復させ，社会復帰を支援，再発を予防することを三次予防という。

【３】１　Ａ　一般用　　Ｂ　処方箋　　２　形状を変えずに服用する，併用を避ける　　３　医薬分業

〈解説〉１　医療用医薬品と一般用医薬品を簡潔に説明できるようにしておこう。処方箋は，医師が患者に投薬する際に発行する，薬物の種類・量・服用法などを記した書類である。　　２　医薬品の正しい使用法は5つである。設問文に示された3つ以外に，「形状を変えずに服用する(医薬品の形状は効果・吸収・副作用などを考えてつくられている)」「併用を避ける(医薬品の併用は，同じ成分が重なって作用するなど，有害なことがある)」がある。　　３　医薬分業は，医師から処方箋をもらい，薬局で医薬品を調剤してもらうことで，医薬品の正しい使用や医師・薬剤師による安全性の相互チェック機能の推進などを目的

としている。高等学校の保健体育の教科書などを参考に，用語を簡潔に説明できるようにしておこう。

【4】A 1961　　B　スポーツ振興　　C　体育の日　　D　ナショナルトレーニングセンター　　E　生涯スポーツ

〈解説〉日本のスポーツ振興については，体育理論の「(3)豊かなスポーツライフの設計の仕方」で示されている。我が国の主なスポーツ振興の歩みに関しては，高等学校の保健体育科の教科書を活用して学習しておこう。なお，平成23(2011)年に制定されたスポーツ基本法，平成24(2012)年に策定されたスポーツ基本計画については，国のスポーツ振興施策として出されたもので出題頻度が高い。必ずその概要を学習しておこう。

【5】1　A　目的　　B　特性　　C　調和　　D　反復性　　E　漸進性
2　①　筋肉が長さを変えないで力を発揮する収縮のこと。
②　筋肉が短縮しながら力を発揮する収縮のこと。　　③　筋肉が伸長しながら力を発揮する収縮のこと。　　握力…①

〈解説〉トレーニングの原理・原則や筋力トレーニングについては，体育理論の「(2)運動やスポーツの効果的な学習の仕方」で学習する内容。高等学校の保健体育の教科書を活用して学習するとよい。　1　練習とトレーニングの効果をあげるための5原則，意識性の原則・個別性の原則・全面性の原則・反復性の原則・漸進性の原則を簡潔に説明できるようにしておく。出題頻度が非常に高い設問である。　2　筋肉が活動して筋力を発揮することを筋収縮という。筋収縮には大きく分けて3つの種類がある。　①　アイソメトリック収縮(等尺性収縮)…筋肉が長さを変えないで力を発揮する。腕で物を保持しているときや動かない物を押しているときなど，筋肉が力を発揮しているけれども動きがない場合に起こる。新体力テストの握力は，この収縮で発揮される筋力を測定している。　②　コンセントリック収縮(短縮性収縮)…筋肉が短縮しながら力を発揮する。電車で腕を伸ばして頭上の棚に荷

物をあげるときに，上腕三頭筋や三角筋に起こる。　③　エクセント
リック収縮(伸張性収縮)…筋肉が伸ばされながら力を発揮する。荷物
を支えながら頭上の棚からおろすときの上腕三頭筋や三角筋，坂道を
下るときに体重を支えている太ももの前側の大腿四頭筋などに起こ
る。

【6】1　動的ストレッチングは反動を利用しておこなうなど，動きを伴
うもので，静的ストレッチングは目的とする筋肉を次第に伸ばしてい
き，もうこれ以上は伸ばせないというところで，30秒前後その姿勢を
維持するもの。　　2　難度や強度の高い運動をおこなうと，最初は
疲労によって一時的に体の機能が低下するが，適度な休養をとること
により前よりも高いレベルにまで回復する体の性質のこと。
3　心的外傷後ストレス障害のこと。　　4　国などにより展開されて
いる満80歳で20本以上の歯を残そうという運動のこと。　　5　内臓
脂肪症候群のこと。

〈解説〉体育や保健で取り扱う頻出の用語である。それぞれについて，簡
潔に説明できるよう学習を積み重ねておこう。高等学校の保健体育の
教科書を活用し，本文中の太字の語句や体育編及び保健編の用語解説，
本文脇の余白の「注」(側注)などに注意して学習しておくようにする。
3　PTSD(Post Traumatic Stress Disorder：心的外傷後ストレス障害)…大
地震や大事故など実際に死傷するようなできごとを体験したり，目撃
したりしたとき，強い恐怖を感じ，それが記憶に残って傷となり，ス
トレスの症状が出ることをいう。　5　メタボリックシンドローム(内
臓脂肪症候群)…脂肪が内臓にたまると生活習慣病を起こしやすいと
されている。内臓脂肪の蓄積に加え，高血糖・脂質異常症・高血圧の
リスクが2つ以上重なり，心臓病や脳卒中などの生活習慣病を発症し
やすくなった状態をいう。

【7】1　○　　2　一酸化炭素　　3　○　　4　セルフエスティーム
5　フォークダンス　　6　回転系

〈解説〉体育や保健に関する内容の正誤問題対策は，高等学校学習指導要領解説を理解した上で，高等学校保健体育の教科書を活用して基礎的な知識を豊富に蓄積しておくことが大切である。 2 喫煙と健康の内容。タール，一酸化炭素，ニコチン，シアン化物などたばこの煙の有害物質とその健康への影響について調べておこう。 4 セルフエスティームは，自尊感情や自己肯定感ともいう。教科書の「心の健康のために」などで学習する内容。 5 設問文はフォークダンスの入学年次の次の年次以降の学習のねらいである。同年次の創作ダンスは「表したいテーマにふさわしいイメージをとらえ，個や群で，対極の動きや空間の使い方で変化を付けて即興的に表現したり，イメージを強調した作品にまとめたりして踊ること」と示されている。 6 マット運動…回転系・巧技系。鉄棒運動…支持系・懸垂系。平均台運動…体操系・バランス系。跳び箱運動…切り返し系・回転系。出題された問題に正しく答えられるようにするだけではなく，内容をより深く理解して知識量を増やしておこう。

## 二次試験(県のみ)

### 【中学校】

【1】学習指導要領の「身体の環境に対する適応能力・至適範囲」の単元では，「身体には環境に対してある程度まで適応能力があること。身体の適応能力を超えた環境は健康に影響を及ぼすことがあること。また，快適で能率のよい生活を送るための温度，湿度や明るさには一定の範囲があること。」を理解できるようにすることが学習のねらいとして示されている。

　　学習指導ではまず，気温の変化に対する体温調節の機能を取り上げ，身体には，環境の変化に対応した調節機能があり，一定の範囲内で環境の変化に適応する能力があることを理解できるようにする。具体的な学習活動としては，気温の変化によって身体に起きる現象(変化)に

ついて，日常生活で実際にとっている行動を再現し，その行動に基づいた結果を発表しあい，他の生徒の体験発表を踏まえ，新たな発見を記入しながら，体温調節の仕組みについて考えさせる。

　次に，自分の日常にもおこりうる，熱中症や海，山での遭難などを取り上げ，体温を一定に保つ身体の適応能力には限界があること，その限界を超えると健康に重大な影響が見られることを理解できるようにする。具体的には，熱中症と低体温症の二つの予防について，自分の知識や考えを学習カードに記入し，その後，グループで発表し合い，新たな発見があれば，その内容を学習カードにメモする。想起しにくい生徒には，炎天下での熱中症例，日なたに置いた車内での乳幼児の死亡事故や厳寒の冬山での遭難事故のニュースなどを例にあげ，自分で考えたり調べたりしたことを基に課題や解決の方法を見つけたり選んだりして，体温を一定に保つ身体の適応能力の限界と健康への影響，環境の変化への対処法について学習させる。

　至適範囲については，室内の温度，湿度，気流の温熱条件には，人間が活動しやすい範囲があること，温熱条件の至適範囲は，体温を一定に保つことができるものであることを理解できるようにする。その際，これらの範囲は，学習や作業及びスポーツ活動の種類によって異なり，その範囲を超えると，学習や作業の能率やスポーツの記録の低下が見られることにも触れるようにする。そのため，気温と作業能率，気温と学習効率の関係など，教科書や補助資料のグラフも活用してよりよく理解できるようにする。また，明るさについては，視作業を行う際に，物がよく見え，目が疲労しにくい至適範囲があり，その範囲は，学習や作業などの種類により異なることを理解できるようにする。具体的には，教室や校内の各場所で，条件を変え，照度計で明るさ(照度・ルクス)を調べる学習活動を取り入れる。興味・関心をもち，学習活動に意欲的に取り組ませることによって，教室や学校の施設だけでなく，自分の家の学習場所で使用している照明器具の種類や位置，角度など，至適範囲を保つための工夫についても気づき，日常生活を見つめ直し改善していく態度を育てることができると思う。

　最後に，パソコンやスマートフォンの普及に伴い，ディスプレイから出るブルーライトによる健康被害(生活リズム・体内時計への影響，不眠の原因など)が指摘されていることにも触れ，快適で能率のよい健康的な生活を送ることが大切であることにも注目させ，学習したことが実生活で生かせるようにしたいと考えている。そのため，保健分野の学習においては，専門的な知識を有する養護教諭や校医の先生の協力も得て，指導方法の工夫を行っていきたい。

〈解説〉本問においては，次の6つの観点で評価される。　①　語句の表現や記述が適切であり，論理的でわかりやすい構成になっているか。②　自分の考えを具体的に述べ，教師としての資質(熱意，誠実さ，向上心，柔軟性，協調性，発想力など)が窺えるか。　③　適応能力とその限界を超えた環境の影響について述べられている。　④　快適で能率のよい生活ができる環境の範囲について述べられている。　⑤　指導方法の工夫について述べられている。　⑥　学習内容と実生活の関りについて述べられている。6つの観点を過不足なく盛り込み，誤字脱字に注意して解答を作成しよう。

## 【高等学校】

【1】世界の頂点を目指す競技スポーツでは，世界記録の達成や優勝によって，名声やスポンサーからの莫大な賞金が得られるため，薬物などを摂取するドーピング(禁止薬物使用等)が頻繁に起こるようになった。そこで，スポーツにおけるアンチ・ドーピング運動を促進することを目的として，1999年に世界アンチ・ドーピング機構(WADA)が設立された。現在，世界中でドーピング防止の取り組みが展開されドーピング撲滅を目指している。

　WADA規定によると，ドーピングとは次の違反行為の1つ以上が発生することであると述べられている。①競技者の身体からの検体に禁止薬物などが存在すること。②禁止物質や禁止方法を使用したり，使用を企てたりすること。③正式に通告を受けた後で，正当な理由なく検体採取を拒否すること。④居場所情報を提出しなかったり，連絡さ

れた検査に来なかったりなど，競技会外検査に関連した義務に違反すること。⑤ドーピング検査の一部に不当な改変をしたり，改変を企てたりすること。⑥禁止物資や禁止方法を保持，保有したりすること。である。しかし，近年では，検査体制の強化に伴い，違反の手口もより巧妙になり，いろいろな方法を用いたドーピングもあらわれているのである。

　では，ドーピングがなぜ許されないのか。それは，選手の健康を損ねるだけではなく，本来フェアであるべきスポーツ精神に反する卑劣な行為だからである。また，スポーツの世界が薬物に汚染されれば，スポーツの社会的価値がそこなわれる。さらに，青少年の薬物摂取に対する抵抗感をうすれさせるなど，社会全体への悪影響を及ぼすからである。このように，ドーピングは，健康への害，不誠実(アンフェア)，社会悪といった「悪」につながるだけでなく，スポーツの文化的価値や意味を「否定」することから禁止されており，ドーピングから「スポーツを守る」という意識こそがアンチ・ドーピング活動の基だと考えられている。

　次に，なぜスポーツ倫理が求められるのかについて述べる。スポーツは，取り決められた合意のもとでおこなわれる文化だからこそ，薬物を利用して意図的に合意を犯し，自分だけが有利になろうとすることは許されない。また，勝利のためには何をしても許されると考える勝利至上主義はスポーツの固有の価値をだめにしてしまう。スポーツをフェアにおこなうためには，何より個人の倫理が求められる。一方，スポーツが社会の中で経済的に大きな利益を生み出すようになると，スポーツを利潤追求の手段だと考える人々も出現してくる。経済的利益のためだけにスポーツを利用しようとすることは，スポーツの発展にとってはマイナスになる可能性がある。スポーツの価値を高め，一層発展させていくためには，社会の側にも倫理が求められている。

　それらを踏まえて，高等学校の生徒たちがアンチ・ドーピングについての理解を深めるための効果的な体育学習の進め方を考えてみる。

　最初に，ドーピングについて自分たちで課題を設定し，課題解決の

方法を考え，分かったことなどをまとめて発表する活動をおこなう。例えば，ドーピングの始まりや歴史，ドーピングによる心身への被害などの課題を設定して，グループごとに研究を進めて発表させる。

　次に，なぜ選手たちはドーピングをしてしまうのか，ブレインストーミングをおこなう。する選手の気持ちやしない選手の気持ちなど，グループに分かれて自由に意見を出し，解決方法を話し合わせる。ほかの人の意見がヒントになって考えが広がったり，ほかの人の考えと自分の考えが結びついて新しい考えが生まれたりして，深い思考力が身に付くようになる。

　三つめの指導方法の工夫として，ロールプレイングをおこなう。薬物をすすめるなど好ましくない役は先生が担当し，生徒は薬物の誘いを断る役割を演じさせる。今までのドーピングの学習を生かして，セリフを考え演技させることで，断るスキルを学習することとする。何度か繰り返す中で，よかった点や改善点などについて話し合い，スキル学習を通して，現実の問題への思考力，判断力，対処能力を身に付けることができるようになる。

　このように，課題学習やブレインストーミング，ディスカッション，ロールプレイングなどの学習を通して，生徒自らが主体的，積極的に参加し，自己の存在感を実感したり，一人ひとりの自尊感情を高めたりできるような工夫を図って指導していきたいと考えている。

〈解説〉本問においては，次の6つの観点で評価される。　①　語句の表現や記述が適切であり，論理的でわかりやすい構成になっているか。②　自分の考えを具体的に述べ，教師としての資質(熱意，誠実さ，向上心，柔軟性，協調性，発想力など)が窺えるか。　③　2009年以降のWADA規定にあるドーピング違反行為について述べている内容は適切か。　④　ドーピングがなぜ許されないのかについて述べている内容は適切か。　⑤　スポーツ倫理について述べている内容は適切か。⑥　上記③〜⑤を踏まえ，ドーピングがなぜ許されないのかを考え，公正，協力，責任，参画などに対する意欲を高めるために効果的な体育学習(ディスカッション，課題学習，知識と技能を相互に関連させた

学習などを取り入れた指導の方法及び配慮事項)について述べている内容は適切か。6つの観点を過不足なく盛り込み，誤字脱字に注意して解答を作成しよう。

# 2016年度 実施問題

## 熊本県

### 【一次試験・中学校】

【1】器械運動について，次の1〜4の各問いに答えなさい。

1　次の文章は，現行の「中学校学習指導要領解説　保健体育編」の「第2章　第2節　〔体育分野〕　2　内容　B器械運動　[第1学年及び第2学年]　2　態度」について示したものである。文中の（　ア　）〜（　エ　）に当てはまる最も適当な語句を，下の語群から1つずつ選んで，①〜⑧の番号で答えなさい。

　　器械運動に（　ア　）に取り組むとともに，よい演技を（　イ　）とすること，分担した（　ウ　）を果たそうとすることなどや，健康・（　エ　）に気を配ることができるようにする。

【語群】
①　讃えよう　　②　責任　　③　学習　　④　積極的
⑤　役割　　⑥　安全　　⑦　認めよう　　⑧　自主的

2　器械運動の授業を行う際に，その特性や魅力に触れさせるうえで大切にすべき点を2つ答えなさい。

3　器械運動の学習を行ううえで，安全の確保のための留意点について，施設・用具に関することを2つ答えなさい。

4　マット運動の学習で，側方倒立回転がうまくできない生徒に，どのような技能指導を行えばよいか，答えなさい。

(☆☆☆◎◎◎◎)

【2】現行の「中学校学習指導要領　第1章　総則　第1　教育課程編成の一般方針　2」において，「学校における道徳教育は，道徳の時間を要

219

として学校の教育活動全体を通じて行うものであり，…(後略)」とある。保健体育科の指導において道徳教育との関連を意識した指導を行うことにより，どのような態度が養われるか，2つ答えなさい。

(☆☆☆◎◎◎◎)

【3】次の文章は，現行の「中学校学習指導要領解説　保健体育編」の「第2章　第2節　〔体育分野〕　2　内容　E　球技　[第1学年及び第2学年]　1　技能」の一部である。下の1，2の各問いに答えなさい。

---

(1)　次の運動について，勝敗を競う楽しさや喜びを味わい，基本的な技能や仲間と連携した動きでゲームが展開できるようにする。
ア　ゴール型では，ボール操作と空間に走り込むなどの動きによってゴール前での攻防を展開すること。
イ　ネット型では，ボールや用具の操作と定位置に戻るなどの動きによって空いた場所をめぐる攻防を展開すること。

---

1　アの文中の下線部ボール操作とは，具体的にどのようなことを指すのか，2つ答えなさい。
2　イについて，バレーボールのゲームで，ラリーを続けることを重視したゲームを展開するために，どのような工夫が考えられるか，2つ答えなさい。

(☆☆☆☆◎◎◎◎)

【4】現行の「中学校学習指導要領　第2章　各教科　第7節　保健体育」について次の1，2の各問いに答えなさい。
1　次の文章は，「第2　各分野の目標及び内容」の「保健分野　2　内容」及び「3　内容の取扱い」から抜粋したものである。これについて，あとの(1)～(3)の各問いに答えなさい。

> 2　内容
> (1)　心身の機能の発達と心の健康について理解できるように
> する。
> ア　身体には，多くの器官が発育し，それに伴い，様々な
> 機能が発達する時期があること。また，発育・発達の時
> 期やその程度には，個人差があること。
> イ　(省略)
> ウ　(省略)
> エ　精神と身体は，相互に影響を与え，かかわっているこ
> と。
> 　　欲求やストレスは心身に影響を与えることがあること。
> また，心の健康を保つには，欲求やストレスに適切に対
> 処する必要があること。
> 3　内容の取扱い
> (1)　省略
> (2)　内容の(1)のアについては，(　　)・循環器を中心に取り
> 扱うものとする。

(1)　アについて，身長や体重の発育・発達が著しい時期を特に何と
いうか答えなさい。

(2)　エについて，関連を図って指導するよう示されている体育分野
の領域名を答えなさい。

(3)　文中の(　　)に当てはまる最も適当な語句を答えなさい。

2　「第3　指導計画の作成と内容の取扱い」における授業時数の配当
について，保健分野に関することを答えなさい。

(☆☆☆○○○○○)

【5】現行の「中学校学習指導要領解説　保健体育編」の「保健分野」に
ついて，次の1，2の各問いに答えなさい。

1　次の文章は，「第2章　第2節　〔保健分野〕　2　内容　(4)健康な生

活と疾病の予防」の一部を抜粋したものである。これについて，下の(1)～(3)の各問いに答えなさい。

---

(4)　健康な生活と疾病の予防について理解を深めることができるようにする。

　ア　健康は，主体と環境の相互作用の下に成り立っていること。また，疾病は，主体の要因と①環境の要因がかかわり合って発生すること。

　イ　(省略)

　ウ　(省略)

　エ　②感染症は，病原体が主な要因となって発生すること。また，感染症の多くは，発生源をなくすこと，感染経路を遮断すること，主体の抵抗力を高めることによって予防できること。

　オ　健康の保持増進や疾病の予防には，保健・医療機関を有効に利用することがあること。また，③医薬品は，正しく使用すること。

---

(1)　下線部①について，物理的環境の他に2つ答えなさい。

(2)　下線部②について，性感染症の指導に当たり，配慮する点を2つ答えなさい。

(3)　下線部③について，その副作用を抑え安全に使用するため，使用に当たって留意すべき点を2つ答えなさい。

2　「3　内容の取扱い」において，保健分野の指導に際しては，知識を活用する学習を取り入れるなどの指導方法の工夫を行うものとされている。次の文章は，その指導方法の工夫についての解説を抜粋したものである。ア～ウに当てはまる語句を答えなさい。

> 実験を取り入れるねらいは，実験の方法を習得することではなく，内容について（　ア　）を設定し，これを（　イ　）したり，解決したりするという実証的な問題解決を自ら行う活動を重視し，科学的な事実や（　ウ　）といった指導内容を理解できるようにすることに主眼を置くことが大切である。

(☆☆☆◎◎◎◎◎)

【6】「健康と環境」について，次の1〜3の各問いに答えなさい。

1　熱中症の予防にはどのようなものがあるか。2つ答えなさい。

2　空気中の一酸化炭素について，濃度の基準が決められている理由を答えなさい。

3　循環型社会を目指し，廃棄物や不要物を減らす活動「3R(スリーアール)」が示す3つの語句を答えなさい。

(☆☆☆◎◎◎◎◎)

【7】「傷害の防止」について，次の1，2の各問いに答えなさい。

1　交通事故の防止について指導する際におさえるべき要因を2つ答えなさい。

2　自然災害において傷害が生じる場面には2つあるが，それは災害発生時と，(1)もう1つは何か。また，(2)自然災害における傷害を防止するためにはどのようなことが考えられるか，答えなさい。

(☆☆☆◎◎◎◎◎)

【8】「健康な生活と疾病の予防」について，次の1〜3の各問いに答えなさい。

1　たばこの煙の中に含まれる有害物質が体に及ぼす急性影響にはどのようなものがあるか，1つ答えなさい。

2　未成年者の喫煙が法律で禁止されている理由を答えなさい。

3　エイズの原因となるHIVウィルスについて，その特徴と感染経路を

それぞれ1つずつ答えなさい。

(☆☆☆☆◎◎◎◎)

## 【一次試験・高等学校】

【 1 】次の文章は，現行の「高等学校学習指導要領　保健体育」の「第2　保健　2　内容　(1)現代社会と健康」からの抜粋である。文章を読んで，下の1，2の各問いに答えなさい。

> 　我が国の[　A　]や社会の変化に対応して，健康を保持増進するためには，個人の[　B　]やそれを支える社会環境づくりなどが大切であるというヘルスプロモーションの考え方を生かし，人々が自らの健康を適切に管理すること及び環境を改善していくことが重要であることを理解できるようにする。
>
> 　ア　健康の考え方
>
> 　　健康の考え方は，国民の健康水準の向上や[　A　]の変化に伴って変わってきていること。また，健康は，様々な要因の影響を受けながら，主体と環境の相互作用の下に成り立っていること。
>
> 　　健康の保持増進には，健康に関する個人の適切な[　C　]や[　B　]及び環境づくりがかかわること。

1　文中の[　A　]～[　C　]に当てはまる最も適当な語句を答えなさい。

2　「(1)現代社会と健康」は，下線部を含む5つの内容から構成されている。その5つの内容の中から，実習を取り入れる必要がある内容を1つ答えなさい。

(☆☆☆◎◎◎◎◎)

【 2 】次の文章は，現行の「高等学校学習指導要領解説　保健体育編」の「第2章　第1節　体育　E　球技」からの抜粋である。文章を読んで，あとの1～4の各問いに答えなさい。

> (2) 球技に主体的に取り組むとともに，[　A　]を大切にしよう
> とすること，役割を積極的に引き受け自己の責任を果たそう
> とすること，[　B　]に貢献しようとすることなどや，<u>健康・
> 安全を確保することができるようにする。</u>

1　文中の[　A　]，[　B　]に当てはまる最も適当な語句を答えなさい。

2　入学年次における球技の領域の取扱いは，球技と他の1領域のまと
　まりの中から1領域以上を選択し履修することができるようにする
　こととしている。他の1領域を答えなさい。

3　球技における入学年次の履修については，ゴール型等の3つの型の
　中からいくつの型を選択することとしているか，答えなさい。

4　下線部に関して，入学年次に理解させ，取り組めるようにしなけ
　ればならないことを，次の①〜④の中からすべて選び，記号で答え
　なさい。

① 用具の安全確認の仕方

② 段階的な練習の仕方

③ 体調の変化に応じてとるべき行動

④ けがを防止するための留意点

(☆☆☆◎◎◎◎)

【3】次の文章は，科目「保健」の「薬物乱用と健康」についての授業の
　様子である。文章を読んで，あとの1〜4の各問いに答えなさい。

　先　生：「今日は薬物乱用と健康について学習します。最近，薬物乱
　　　　　用が原因で起こった事件や事故について何か知っている人は，
　　　　　発表してください。」

　生徒A：「危険ドラッグの乱用者による交通事故です。」

　先　生：「そうですね。危険ドラッグをはじめ，大麻や覚醒剤などの
　　　　　薬物は，いずれも<u>(ア)脳に作用</u>し，思いがけない事件や事故が
　　　　　発生します。また，薬物には<u>(イ)身体依存と精神依存</u>があり，
　　　　　自力で薬物を絶つのは極めて難しくなります。たとえ使用を

やめることができたとしても強いストレスなどにより，幻覚などの症状が出る場合があります。これを[　Ａ　]と言います。そのような薬物には絶対に手を出さないという強い意志をもって行動することが大切です。(ウ)それでは，今から，薬物乱用への誘い役と誘われ役に分かれて，それぞれの役を演じてもらいます。・・・・・それでは，始めてください。」

1　下線部(ア)について，抑制作用があるものを，次の①〜③から1つ選び，記号で答えなさい。

①　MDMA　　②　覚醒剤　　③　大麻

2　下線部(イ)について，正しいものを，次の①〜③から1つ選び，記号で答えなさい。

①　身体依存はすべての薬物にみられ，精神依存は一部の薬物にみられる。

②　精神依存はすべての薬物にみられ，身体依存は一部の薬物にみられる。

③　身体依存も精神依存もすべての薬物にみられる。

3　文中の[　Ａ　]に当てはまる最も適当な語句を答えなさい。

4　下線部(ウ)のような学習スタイルの名称を答えなさい。

(☆☆☆○○○○○)

【４】次の1〜5の文中の下線部について，適切であれば○を，不適切であれば適切な語句を答えなさい。

1　女性の性周期において，排卵後は黄体ホルモンの影響で<u>低温期</u>に入る。

2　適応機制において，抑えられた性的欲求などを学問・スポーツ・芸術などに向けることを<u>昇華</u>という。

3　現在，わが国では，<u>公害対策基本法</u>に基づいて，環境汚染を防ぐための様々な総合的・計画的な対策が取られている。

4　たばこの煙に含まれる<u>タール</u>は毛細血管を収縮させ，心臓に負担をかけたり，肌に悪影響を与えたりする。また，依存性があるため，

自分の意志ではやめられなくなる。

5　未成年者飲酒禁止法は，<u>大正</u>11年に施行された。

（☆☆☆◎◎◎◎）

【5】次の①〜③は，科目「保健」でよく取り上げられる内容である。下の1〜4の各問いに答えなさい。

①　「健康の定義」

　　健康とは，身体的，精神的，[　A　]に完全に良好な状態であり，たんに病気あるいは[　B　]でないことではない。

②　「ヘルスプロモーションの概念」

　　ヘルスプロモーションとは，人々が自らの健康を[　C　]し，改善できるようにする[　D　]である。

③　「職場の健康管理」

　　職場では，働くことの健康への影響を早期に発見し，適切な健康管理を行うために，すべての労働者を対象として，定期的に実施する<u>(ア)[　E　]健康診断</u>と，健康に有害な作用を及ぼす化学物質などにさらされている労働者を対象として実施される<u>(イ)[　F　]健康診断</u>がある。

1　文中の[　A　]〜[　F　]に当てはまる最も適当な語句を答えなさい。

2　①及び②を示した組織名を答えなさい。

3　②の理念に基づき，我が国で2000年から始まった国民健康づくり運動名を答えなさい。また，この運動を支えるものとして，国民の健康づくりや病気予防をさらに積極的に推進する目的で2002年に制定された法律名を答えなさい。

4　下線部(ア)及び(イ)に必要な健康診断項目が定められている法律名を答えなさい。

（☆☆☆◎◎◎◎◎）

【6】次の文章は，新体力テストの「反復横跳び」の測定前に，教師が生徒に説明している内容である。文章を読んで，下の1〜3の各問いに答えなさい。

　　これから測定する反復横跳びは，みなさんの[　A　]と言われる体力の構成要素を調べるためのものです。(ア)反復横跳びは，全国的にも向上傾向がみられる体力の1つです。それでは，(イ)実施方法について説明します。まずはこのように中央ラインをまたいで立ち，「始め」の合図で[　B　]秒間，中央ラインから左右に[　C　]メートル離れた線を交互に越えるか触れるまでサイドステップを繰り返します。計測は，それぞれのラインを通過するごとに1点を加えます。それでは測定を開始します。

1　文中の[　A　]〜[　C　]に当てはまる最も適当な数字や語句を答えなさい。

2　下線部(ア)に関して，文部科学省がまとめた平成24年度体力・運動能力調査結果によると，新体力テスト施行後15年間(平成10年度〜平成24年度)で，高校生(16歳)の体力及び運動能力は，反復横跳びを含め，全国的に横ばいまたは向上傾向がみられたが，男女別にみた場合，男子においては唯一低下傾向がみられた指標が1つある。その指標を次の①〜⑥から1つ選び，記号で答えなさい。

　　①　握力　　　　　　　②　上体起こし　　　③　長座体前屈
　　④　20mシャトルラン　　⑤　50m走　　　　　⑥　ボール投げ

3　下線部(イ)に関して，新体力テストの実施方法や活用方法として正しいものを，次の①〜③から1つ選び，記号で答えなさい。

　　①　測定前は，測定項目に特化した運動を繰り返し行うなど，測定値の向上に努めなければならない。
　　②　測定中は，ペアやグループで競争させるなどの工夫が必要である。
　　③　測定結果は，体つくり運動等で活用し，学習成果を実感させるなどの工夫が必要である。

(☆☆☆◎◎◎◎)

【7】次の内容は，科目「体育」の体育理論の授業での板書の一部である。内容を読んで，下の1〜3の各問いに答えなさい。

---

Ⅰ　ドーピングの歴史と現状

(1)　ドーピングが起こるようになった理由【競技会での勝利によって賞金などの報酬が得られるようになった。】
↓

(2)　オリンピック史上初の悲劇【1960年に開催された[　Ａ　]大会で，オリンピック史上初めてドーピングによる死亡事故が発生。】
↓

(3)　世界的な取組が始まる【1999年に[　Ｂ　]が設立。2005年の国連[　Ｃ　]総会でドーピング防止に関する国際規約が採択。しかし，<u>今なおドーピングはなくならず，世界中でドーピング撲滅の取組が展開されている。</u>】

---

1　文中の[　Ａ　]に当てはまる都市名を答えなさい。また，[　Ｂ　]及び[　Ｃ　]に当てはまる組織名を答えなさい。

2　高等学校でドーピングに関する内容を取り上げる時期として正しいものを，次の①〜③から1つ選び，記号で答えなさい。
①　入学年次　　　②　その次の年次　　　③　それ以降の年次

3　下線部のような課題などの事例を用いたディスカッションや課題学習などを取り入れるために，体育理論では各年次で何単位時間以上を配当することとしているか答えなさい。

(☆☆☆◎◎◎◎◎)

【8】次の1〜6は，科目「体育」及び「保健」でよく取り上げられる用語である。それぞれの用語について，授業で生徒が十分に理解できるように，分かりやすく，かつ簡潔に説明しなさい。

1　プラトーとスランプ　　　　2　オリンピックムーブメント
3　レペティショントレーニング　　4　VDT障害

5　食中毒予防の三原則　　　　6　光化学オキシダント

(☆☆☆☆◎◎◎◎)

### 【二次試験・中学校】

【1】身体の機能の発達について指導する内容を挙げ，どのように指導するか，述べなさい。

(☆☆☆☆◎◎◎◎)

### 【二次試験・高等学校】

【1】応急手当の意義及び心肺蘇生法(気道確保・人工呼吸・胸骨圧迫の方法及びAEDの使い方を含む。)について述べなさい。また，応急手当を科目「保健」で取扱ううえで配慮すべき点を踏まえ，倒れている人を発見した時，自ら進んで応急手当に取り組む態度を育成するための効果的な保健学習の進め方について述べなさい。

(☆☆☆☆◎◎◎◎◎)

# 熊本市

### 【中高共通】

【1】体つくり運動に関する次の各問に答えよ。

〔問1〕次の文章は，中学校及び高等学校の学習指導要領解説に示された「保健体育科改訂の趣旨」についての記述である。あとの語群ア〜オのうち空欄　A　，　B　に当てはまるものの組み合わせとして適切なものは，あとの1〜5のうちのどれか。

　体育については，「体を動かすことが，身体能力を身に付けると
ともに，情緒面や知的な発達を促し，集団的活動や身体表現など
を通じてコミュニケーション能力を育成することや，筋道を立て
て練習や作戦を考え，改善の方法などを互いに話し合う活動など
を通じて　A　をはぐくむことにも資することを踏まえ，それぞ
れの運動が有する特性や　B　に応じて，基礎的な身体能力や知
識を身に付け，生涯にわたって運動に親しむことができるように，
発達の段階のまとまりを考慮し，指導内容を整理し体系化を図る。」
としている。

〈語群〉
ア　考え方　　イ　行動力　　ウ　魅力　　エ　論理的思考力
オ　知識
1　A—オ　B—ウ　　2　A—イ　B—ア　　3　A—ア　B—オ
4　A—エ　B—ウ　　5　A—エ　B—イ

〔問2〕中学校学習指導要領解説保健体育編に示された，中学校第1学
　年及び第2学年における体つくり運動で「体力を高める運動」の行
　い方の例として適切でないものは，次の1～5のうちのどれか。

1　人と組んだり，用具を利用したりしてバランスを保持すること。

2　大きくリズミカルに全身や各部位を振ったり，回したり，ねじ
　ったり，曲げ伸ばしたりすること。

3　様々なフォームで様々な用具を投げたり，受けたり，持って跳
　んだり，転がしたりすること。

4　仲間と協力して課題に挑戦する運動を行うこと。

5　体の各部位をゆっくり伸展し，そのままの状態で約10秒間維持
　すること。

〔問3〕次の文章は，高等学校学習指導要領解説　保健体育編・体育編
　に示された「保健体育科改訂の要点」についての記述である。あと
　の語群ア～エのうち空欄　A　，　B　に当てはまるものの組み
　合わせとして適切なものは，あとの1～5のうちのどれか。

231

　　　生徒の運動経験，　　A　，興味，関心等の多様化の現状を踏まえ，卒業後に少なくとも一つの運動やスポーツを継続することができるようにすることを重視し，運動やスポーツの楽しさや喜びを味わうことができるようにするとともに，　　B　の段階のまとまりを考慮し，小学校，中学校及び高等学校を見通した指導内容の体系化を図ること。

〈語群〉

ア　発達　　イ　技能　　ウ　成長　　エ　能力

1　A－イ　B－ア　　　2　A－エ　B－ア　　　3　A－イ　B－ウ

4　A－エ　B－ウ　　　5　A－エ　B－イ

〔問4〕次の文章は，「学校体育実技指導資料　第7集　体つくり運動－授業の考え方と進め方－(改訂版)」(文部科学省　平成25年5月)の中学校第3学年から高等学校における体ほぐし運動についての記述である。下の語群ア〜カのうち空欄　　A　，　　B　に当てはまるものの組み合わせとして適切なものは，あとの1〜5のうちのどれか。

　　　体ほぐし運動では，心と体は互いに影響し変化することに気付き，体の状態に応じて体の調子を整え，仲間と　　A　交流するための手軽な運動や　　B　運動を行うこと。

〈語群〉

ア　積極的に　　イ　安全に　　　ウ　上手く

エ　調和的な　　オ　律動的な　　カ　基礎的な

1　A－ア　B－オ　　　2　A－ア　B－カ　　　3　A－イ　B－オ

4　A－ウ　B－エ　　　5　A－ウ　B－カ

(☆☆☆◎◎◎)

【2】器械運動に関する次の各問に答えよ。

　〔問1〕次の図A〜Eは，語群ア〜オのいずれかの器械の握り方を示したものである。A－B－C－D－Eの順に語群ア〜オを並べ替えたものとして適切なものは，あとの1〜5のうちのどれか。

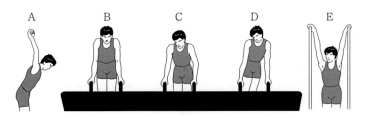

〈語群〉
ア　内手　　イ　片外手　　ウ　大順手　　エ　片逆外手
オ　外手

1　アーオーウーイーエ　　2　エーウーアーオーイ
3　イーアーオーエーウ　　4　オーイーエーアーウ
5　ウーアーイーエーオ

〔問2〕次の図に示した技の名称として適切なものは，下の1〜5のうち
　　のどれか。

1　側転ひねり　　2　後方支持側転　　3　ロンダート
4　倒立ひねり　　5　後転とび

〔問3〕平均台の規則や演技の内容・構成に関する記述として適切でな
　　いものは，次の1〜5のうちのどれか。
1　アクロバット系の技は最大4つである。
2　演技時間は1分30秒を超えてはならない。
3　台の側面を余分に脚で支えると減点となる。
4　難度表にない開始技を行うと減点となる。
5　終末技を含む最大8つの高い順からの難度点を数える。

〔問4〕跳び箱運動の頭はね跳びのポイントとして適切でないものは，
　　次の1〜5のうちのどれか。

1　腰を高く上げる。

2　手でしっかりと押さえながら額を台上につける。

3　手は台の側面をしっかり押さえる。

4　踏切後背中を丸めて早めに着手する。

5　身体が前に倒れかけたら跳ね上げるようにする。跳び箱を見ながら手で台上を押し離す。

(☆☆☆◎◎◎)

【3】陸上競技に関する次の各問に答えよ。

〔問1〕ハードル走に関する記述として適切でないものは，次の1～5のうちのどれか。

1　男子110mでは，ハードルの間の距離は9.14mである。

2　ディップとは，ハードリングのときに上体が後傾してしまうことである。

3　ハードルを倒しても反則にはならないが，故意に倒すと失格となる。

4　女子100mでは，ハードルの標準の高さは83.8cmである。

5　アプローチとは，スタートから1台目のハードルまでの区間のことである。

〔問2〕リレー競走に関する記述として適切でないものは，次の1～5のうちのどれか。

1　4人の走者が，それぞれ同じ距離を走り，次の走者にバトンのパスをして継走し，第1走者のスタートから第4走者のフィニッシュまでのタイムを競う。

2　各チームのスタート時のレーン順は，抽選で決定する。

3　スタートは第1走者がクラウチングスタートで行うが，このとき手や足，バトンをスタートラインあるいはその前方に触れてはいけない。

4　走者は手にバトンを持って走らなければならない。もしバトンを落としたときは拾ってから走る。このとき，自分のコースから

離れて拾ってもよい。拾った後はただちに自分のコースに戻り継続する。ただし，他の競技者を妨害したときは失格となる。

5　4×200m，および4×400mリレーでは，1周目と2周目の最初のカーブまでは，決められたレーンを走り，以降のレーンはオープンになる。オープンになる前に他のレーンに入ると反則である。

〔問3〕100m競走に関する記述として適切でないものは，次の1〜5のうちのどれか。

1　直走路のレーンでタイムを競う。

2　スタートはクラウチングスタート，または，スタンディングスタートで行う。

3　タイムはハンドウォッチでは1/10秒(デジタル表示では1/100秒を切り上げて読む)，電気時計では1/100秒まで測る。

4　レース最中，10秒間の追い風の平均秒速が2mを超えると，記録は公認されない。

5　レーン数(通常8レーン)よりも多い人数の出場者があったときは予選を行う。

〔問4〕走り幅跳びの競技中のルールに関する記述として適切でないものは，次の1〜5のうちのどれか。

1　助走は助走路内で行い，距離は20m以内である。

2　助走路の外にマーカーを2個まで置くことができる。

3　踏み切りは踏み切り板で行う。踏み切り板の手前で踏み切っても無効ではない。

4　宙返りのようなフォームで跳んだとき，1回の無効試技となる。

5　跳躍が終わってから，砂場の中を歩いて戻ったとき，1回の無効試技となる。

(☆☆☆○○○)

【4】水泳に関する次の各問に答えよ。

〔問1〕「学校体育実技指導資料　第4集　水泳指導の手引(三訂版)」(文部科学省　平成26年6月)に示されたクロールに関する記述として適

切なものは，次の1～5のうちのどれか。

1　左右の脚の幅は，親指が触れ合う程度にし，踵を10cm程度離す。

2　入水後，腕を伸ばし，手のひらを平らにして水を押さえ，水面下30cm程度まで押さえたら腕を曲げ，手のひらを斜め外向きにしてかき始める。

3　脚の動作で，けり終わった後，上方に戻す動作は，脚を曲げて太ももから上げるようにする。

4　呼気は水中で口のみで行う。徐々に吐き出し始め，最後は力強く吐き出す。

5　腕のかき始めとかき終わりの動作時に，それぞれ反対側の脚のけり下ろし動作を合わせる。

〔問2〕「学校体育実技指導資料　第4集　水泳指導の手引(三訂版)」(文部科学省　平成26年6月)に示された平泳ぎに関する記述として適切なものは，次の1～5のうちのどれか。

1　両手のひらを横向きに揃え，腕の前，あごの下から水面と平行に前方へ出す。

2　けり始めは，両足先を揃えて，土踏まずを中心とした足の裏で水を左右後方に押し出し，膝が伸びきらないうちに両脚で水を押し挟み，最後は両脚を揃えてける。

3　両手のひらを斜め外向きにして左右に水を押し開きながら腕を曲げ，手のひらと前腕を後方に向ける。

4　キックとプルのタイミングは，腕で水をかく間に脚を曲げて踵を引き寄せ，腕を前方に差し出してから足裏で水をける。

5　両肘が肩の横にくるまで手をかき進めたら，両腕で内側後方に水を押しながら顔の前で揃える。

〔問3〕「学校体育実技指導資料　第4集　水泳指導の手引(三訂版)」(文部科学省　平成26年6月)に示された背泳ぎに関する記述として適切なものは，次の1～5のうちのどれか。

1　けり上げの動作は，足の甲を中心にして行い，膝と足首で水をけるようにして力強くけり上げる。

2 手先は，頭の前方，肩の線上に手の甲から入水させ，手のひらで水面下20〜30cm程度まで水を押さえたら，肘を下方へ下げながら手のひらを後方に向ける。

3 呼気は口，吸気は鼻と口で行う。

4 脚の動作で，けり上げた後，下方に下ろす動作は，他方の脚のけり上げ動作の反動で，脚を曲げて自然に行う。

5 腰の下へ水を押し込むと同時に同一側の肩を水面上に上げ，腕を伸ばし手を小指側から抜き上げて体側上を大きく回して進行方向へ戻す。

〔問4〕個人メドレーの泳法順として適切なものは，次の1〜5のうちのどれか。

1 背泳ぎ  →  平泳ぎ  →  バタフライ  →  自由形

2 平泳ぎ  →  背泳ぎ  →  自由形  →  バタフライ

3 自由形  →  バタフライ  →  背泳ぎ  →  平泳ぎ

4 背泳ぎ  →  自由形  →  バタフライ  →  平泳ぎ

5 バタフライ  →  背泳ぎ  →  平泳ぎ  →  自由形

〔問5〕水泳のスタートに関する次のa−b−c−d−eの順に，対応する名称を示した語群のア〜オを並べ替えたものとして適切なものは，下の1〜5のうちのどれか。

a 不正スタートのこと。

b 腕を勢いよく大きく振ってスタートする。

c スタート台を押してスタートする。

d 足を前後に構え，体重を後ろに引く。

e やや上方に蹴りだし身体をくの字に曲げる水中へ大きな入水角度で入る。

〈語群〉

ア トラックスタート   イ パイクスタート

ウ グラブスタート   エ フォルススタート

オ スイングスタート

1 オーアーウーイーエ   2 エーオーウーアーイ

3　イーウーアーエーオ　　4　アーイーエーオーウ
5　エーアーオーウーイ

(☆☆☆◎◎◎)

【5】球技に関する次の各問に答えよ。

〔問1〕「バスケットボール競技規則」(平成27年4月　日本バスケットボール協会)に示された,バスケットボールのルールに関する記述として適切でないものは,次の1〜5のうちのどれか。

1　近接して防御されているプレイヤーは,5秒以内に,パス,ショットあるいはドリブルをしなければならない。

2　自チームのプレイヤーがコート内でライブのボールをコントロールしたチームは,24秒(シューター側チームのプレイヤーがリングに触れたリバウンドボールを取った場合は14秒)の制限以内にショットをしなければならない。

3　それぞれのタイム・アウトは1分間とする。

4　フロント・コート内でライブのボールをコントロールしているチームのプレイヤーは,ゲーム・クロックが動いている間は,相手チームのバスケットに近い制限区域内に引きつづき3秒をこえてとどまっていてはならない。

5　自チームのプレイヤーがバック・コート内でライブのボールをコントロールしたチームは,10秒以内に,ボールをフロント・コートに進めなければならない。

〔問2〕サッカーのルールに関する記述として適切でないものは,次の1〜5のうちのどれか。

1　タッチラインの長さは,最大120m,最小90mである。

2　オフサイドポジションにいること自体は,反則ではない。

3　相手競技者にタックルをした際,反則を取られると相手チームに間接フリーキックが与えられる。

4　主審がプレーを停止した際,ボールアウトオブプレーとなる。

5　FIFA,大陸連盟,または加盟協会の主催下で行われる公式競技

会の試合では，いかなる試合でも最大3人までの交代を行うことができる。

〔問3〕バレーボールのルール用語に関する記述として適切でないものは，次の1〜5のうちのどれか。

1　フォアヒット(オーバータイムス)…同一チームのプレイヤーが連続して4回以上ボールをプレイしたときの反則(ブロッキングのとき，またはネットにボールが触れた場合は4回まで許される)。

2　ダブルコンタクト(ドリブル)…ボールを明瞭にはじかずに(ヒットせずに)，プレイヤーの手や腕などの体の一部に静止させたり，押し運んだときの反則。

3　ポジショナルフォールト…バックプレイヤーがアタックラインを踏んだり，踏み越すなどフロントゾーン内から，ネットの上端より完全に高いボールをアタックヒットした場合，または，ブロックに参加した場合の反則。

4　ペネトレーションフォールト…足がセンターラインを完全に踏み越して相手コート内へ侵入した場合の反則。

5　アシステッドヒット…競技場内でプレイヤーが同一チームのプレイヤーや，外部の構造物・物体の助けを借りて，ボールをプレイしたときの反則。

〔問4〕ソフトボールに関する記述として適切でないものは，次の1〜5のうちのどれか。

1　正式なゲームは7イニングである。

2　スリングショットモーションとは，腕を後方に大きく振り上げての投球である。

3　1920(大正9)年に成瀬仁蔵がソフトボールを日本に紹介した。

4　投球前にピッチャープレートに両足をつけ2〜5秒静止する。

5　ストライクゾーンは打者の両脇の下と両膝の間で本塁上の空間のことである。

〔問5〕卓球に関する記述として適切でないものは，次の1〜5のうちのどれか。

1　プッシュとは無回転球のことである。

2　ネットに当たって入ったサービスはレットとする。

3　球が自分側のコートでバウンドする前に打つことは，ボレーという反則になる。

4　ツッツキとは球の下部をこすり抜くように打つ打ち方のことである。

5　1902(明治35)年に坪井玄道が卓球を日本に紹介した。

(☆☆☆◎◎◎)

【6】武道に関する次の各問に答えよ。

〔問1〕次の「学校体育実技指導資料　第2集　柔道指導の手引　(三訂版)」(文部科学省　平成26年2月)に示された柔道の投げ技に関する記述ア～エについて，正しいものを○，誤っているものを×とするとき，その組み合わせとして適切なものは，あとの1～5のうちのどれか。なお，投げ技，抑え技ともに技をかける方を「取」，受ける方を「受」と表記している。

ア　支え技系は，取が前さばき(後ろさばき)で受を前に崩し，受が右足を支点に横受け身をとる技のまとまりである。膝車，支え釣り込み足などがある。

イ　まわし技系は，取が前回り(後ろ回り)さばきを使って受を前に崩し，受が右足を支点に後ろ受け身，または宙を舞うように前回り受け身をとる技のまとまりである。大腰，背負い投げなどがある。

ウ　刈り技系は，取が前さばき(後ろさばき)で受を後ろに崩し，受は左足または右足を支点に横受け身をとる。進んだ段階では宙を舞うように後ろ受け身をとる技のまとまりである。大外刈り，内股などがある。

エ　払い技系は，歩み足で前後に移動したり，継ぎ足で横へ移動する時などに，受を横や斜め横方向に崩し，受は足を払われ宙を舞うように横受け身をとる技のまとまり。送り足払い，浮き技など

がある。

```
1  ア－○   イ－×   ウ－×   エ－×
2  ア－×   イ－○   ウ－×   エ－○
3  ア－×   イ－○   ウ－○   エ－×
4  ア－○   イ－○   ウ－×   エ－○
5  ア－○   イ－○   ウ－○   エ－○
```

〔問2〕次の記述は，柔道の反則の種類に関するものである。ア～エに当てはまるものの組み合わせとして適切なものは，下の1～5のうちのどれか。

ア　犯した程度が，さらに犯せば「ウ」と認められる場合で，「技あり」と同等にみられる。

イ　積極的な戦意に欠け，攻撃しない場合(25秒)に与えられる。

ウ　相手の身体に危害を及ぼす動作や言動があって，その程度が重い場合。

エ　犯した程度が，さらに犯せば「ア」と認められる場合で，「有効」と同様にみなされる。

```
1  ア－指導     イ－反則負け   ウ－注意     エ－警告
2  ア－反則負け   イ－注意     ウ－指導     エ－警告
3  ア－注意     イ－警告     ウ－指導     エ－反則負け
4  ア－警告     イ－指導     ウ－反則負け   エ－注意
5  ア－注意     イ－指導     ウ－警告     エ－反則負け
```

〔問3〕剣道に関する記述として適切でないものは，次の1～5のうちのどれか。

1　有効打突の判定は，3人の審判のうち2人以上が認めたとき，または，1人が有効と表示し，2人が棄権した場合。

2　足さばきの種類は，歩み足，送り足，閉じ足，継ぎ足。

3　三殺法とは，相手の剣，技，気を殺すという攻撃方法。

4　出ばな面とは，相手が打とうとして手もとを上げた(下げた)とき，隙ができた面を打つこと。

5　不動心とは，相手の変化，動作に惑わされず，実力を発揮でき

る心。

〔問4〕相撲の基本動作を表す用語として適切でないものは，次の1～5
のうちのどれか。

1　腰割り　　2　調体　　3　運び足　　4　塵浄水

5　体落とし

(☆☆☆◎◎◎)

【7】ダンスに関する次の各問に答えよ。

〔問1〕フォークダンスに関して，曲目とその地域の組み合わせとして
適切でないものは，次の1～5のうちのどれか。

1　マイム・マイム　　　　　　ー　　イスラエル

2　トゥ・トゥール　　　　　　ー　　デンマーク

3　セントバーナード・ワルツ　ー　　イギリス

4　ラ・クカラッチャ　　　　　ー　　メキシコ

5　ハーモニカ　　　　　　　　ー　　アメリカ

〔問2〕創作ダンスの用語に関する記述として適切でないものは，次の
1～5のうちのどれか。

1　アシンメトリーは，バラバラに点在して動くが，全体的には調
和がとれている。開放感や広がりを表す。

2　コントラストは，密集ー分散など群の動きに変化を付けて空間
が変化するように動く。

3　カノンは，いくつかのグループに分かれ，何呼間かずらして動
く。動きを追うことで流れや統一性を表す。

4　ユニゾンは，同一の動きで盛り上がりを強調し，一致，調和，
和合を表す。

5　シンメトリーは，左右対称的に動き，均衡や安定感を表す。

〔問3〕創作ダンスの作品創作の手順として，最初を「テーマを選択する」，最後を「発表し合い鑑賞する」とした場合，その間に入る次の手順ア～エを左から順に並べたものとして適切なものは，下の1～5のうちのどれか。

ア　テーマにふさわしい特徴のある動きを工夫し，選曲をする。

イ　踊り込んで仕上げる。

ウ　表現の中心を定めて作品全体の見通しを立てる。

エ　群(集団)の動き方，空間の使い方，作品のはこびを工夫する。

1　ア→イ→ウ→エ　　2　ア→ウ→エ→イ　　3　イ→エ→ア→ウ

4　ウ→ア→エ→イ　　5　エ→ウ→イ→ア

〔問4〕次の文章は，中学校学習指導要領解説　保健体育編に示された「現代的なリズムのダンス」についての記述である。語群ア～オのうち空欄　A　，　B　に当てはまるものの組み合わせとして適切なものは，下の1～5のうちのどれか。

---

　　第3学年では，リズムの特徴をとらえ，変化とまとまりを付けて，リズムに乗って体幹部を中心に全身で自由に　A　踊ることができるようにする。「変化とまとまりを付けて」とは，　B　動きを繰り返す，対立する動きを組み合わせる，ダイナミックなアクセントを加えるなどの変化や，個と群の動きを強調してまとまりを付けることである。

---

〈語群〉

ア　短い　　イ　激しく　　ウ　弾んで　　エ　リズミカルに

オ　長い

1　A－ウ　B－ア　　2　A－エ　B－オ　　3　A－イ　B－ア

4　A－エ　B－ア　　5　A－ウ　B－オ

(☆☆☆◎◎◎)

243

【8】体育理論に関する次の各問に答えよ。

〔問1〕次の文章は，スポーツ文化に関する記述である。空欄　A　，
　　　　　B　に当てはまる語句の組み合わせとして適切なものは，下の1～
　　　5のうちのどれか。

　　スポーツ文化という言葉は，どれくらい前から使われるよ
　うになったのであろう。文化という言葉自体は，すでに明治
　時代から盛んに使われている。しかし，スポーツという言葉
　は昭和初期に一般化し，戦後本格的に定着した。そのため，
　スポーツと文化が合わさったスポーツ文化という言葉が人々
　に使用されるようになったのは，スポーツが盛んになった
　1970年代以降のことである。
　　スポーツ文化という言葉が使われだしたきっかけは，メキ
　シコオリンピックが開催された　A　年に　B　がスポーツ
　について以下のような明確な定義を提唱したことであった。
　スポーツの意味が世界的に統一されたことから，スポーツ文
　化という言葉も誕生してきたのである。
　　　B　では，スポーツとは「プレイの精神を持ち，自分自
　身や他人との闘争，あるいは自然との競争のことである」と
　定義している。スポーツは，きわめて広い範囲におけるプレ
　イの精神をもった闘争を含んでいることが理解できる。広い
　意味でグループ化すると，「スポーツ観」・「スポーツ技
　術」・「スポーツ規範」・「スポーツ事物」に分類化された
　事柄といえよう。

　　　　　　　　　　　　（「スポーツの歴史と文化」より一部改変）

1　A－1936　　B－国際スポーツ・体育評議会(ICSPE)
2　A－1960　　B－日本オリンピック委員会(JOC)
3　A－1968　　B－国際スポーツ・体育評議会(ICSPE)
4　A－1972　　B－国際オリンピック委員会(IOC)
5　A－1984　　B－国際オリンピック委員会(IOC)

〔問2〕次の文章は，近代体育に関する記述である。語群ア～オのうち空欄 A ， B に当てはまるものの組み合わせとして適切なものは，下の1～5のうちのどれか。

> グーツムーツによると，広く身体的資質の発達や形成にかかわる教育的いとなみとしては「身体教育」があり，これは養生的領域と体育的領域を含む。これに対して， A や作業や本来の体育的運動(走・跳・投・その他)よりなる活発な教育的身体運動による教育的いとなみとしては「体育」があり，これこそ人間の身体的資質の発達完成を求める新しい B 領域であった。

〈語群〉
ア　理論　　イ　教育　　ウ　医学　　エ　技能　　オ　遊戯
1　A－オ　B－イ　　2　A－ウ　B－エ　　3　A－ア　B－エ
4　A－ウ　B－イ　　5　A－オ　B－ア

〔問3〕古代オリンピックで行われていた種目として適切でないものは，次の1～5のうちのどれか。
1　幅跳び　　　　2　サッカー　　3　ボクシング
4　レスリング　　5　五種競技

〔問4〕次の文章は，高村光太郎の「智恵子抄」の一節で，昭和初期の時期を示す表現として昭和7年のオリンピック大会が挙げられている。空欄に当てはまるこのオリンピック大会として適切なものは，あとの1～5のうちのどれか。

> 昭和六年私が三陸地方へ旅行してゐる頃，彼女に最初の精神変調が来たらしかつた。私は彼女を家に一人残して二週間と旅行をつづけた事はなかつたのに，此の時は一箇月近く歩いた。不在中泊りに来てゐた姪や，又訪ねて来た母などの話をきくと余程孤独を感じてゐた様子で，母に，あたし死ぬわ，と言つた事があるといふ。丁度更年期に接してゐる年齢であ

つた。翌七年は [　　　] でオリムピックのあつた年であるが，その七月十五日の朝，彼女は眠から覚めなかつた。

(高村光太郎の「智恵子抄」より一部改変)

1　ベルリン　　　　2　パリ　　　　　　3　アムステルダム
4　ロサンゼルス　　5　ストックホルム

〔問5〕「スポーツ立国戦略(案)－スポーツコミュニティ・ニッポン－」(平成22年7月20日　文部科学省)に関する記述として適切でないものは，次の1～5のうちのどれか。

1　本戦略は，我が国の「新たなスポーツ文化の確立」を目指し，人(する人，観る人，支える(育てる)人)の重視，連携・協働の推進を「基本的な考え方」として，それらに導かれる今後概ね10年間で実施すべき5つの重点戦略，政策目標，重点的に実施すべき施策や体制整備の在り方などをパッケージとして示した広範囲をカバーするものとなっている。

2　文部科学省は，本戦略に掲げる施策を総合的かつ積極的に推進し，我が国の一層のスポーツ振興に取り組むことにより，スポーツ立国の実現を目指す。

3　スポーツは，世界の人々に大きな感動や楽しみ，活力をもたらすものであり，言語や生活習慣の違いを超え，人類が共同して発展させてきた世界共通の文化の一つである。

4　スポーツは，人格の形成，体力の向上，健康長寿の礎であるとともに，地域の活性化や，スポーツ産業の広がりによる経済的効果など，明るく豊かで活力に満ちた社会を形成する上で欠かすことのできない存在である。

5　文部科学省では，現在の「オリンピック憲章」を見直し，新たにこれに代わる「スポーツ基本法」の検討を視野に入れ，今後の我が国のスポーツ政策の基本的な方向性を示す「スポーツ立国戦略」の策定に向けた検討を進めてきた。

(☆☆☆◎◎◎)

【9】保健に関する次の各問に答えよ。

〔問1〕次の文章は，心身相関に関する記述である。空欄　A　，
　　　　B　に当てはまる語句の組み合わせとして適切なものは，下の1〜
　　　5のうちのどれか。

> 　軽い運動をすると，気分が爽快になり，思考も活発になる。
> 逆に，気持ちがゆったりとリラックスしていると，体の動き
> が軽くなり，スポーツでよい記録を出せることがある。これ
> らは，心と体の密接なかかわりを示す心身相関の例である。
> 　スポーツの大会や，練習成果の発表会を控えたときなどに，
> 「勝てるだろうか」「うまくできるだろうか」などの思いが出
> てくることがある。それは　A　の働きによるものである。
> これが　B　に影響を及ぼし，不安を生じさせる。　B　に
> よって生じた不安は，自律神経系や内分泌系を介して，意志
> とは関係なく心臓がどきどきしたり，唾液の分泌が減っての
> どがかわいたりなど，体の働きに影響を及ぼす。

1　A−脳幹　　　　　　B−小脳
2　A−大脳辺縁系　　　B−脊髄
3　A−小脳　　　　　　B−大脳新皮質
4　A−大脳新皮質　　　B−大脳辺縁系
5　A−脊髄　　　　　　B−脳幹

〔問2〕次の記述は，生活習慣病に関するものである。ア〜エに当ては
　　　まるものの組み合わせとして適切なものは，あとの1〜5のうちのど
　　　れか。

　ア　心筋に栄養と酸素を補給している冠状動脈の硬化がもとになっ
　　　て起こる病気。冠状動脈が詰まり，心筋が壊死するものが心筋梗
　　　塞，血液が流れにくくなって胸に痛みなどが生じるものが狭心症
　　　である。

　イ　脳内の血管が破れて出血を起こす脳出血と，脳内の血管が詰ま
　　　って血流がとだえてしまう脳梗塞などがある。食塩の過剰摂取や

247

飲酒が危険な要因とされている。

ウ　血液中の脂質のうち，中性脂肪やLDL(悪玉)コレステロールが過剰な状態，あるいはHDL(善玉)コレステロールが少ない状態。動脈硬化をもたらす。

エ　インスリンというホルモンの作用不足により，血液中の糖の濃度が高くなってしまう病気。失明や腎臓の障害，足の壊疽(組織の死)が起きたり，他の生活習慣病になりやすくなる。肥満と運動不足が発病に関係する。

1　ア－脳卒中　　　　イ－2型糖尿病　　　　ウ－虚血性心疾患
　　エ－脂質異常症

2　ア－虚血性心疾患　イ－脳卒中　　　　　ウ－脂質異常症
　　エ－2型糖尿病

3　ア－脂質異常症　　イ－虚血性心疾患　　ウ－脳卒中
　　エ－2型糖尿病

4　ア－2型糖尿病　　イ－脳卒中　　　　　ウ－脂質異常症
　　エ－虚血性心疾患

5　ア－脳卒中　　　　イ－虚血性心疾患　　ウ－2型糖尿病
　　エ－脂質異常症

〔問3〕ヘルスプロモーションに関する記述として適切なものは，次の1～5のうちのどれか。

1　よいアイディアを生み出すための方法の一つで，みんなで自由に意見を出し合うことである。質よりも量であり，人の意見に便乗した発言も許される。

2　一時的に強い快感を得たり，薬物の効果が切れたときの苦痛(強い不安やイライラ，幻覚，けいれんなど)から逃れたりするために繰り返して使い，自分の意志では薬物をやめられなくなった状態のことである。

3　人びとがみずからの健康をコントロールし，改善できるようにするプロセスであり，健康のための政策づくり，健康を支援する環境づくり，地域活動の活性化，治療中心から自己健康管理中心

の保健サービスへの方向転換，個人の能力を高めること，があげられる。

4　内臓脂肪型肥満を共通の要因として，高血糖，高血圧，脂質異常のうち2項目以上にあてはまる状態をいう。2008年4月から40〜74歳を対象にこれに着目した特定健康診査および特定保健指導が開始された。

5　人工的に呼吸と血液循環の働きを確保するための方法であり，その手技として，気道確保，人工呼吸，胸骨圧迫，AEDによる除細動がある。

〔問4〕交通事故の防止に関して，自動車の空走時間(運転者が危険を知覚してから自動車の減速が始まるまでの走行(空走)の時間)は次のア〜ウの3つの時間から構成されている。ア〜ウの組み合わせとして適切なものは，下の1〜5のうちのどれか。

ア　危険を知覚してから右足がアクセルペダルを離れるまでの時間。

イ　右足がアクセルペダルを離れてからブレーキペダルにのるまでの時間。

ウ　ブレーキペダルを踏み始めてからブレーキが効き始めるまでの時間。

1　ア－踏替時間　　イ－踏込時間　　ウ－反応時間

2　ア－反応時間　　イ－踏替時間　　ウ－踏込時間

3　ア－踏込時間　　イ－反応時間　　ウ－踏替時間

4　ア－反応時間　　イ－踏込時間　　ウ－踏替時間

5　ア－踏替時間　　イ－反応時間　　ウ－踏込時間

〔問5〕近代オリンピックの創案者として適切なものは，次の1〜5のうちのどれか。

1　グーツムーツ　　2　ヤーン　　　　3　サマランチ

4　嘉納治五郎　　　5　クーベルタン

(☆☆☆◎◎◎)

249

## 解答・解説

# 熊本県

## 【一次試験・中学校】

【1】1　ア　④　　イ　⑦　　ウ　⑤　　エ　⑥　　2　・条件を変えた技に取り組ませる。　　・発展技(など難易度の高い技)に挑戦させる。・学習した技の出来映えを高めさせる。などから2つ

3　・マットの持つところ(みみ)をしまう。　　・マットに隙間ができたら直す(元に戻す)。　　・セーフティマット等は置き方や置く場所に留意する。　　・児童生徒の活動が交錯しないように器具等を配置する。・跳び箱や平均台を運搬するときは，横向きで運搬するようにする。・跳び箱の運搬では，1段目が大きく重いため，1段目だけを運搬するようにする。　　・セーフティマットの中のスポンジ等の定期的な点検を行う。　　・固定施設は，目で見る，実際に触る，異常音の確認をする等の安全点検を行う。などから2つ

4　足が上がらない生徒への指導…・感覚つくりの運動を行う。(かえるの足うち，ウサギ跳びなど)　　・正面指示臥から倒立，肋木で壁登り倒立，台から倒立などを行う。　　腰が十分に上がらず，手足を付く位置が直線でない生徒への指導…・手足を一直線に着けるようマットの上に目印を置く。　　・腰を持って回転の補助をする。　　・言葉がけをする。…「踏切を強く足を振り上げよう」

〈解説〉1　体育分野については，発達の段階のまとまりを踏まえ，指導
　　　内容も目標と同様に，第1学年及び第2学年と第3学年に分けて，「(1)技
　　　能(「体つくり運動」は運動)」「(2)態度」「(3)知識，思考・判断」に整
　　　理・統合して示されているので，中学校学習指導要領解説で正しく理
　　　解しておこう。　　2　器械運動では，生徒の技能・体力の程度に応じ
　　　て条件を変えた技，発展技など難易度の高い技に挑戦するとともに，
　　　学習した基本となる技の出来映えを高めることも器械運動の特性や魅

力に触れるうえで大切である。　3　「学校体育実技指導資料第10集器械運動指導の手引」の「第4章　器械運動系の指導と安全」や「第5章　1．施設や用具を活用する際の留意点と活用方法」の項を学習しておくとよい。　4　側方倒立回転は，腰の位置を高く保ちながら側方に手を着き，倒立を経過しながら直線上を側方に回転し，側方立ちになる，回転系ほん転技群の技である。腰が十分に上がらない，手足を着く位置が直線でないなど，技術面で予想されるつまずきに対する支援方法はしっかりと学習しておきたい。

【2】・粘り強くやり遂げる。　・ルールを守る。　・集団に参加し協力する。　・生活習慣の大切さを知り，自分の生活を見直す。などから2つ

〈解説〉保健体育科における道徳教育の指導については，学習活動や学習態度への配慮，教師の態度や行動による感化とともに，「心と体を一体としてとらえ，運動や健康・安全についての理解と運動の合理的な実践を通して，生涯にわたって運動に親しむ資質や能力を育てるとともに健康の保持増進のための実践力の育成と体力の向上を図り，明るく豊かな生活を営む態度を育てる」という目標と道徳教育との関連を明確に意識しながら，適切な指導を行う必要がある。また，道徳の時間で取り上げたことに関係のある内容や教材を保健体育科で扱う場合には，道徳の時間における指導の成果を生かすように工夫することも考えられるため，保健体育科の年間指導計画の作成などに際して，道徳教育の全体計画との関連，指導の内容及び時期等に配慮し，両者が相互に効果を高め合うようにすることが大切になってくる。

【3】1　・シュートをする。　・パスをする。　・パスやドリブルでボールをキープする。などから2つ　　2　・プレイヤーの人数の工夫　・コートの広さの工夫　・用具の工夫　・プレイ上の制限の工夫などから2つ

〈解説〉1「ボール操作」とは，手や足などを使ってボールを操作し，シ

ュートやパスをしたり，ボールをキープすることなどである。シュートは味方から受けたボールを得点をねらって相手ゴールに放つこと，パスは味方にボールをつなぐこと，キープはボールを相手に奪われないように保持することである。　２　ちなみに第3学年のネット型の運動では，「役割に応じたボール操作や安定した用具の操作と連携した動きによって空いた場所をめぐる攻防を展開すること」が技能のねらいとして示されている。第1学年及び第2学年での学習を受け，第3学年では，ポジションの役割に応じたボールや用具の操作によって，仲間と連携した「拾う，つなぐ，打つ」などの一連の流れで攻撃を組み立てたりして，　相手側のコートの空いた場所をめぐる攻防を展開できるようにする。指導に際しては，仲間と連携した動きによって空いている場所を攻撃したり，空いている場所を作りだして攻撃したり，　その攻撃に対応して守ることを中心に自己のチームや相手チームの特徴を踏まえた作戦を立てて，ボールや用具の操作とボールを持たないときの動きに着目させ，学習に取り組ませることが大切になる。

【4】1　(1)　発育急進期　　(2)　体つくり運動　　(3)　呼吸器
2　・3年間で48単位時間を配当する。　　・3年間を通して適切に配当
し，各学年において適切な時期にある程度まとまった時間を配当する。
〈解説〉1　(1)　骨，筋肉，心臓，肺，胃腸，肝臓などは，大人になるまでに二度，急速に発育・発達する「発育急進期」と呼ばれる時期がある。一度目は乳幼児のころで，二度目は一般的に小学校高学年から高校生の思春期の頃である。なお，「発育」とは大きさや重さが増すことであり，「発達」とははたらきが高まることをいう。　　(2)　エの「精神と身体は，相互に影響を与え，かかわっていること。欲求やストレスは，心身に影響を与えることがあること。また，心の健康を保つには，欲求やストレスに適切に対処する必要があること」という指導については，体育分野の内容の「A体つくり運動」領域の「ア体ほぐしの運動」にある「体ほぐしの運動では，心と体の関係に気付き，体の調子を整え，仲間と交流するための手軽な運動や律動的な運動を

行うこと」との関連を図って指導することが, 内容の取扱いに示されている。 (3) 内容の(1)のアについては, 呼吸器, 循環器を中心に取扱うものとする。 2 3学年間で各分野に当てる授業時数は, 例えば, 体ほぐしの運動と心の健康, 水泳と応急手当などの指導など, 体育分野と保健分野との密接な関連をもたせて指導するように配慮する必要があるものもあるため, 若干の幅をもたせて「程度」としている。また, 保健分野の学年別の授業時数の配当については, 3学年間を通して適切に配当するとともに, 生徒の興味・関心や意欲などを高めながら効果的に学習を進めるため, 学習時間を継続的又は集中的に設定することが望ましいとされている。

【5】1 (1) 化学的環境・生物学的環境・社会的環境・文化的環境のうち2つ (2) ・発達の段階を踏まえること。 ・学校全体で共通理解を図ること。 ・保護者の理解を得ること。のうち2つ
(3) 使用量・使用時間・使用回数のうち2つ 2 ア 仮説
イ 検証 ウ 法則
〈解説〉1 (1) 主体の要因には, 年齢, 性, 免疫, 遺伝などの素因と, 生後に獲得された食事, 運動, 休養及び睡眠を含む生活上の様々な習慣や行動などがある。そして環境の要因には, 温度, 湿度や有害化学物質などの物理的・化学的環境, ウィルスや細菌などの生物学的環境, 人間関係や保健・医療機関などの社会的環境などがある。
(2) 第3学年では, エイズや性感染症の増加とその低年齢化が社会問題になっていることから, エイズの病原体はヒト免疫不全ウイルス(HIV)であること, その主な感染経路は性的接触であることから, 感染を予防するには性的接触を避けることが大切であり, コンドームの使用などが有効であることなどが指導される。 (3)「『生きる力』を育む中学校保健教育の手引き(文部科学省)」には, 医薬品の正しい使用に関する主な学習内容・学習活動として,「医薬品の説明書を基にしながら, 使用回数, 使用時間, 使用量などの使用法について話合いや意見交換をする」「薬の正しい使い方を確認し, 主作用と副作用に

ついて説明を聞く」「本時を振り返り，医薬品の正しい使用について知る」ことなどが示されている。　2　中学校保健分野の内容については，改訂によって中学校における基礎的事項を明確にし，生活習慣の乱れやストレスなどが健康に影響することを学べるよう，健康の概念や課題などの内容を明確に示すとともに，二次災害によって生じる傷害に関する内容や，医薬品に関する内容が新たに加えられた。そしてその際，心身の健康の保持増進にかかわる資質や能力を育成するため，基礎的・基本的な知識の暗記や再現にとどまらず，知識を活用する学習活動によって思考力・判断力などの資質や能力が育成されるよう，実習や実験などの指導方法の工夫を行うことが示された。

【6】1　・環境条件に応じて運動する。　・通気性のよい衣服や帽子を着用する。　・こまめに水分補給する。　・肥満や体力低下など暑さに弱い人は特に注意する。　・体を暑さに慣らす。などから2つ
2　吸入すると一酸化炭素中毒を容易に起こし，人体に有害であるため。　3　再利用(リユース)・再生利用(リサイクル)・ごみの減量(リデュース)

〈解説〉1　熱中症の予防には，「暑さを避ける(日陰を歩いたり，帽子をかぶったりする)」「服装を工夫する(通気性のよい，汗を吸収しやすい素材の服や下着を着る)」「こまめに水分を補給する(たくさん汗をかく場合は，0.1〜0.2％程度の食塩水が適当)」「急に暑くなる日に注意する」「個人の条件を考慮する(その日の体調を確認する)」「集団活動の場ではお互いに配慮する」などの対策が考えられる。　2　学校環境衛生基準では，一酸化炭素の許容濃度は0.001％以下とされている。また，二酸化炭素濃度は0.15％以下であることが望ましいとされている。
3　3Rとは，環境省が循環型社会の形成を目的に策定した「循環型社会形成推進基本法」(平成12年6月)に基づく取り組みである。「リデュース(Reduce)」はごみの発生を抑えること，「リユース(Reuse)」は使用した製品やその一部を繰り返し使用すること，「リサイクル(Recycle)は使用した製品やその一部を資源として再生使用することを表す。

【7】1　人的要因・環境要因・車両要因のうち2つ　　2　(1)　二次災害
(2)　・日頃から災害時の安全確保に備えておく。　　・周囲の状況を的
確に判断し，冷静，迅速，安全に行動する。　　・事前の情報やテレビ，
ラジオ等による災害情報を把握する。のうち1つ

〈解説〉1　交通事故の発生要因には，交通ルールを守らないなどの本人
の不適切な行動による人的要因，道路の状態や交通安全施設・気象条
件などの環境要因，車両の特性や車両の欠陥・整備不良などの車両要
因などがかかわっている。　　2　自然災害による傷害は，地震などの
災害発生時だけでなく，地震に伴って，津波，土砂崩れ，地割れ，火
災などによる二次災害によっても生じる。その防止には，日頃から災
害時の安全の確保に備えておくこと，地震などが発生した時や発生し
た後，周囲の状況を的確に判断し，冷静・迅速・安全に行動すること，
事前の情報やテレビ，ラジオ等による災害情報を把握する必要がある。

【8】1　毛細血管の収縮，心臓への負担，運動能力の低下のうち1つ
2　成人に比べ依存症になりやすく，喫煙開始年齢が早いほどがん(肺
がん)になりやすいから。　　3　特徴…・潜伏期間が長い。　・免疫
機能を低下させる。　　・熱に弱い。　　・空気に触れることに弱い。の
うち1つ　　　感染経路…・性的接触　　・血液媒介(母子感染・医療器
具)

〈解説〉1　喫煙については，たばこの煙の中にはニコチン，タール，一
酸化炭素などの有害物質が含まれ，それらの作用により，毛細血管の
収縮，脈拍数の増加，血圧の上昇，酸素運搬能力の低下，のどの線毛
の消耗，めまい，せき，心臓への負担などの様々な急性影響が現れ，
思考能力や運動能力の低下などを引き起こす。　　2　発育期にある未
成年者は有害物質の影響を受けやすく，喫煙の開始年齢が低いほど，
がんや心臓病にかかる可能性が高くなる。また，未成年者が喫煙を経
験するとニコチンの依存症に陥りやすく，依存症が急激に進むことが
明らかになっている。　　3　エイズ(AIDS:Acquired Immuno Deficiency
Syndrome，後天性免疫不全症候群)の原因となる病原体は，HIV

(Human Immunodeficiency Virus，ヒト免疫不全ウィルス)で，リンパ球という白血球の中で繁殖する。そのため，リンパ球が多く含まれる精液，膣分泌液，血液などの体液を介して感染する性的接触などによるものと，割合としては低いが，注射器具の共用による血液媒介感染，妊娠中や出産前後に子どもにうつる母子感染などの感染経路がある。若い世代においては，そのほとんどが性的接触による感染である。HIVに感染すると，免疫のはたらきが低下し，さまざまな感染症やがんなどの病気にかかりやすくなる。HIVの潜伏期間は長く，10年以上発病しない場合もあるが，その間も感染力はあるため，感染拡大の原因になっている。

## 【一次試験・高等学校】

【1】1　A　疾病構造　　B　行動選択　　C　意志決定　　2　応急手当

〈解説〉1　「(1)現代社会と健康」は，「健康の考え方」「健康の保持増進と疾病の予防」「精神の健康」「交通安全」「応急手当」の5つの内容で構成されている。高等学校学習指導要領解説には，応急手当について，日常的な応急手当及び心肺蘇生法(気道確保・人口呼吸・胸骨圧迫)，AED(自動体外式除細動器)の使用などについて，実習を通して理解できるようにすることが示されている。

【2】1　A　フェアなプレイ　　B　合意形成　　2　武道　　3　2つ
4　①，②，④

〈解説〉1　「E球技」の「2　態度」の内容からの出題である。「フェアなプレイを大切にしようとする」とは，主体的な学習の段階では，決められたルールや自分たちで決めたルール，マナーを単に守るだけではなく，練習やゲームで相手の素晴らしいプレイを認めたり，相手を尊重したりするなどの行動を通して，フェアなプレイを大切にしようとすることを示している。「合意形成に貢献しようとする」とは，チームや自己の課題の解決に向けて，自己の考えを述べたり，相手の話

を聞いたりするなど，チームの話合いに責任をもってかかわろうとすることを示している。　2　球技の領域の取扱いは，入学年次においては，「E球技」及び「F武道」のまとまりの中から1領域以上を選択し履修することができるようにすることとしている。また，その次の年次以降においては，「B器械運動」から「Gダンス」までの中から2領域以上を選択して履修できるようにすることとしている。　3　球技は，ゴール型，ネット型，ベースボール型で示されている。入学年次においては，三つの型の中から二つの型を，その次の年次以降においては，三つの型の中から一つの型を選択して履修できるようにすることとしている。　4　入学年次には，用具の安全確認の仕方，段階的な練習の仕方，けがを防止するための留意点などを，その次の年次以降には，体調の変化に応じてとるべき行動や，自己の体力の程度に応じてけがを回避するための適正な運動量，けがを未然に防ぐための留意点などを理解し，取り組めるようにする。

【3】1　③　　2　②　　3　フラッシュバック　　4　ロールプレイング（役割演技法）

〈解説〉1　薬物は，脳に作用し，脳を異常に興奮させたり抑制したりする。大麻や向精神薬・有機溶剤は抑制作用があり，覚せい剤や幻覚剤（MDMAなど）は興奮作用がある。　2　精神依存とは薬物なしにはいられないと感じること，身体依存とは薬物なしには身体が正常に働かなくなることである。精神依存はすべての薬物にみられ，身体依存は一部の薬物，向精神薬，アヘン型の麻薬に非常に強くみられる。

3　フラッシュバックとは，薬物の使用をやめていても，強いストレスなどにより，幻覚など乱用時と同じ症状が出ることである。

4　ロールプレイングとは役割演技法とも呼ばれる。ある場面における役柄を演じることにより，人間関係について考えたり練習したりすることで，現実問題への思考力，判断力，対処能力が身に付くとされる。

【4】1　高温期　　2　○　　3　環境基本法　　4　ニコチン　　5　○
〈解説〉1　排卵後は黄体ホルモンの影響で基礎体温が上がる。　　2　欲求
不満や葛藤の状態をやわらげ，無意識のうちに心の安定を保とうとす
る働きを適応機制という。昇華のほかに，補償，同一化，合理化，逃
避，抑圧，退行，攻撃などのさまざまな適応機制がある。　　3　環境
基本法は，環境に関する国の政策の基本方向を示す法律で，1993年に
制定されている。それまでの環境行政は，「公害対策基本法」(1967年)
と「自然環境保全法」(1972年)を基本におこなわれていたが，本法の
制定にともない「公害対策基本法」は廃止された。　　4　たばこに含
まれる主な有害物質とその害については理解しておこう。ニコチンは
血管の収縮，血圧の上昇，心拍数の増加などを引き起こし，強い依存
性がある。タールは，肺に付着して肺の働きを低下させるほか，多く
の発がん物質を含む。一酸化炭素は，血液中のヘモグロビンと結びつ
き，血液の酸素運搬能力を低下させたり，血管を傷つける。
5　未成年者飲酒禁止法は1922(大正11)年に制定された。この法律は全
4条からなるもので，第1条では満20歳未満の飲酒を禁止しているほか，
親権者やその他の監督者，酒類を販売・供与した営業者に罰則を科し
ている。

【5】1　A　社会的　　　B　虚弱(病弱)　　　C　コントロール　　　D　プロ
セス　　　E　一般　　　F　特殊　　　2　世界保健機関(WHO)
3　運動名…健康日本21　　　法律名…健康増進法　　　4　労働安全衛生
法
〈解説〉1・2　1946年，世界保健機関(WHO)は世界保健機関憲章に「健
康とは，身体的，精神的，社会的に完全に良好な状態であり，たんに
病気あるいは虚弱でないことではない」と定義している。また，ヘル
スプロモーションとは，1986年のオタワ憲章においてWHOが示した健
康づくりの考え方であり，「人々が自ら健康をコントロールし，改善
するプロセス」と定義されている。　　3　健康づくり支援のための環
境整備なども対象とした「健康日本21(21世紀における国民健康づくり

運動)」(2000年～)は，現在では「健康日本21(第二次)」(2013年～)へと続き，ヘルスプロモーションの考え方にもとづき，「すべての国民がともに支えあい，健やかで心豊かに生活できる活力ある社会の実現」に向けて，一人ひとりが主体的に健康づくりに取り組むとともに，社会全体として支援することが強調されている。この活動の推進には，健康増進法の制定も大きな役割を果たしている。　4　1972(昭和47)年に制定された労働安全衛生法は，職場における労働者の安全と健康を確保するとともに，快適な職場環境を形成することを目的として，労働基準法から分離独立された。この法律には，一般健康診断・特殊健康診断として必要な健康診断項目も定められている。

【6】1　A　敏しょう性(調整力)　　B　20　　C　1　　2　①　　3　③
〈解説〉1　「新体力テスト」で測定評価されるテスト項目と体力要素を正しく理解しておくようにしたい。50m走(スピード)，20mシャトルランまたは持久走(全身持久力)，立ち幅とび(瞬発力)，ハンドボール投げ(巧緻性・瞬発力)，握力(筋力)，上体起こし(筋力・筋持久力)，長座体前屈(柔軟性)，反復横とび(敏捷性)の8項目について，準備や方法，記録，実施上の注意に関する出題頻度も高いので，実施要項を学習しておくようにしよう。　3　「体つくり運動」の体力を高める運動において，新体力テスト等の測定結果を活用し学習の成果を実感させるなどの工夫が求められるが，成長の段階によって発達に差があることなどを踏まえて，測定値の向上のために測定項目の運動のみを行ったり，過度な競争をあおったりすることのないよう留意することが大切である。

【7】1　A　ローマ　　B　世界アンチ・ドーピング機構(WADA)
　C　ユネスコ(教育科学文化機関)　　2　①　　3　6単位時間以上
〈解説〉1　世界の頂点をめざす競技スポーツでは，世界記録の達成や優勝によって，名声やスポンサーからの莫大な賞金が得られるため，薬物などを摂取するドーピング(禁止薬物使用等)が頻繁に起こるように

なった。ドーピングは，選手の健康を損ねるだけではなく，本来フェアであるべきスポーツ精神に反する卑劣な行為であり，能力の限界に挑戦するスポーツの文化的評価を失わせる行為でもある。1960年のローマオリンピックでは，興奮剤を投与された自転車選手が競技中に死亡するという事故も起きた。そこで，1962年のIOC(国際オリンピック委員会)総会でアンチ・ドーピング決議が採択され，1967年にはドーピングコントロールの導入が決定され，1968年のオリンピックから実施されている。そして，スポーツにおけるアンチ・ドーピング運動を促進することを目的として，1999年に世界アンチ・ドーピング機構(WADA)が設立され，わが国でも2001年に日本アンチ・ドーピング機構が設立されている。2005年には国連ユネスコ総会でドーピング防止に関する国際規約が採択され，翌年にはわが国も締結している。

2　ドーピングに関する内容は，入学年次において，「(1)スポーツの歴史，文化的特性や現代のスポーツの特徴」の中で取り上げることになっている。指導に際しては，中学校で「国際的なスポーツ大会などが果たす文化的役割」を学習していることを踏まえ，オリンピックムーブメントとドーピングに重点を置いて取り扱う。　3　「H体育理論」の授業時数を各年次6単位時間以上としたのは，事例などを用いたディスカッションや課題学習などを各学校の実態に応じて取り入れることができるように配慮したためである。

【8】1　運動技能がある程度上達すると，次のステップに進むまでに一時的な停滞や低下の時期が訪れる。この停滞時期をプラトーといい，低下時期をスランプという。　2　オリンピック競技大会を通じて，人々の友好を深め，世界の平和に貢献しようとすること。　3　全身持久力を高めるトレーニングの1つであり，全力ペース強度の運動と完全休息を交互に繰り返すトレーニングのこと。　4　パソコンのディスプレイなどの視覚表示端末を見ながら作業することによって，目の疲れ，首や肩の痛み，頭痛などの症状があらわれること。

5　食中毒を防ぐためには，「①細菌を食品につけない」，「②細菌を増

やさない」,「③細菌を殺す」といった三原則を守ることが大切である。

6　複数の大気汚染物質が太陽からの強い紫外線を受けて化学変化を起こし,その結果つくられる酸化力の強い物質のこと。呼吸困難や手足のしびれを引き起こすことがある。

〈解説〉教員採用試験において,出題頻度の非常に高い用語ばかりである。対策としては,高等学校の保健体育科用教科書を活用し,特に太字の語句について,簡潔に説明できるようにしておくとよい。また,教科書には「保健編」・「体育編」の用語解説が設けられているので,それも学習しておくようにする。

## 【二次試験・中学校】

【1】身体機能の発達は,第1学年で指導すべき内容である。身体の発育・発達には,骨や筋肉,肺や心臓などの器官が急速に発育し,呼吸器系,循環器系などの機能が発達する時期があること,また,その時期や程度には,人によって違いがあることを理解できるようにする。そして,思春期には,生殖器の発育とともに生殖機能が発達することを理解できるようにすると共に,からだの器官は,年齢とともに発育・発達するが,すべての器官が同じ時期に同じように発育・発達するわけではない。骨・筋肉,心臓,肺,胃腸,肝臓などは,大人になるまでに二度,急速に発育・発達する時期(発育急進期)がある。一度目は乳児の頃で,二度目は一般的に小学校高学年から高校生の頃(思春期)で,この時期は,骨や筋肉などの器官の発育・発達に伴い,急速に身長が伸び,体重も増える。また,思春期には,卵巣や精巣などの生殖器も急速に発育・発達する。一方,脳,脊髄などは,早くから発育・発達し,中学生の時期には大人と同じくらい発育している。このように,各器官が発育・発達する時期には,それぞれ特徴があるが,身長の伸び方に個人差があるように,各器官の発育・発達には個人差がある。この指導の工夫としては,小学校理科での学習を思い出して,からだにはどのような器官があるかを調べる学習をまず行う。そして,スキャモンの発育・発達曲線のグラフを活用し,各器官の発育の仕方

を学ぶようにする。人間のからだは，いつも酸素を必要としている。空気中から体内に酸素を取り入れ，体内で発生した二酸化炭素を体外に放出する働きをしているのが呼吸器である。また，肺から取り入れた酸素や，小腸から吸収された養分を全身に運んだり，全身の細胞から出された二酸化炭素を肺に運んだりするのが，循環器の役割である。肺が発育・発達すると，1回の呼吸で取り入れる空気の量が多くなるので，呼吸数が減少する。また，心臓が発育・発達すると，1回の拍出量が増えるので，心拍数が減少する。この指導の工夫としては，生徒各自の1分間の呼吸数と心拍数を測ったり，肺活量計を使用して肺活量を調べたりする活動を取り入れる。そして，呼吸器や循環器の発達に大きな効果がある運動にはどのような運動があるか，班やグループで協力して調べて発表させる活動を取り入れるようにする。思春期になると，脳の視床下部から出るホルモンの作用により，下垂体から性腺刺激ホルモンが分泌され，その働きにより，生殖器の機能が発達し，男女のからだつきや機能のちがいがはっきりとしてくる。生殖機能についても発達する時期や程度には，個人差がある。指導の工夫としては，思春期になって生殖器が発達し，男子では射精，女子では月経がみられることについて，その秘密を具体的に調べて分かったことを仲間に伝え合う学習を身体の秘密カード等をもとに進めるようにする。また，身体的な成熟に伴う性的な発達に対応し，性衝動が生じたり，異性への関心などが高まったりすることなどから，異性への尊重，性情報への対処など，性に関する適切な態度や行動の選択が必要なことにも触れ，これからの日常生活に生かしていきたいと思ったことを話し合ったり，発表し合ったりする。このように，さまざまな器官が急速に発育・発達する思春期は，よりよい発育・発達のために，食事や運動，休養・睡眠の調和のとれた生活を送るとともに，一人ひとりの心やからだの違いを理解し，人間としてお互いに尊重し合い，励まし合える関係をつくっていけるように指導していきたい。

〈解説〉本問においては，次の観点で評価される。　①　語句の表現や記述が適切であり，論理的でわかりやすい構成になっているか。

②　自分の考えを具体的に述べ，教師としての資質(熱意，誠実さ，向上心，柔軟性，協調性，発想力など)がうかがえるか。　③　身体の発育・発達のしかたと個人差について述べられている。　④　呼吸器・循環器・生殖器についてその発達と機能について述べられている。⑤　指導方法の工夫について述べられている。　⑥　学習内容と実生活との関わりについて述べられている。

## 【二次試験・高等学校】

【1】けがや急病は，命にかかわるものもあるので，それぞれの状態に応じた適切な応急手当をその場に居合わせた人がおこなうことが大切である。応急手当は，生命を救うことばかりでなく，傷害の悪化を防いだり，苦痛を緩和したりすることにも役立つ。また，その後に続く救急隊員や医師による処置や治療の効果を高めるので，迅速におこなう必要がある。応急手当が必要となる状況に出会った時は，動揺する気持ちを抑え，まず一刻も早く，①安全の確認，②反応の確認，③呼吸の観察をおこない，状況に応じた適切な手当をおこなうことが大切である。けがや病気で，心肺停止などの状態に陥った時に，救命のため人工的に血液循環と呼吸の働きを確保するための方法が心肺蘇生法である。まず，傷病者が普段通りの呼吸をしていない場合，あるいは呼吸の有無がはっきりしない場合には，ただちに胸骨圧迫をおこなう。人工呼吸ができないか，ためらわれる場合には，人工呼吸を省略して，胸骨圧迫のみを1分間に少なくとも100回のテンポで絶え間なく続けておこなう。人工呼吸ができる場合には，胸骨圧迫を30回続けた後に気道確保をし，人工呼吸を2回おこなう。その後は，胸骨圧迫30回と人工呼吸2回の組み合わせを繰り返しておこなう。人工呼吸による胸骨圧迫の中断が，10秒以上にならないようにする。もし，AEDが手元にあれば，普段通りの呼吸がないことを確認したらただちに使用する。手元にない場合には，心肺蘇生を続け，届きしだい使用する。AEDが発する指示に従い，必要な場合は除細動をおこない，その後胸骨圧迫から心肺蘇生を再開する。以後，心肺蘇生とAEDの手順を繰り返す。

自他の生命や身体を守り，不慮の事故や災害が起こった場合，誰もがこのような応急手当や心肺蘇生の手順をよく理解し身に付けておくとともに，自ら進んで勇気をもって実行できる態度を養っておくことは，安全で安心な社会をつくることに役立つ。そのためには，心肺蘇生法の実習を積極的に取り入れ，正しい知識と自信をもって躊躇なく実施できるようになるための経験・練習を積んで習得させたい。少人数のグループやペアをつくって役割を交代し，お互いにアドバイスもしながら，全員が各手順を確実におこなっていくことができるように指導を工夫していく。保健の学習だけでなく，体育における水泳などとの関連も図り，指導の効果を高められるよう配慮する。このように実習を通して心肺蘇生法の手順及びAEDの使用法を学習し，習熟しておくことにより，一人ひとりが応急手当を自ら進んでおこなう態度を養うことができると考える。

〈解説〉本問においては，次の観点で評価される。　①　語句の表現や記述が適切であり，論理的でわかりやすい構成になっているか。

②　自分の考えを具体的に述べ，教師としての資質(熱意，誠実さ，向上心，柔軟性，協調性，発想力など)がうかがえるか。　③応急手当の意義について述べている内容は適切か。　④心肺蘇生法の方法(気道確保・人工呼吸・胸骨圧迫の方法，AEDの使い方を含む)について述べている内容は適切か。　⑤　応急手当を科目「保健」で取扱ううえでの配慮点について述べている内容は適切か。　⑥　倒れている人を発見した時，自ら進んで応急手当に取り組む態度を育成するための効果的な保健学習の進め方(実習やブレインストーミングなどの学習活動を取り入れた指導の方法及び配慮事項等を含む)について述べている内容は適切か。

# 熊本市

## 【中高共通】

【1】問1 4　　問2 4　　問3 2　　問4 1

〈解説〉問1 「幼稚園，小学校，中学校，高等学校及び特別支援学校の学習指導要領等の改善について(答申)」(中央教育審議会 平成20年1月)において指摘された内容である。これからもわかるように，保健体育科では技能を高めることだけではなく，知識，思考・判断，態度の指導もバランスよく行うことが求められている。 問2 4は高等学校の体つくり運動における「体ほぐしの運動」の行い方の例である。

問3 中央教育審議会の答申の趣旨を踏まえて6つの方針によって学習指導要領の改訂が行われたが，その1つからの出題である。高等学校「体育」の目標としては，小学校から高等学校までの12年間を見通した体系化の最終段階となることから，中学校までの学習の成果を踏まえ，少なくとも1つの運動やスポーツの特性や魅力に深く触れることができるようにすることが求められている。 問4 体ほぐしの運動は，気付き，調整，交流の3つのねらいがあることをおさえておきたい。

【2】問1 5　　問2 3　　問3 1　　問4 3

〈解説〉問1 Aは鉄棒，B，C，Dはあん馬，Eは平行棒の握り方である。鉄棒では類似した握り方で他に，逆手背面や順手背面がある。平行棒では，他に内手という握り方があるので区別しておくこと。

問2 ロンダートとは，側方倒立回転跳び$\frac{1}{4}$ひねりのことである。回転系，ほん転技群，倒立回転グループに分類される。中学校第1学年及び第2学年，中学校第3学年及び高等学校入学年次においては発展技として，高等学校入学年次以降では基本的な技として示されている。

問3 アクロバット系の技は最大5つとされている。 問4 手は，跳び箱が横に設置してあれば台上に着手することになり，縦に設置してある場合でも，台上前転を行う際のように跳び箱の端を手で掴むような着手になる。

【３】問1　2　　問2　3　　問3　2　　問4　1

〈解説〉問1　ディップとは，ハードリングのときに前傾姿勢になること
　　である。　　問2　バトンはスタートラインの前方の地面に触れてもよ
　　い。　　問3　400mまでの競走では，クラウチングスタートを用いる。
　　問4　助走は助走路内であれば，特に距離の規定はない。

【４】問1　1　　問2　3　　問3　1　　問4　5　　問5　2

〈解説〉問1　2　手のひらは「後方に向けて」かく。　　3　脚は「伸ばし
　　て」が正しい。　　4　呼気は水中で「鼻と口」で行う。　　5　「同一側」
　　の脚のけり下ろし動作を合わせる。　　問2　1　両手のひらは「下向き」
　　に揃える。　　2　けり始めの両足先は「親指を外向きに」する。
　　4　足裏で水をけるのは「腕を前方に差し出す間」である。　　5　手は
　　「胸の前」で揃える。　　問3　2　手先は「小指側」から入水させる。
　　3　呼気は「鼻と口」，吸気は「口」で行う。　　4　けり上げた脚を下
　　方に降ろす動作は「脚を伸ばして」自然に行う。　　5　伸ばした手は
　　「親指側から」抜き上げる。　　問4　個人メドレーとメドレーリレーの
　　泳法順序は頻出問題であり間違えやすいのでしっかり覚えておきた
　　い。1がメドレーリレーの泳法順序である。　　問5　グラブスタートと
　　は，スタート台の前縁に両手，両脚を揃えて構えるスタートである。
　　トラックスタートとは，クラウチングスタートとも呼ばれ，グラブス
　　タートの姿勢から後方に片足を引いて構えるスタートである。

【５】問1　5　　問2　3　　問3　2　　問4　3　　問5　1

〈解説〉問1　「10秒以内」ではなく「8秒以内」が正しい。　　問2　この場
　　合は相手チームに直接フリーキックが与えられる。フィールドプレイ
　　ヤーの場合，間接フリークックになるのは，デンジャラスプレイ，オ
　　ブストラクション，オフサイド，GKがボールを手から離すことを妨
　　げた場合である。　　問3　この記述はキャッチボール(ホールディング)
　　のもの。ダブルコンタクトは，同じプレイヤーが続けて2回ボールに
　　触れたり，ボールが連続的に身体の数か所に触れたりしたときの反則

である。　問4　日本には，1921(大正10)年に大谷武一によって紹介され，戦後急速に普及した。1949(昭和24)年には，日本ソフトボール協会が設立された。成瀬仁蔵はバスケットボールを日本に紹介した人物として知られる。　問5　無回転球はナックルボールという。プッシュとは，カットやドライブをかけずに，そのままの状態からさらにラケットを押し出す打ち方で，より強くコースの変更ができる。

【6】問1　1　　問2　4　　問3　2　　問4　5
〈解説〉問1　イ　「後ろ受け身」ではなく「横受け身」が正しい。
ウ　「横受け身」とあるが「後ろ受け身」が正しい。また，内股はまわし技系に分類される。　エ　浮き技は，捨て身技系に分類される。
問2　「指導」は，軽微な禁止事項を犯した場合に課せられる。「注意」は，少し重い禁止事項を犯した場合に課せられる。「指導」＋「指導」でも「注意」となり，「有効」と同等である。「警告」は，重い禁止事項を犯した場合に課せられる。「注意」＋「指導」または「注意」でも「警告」となり，「技あり」と同等である。「反則負け」は，極めて重い禁止事項を犯した場合に課せられる。「警告」＋禁止事項でも反則負けとなり，「一本」と同等である。　問3　剣道は動きながら技をかけたり，相手の技を防いだりするので，自分の姿勢を安定させながら移動することが大切である。この進退動作の基本の歩き方として「継ぎ足」「歩み足」がある。その際「すり足」を用いることで姿勢を安定させる。　問4　体落としは柔道の技の名称である。

【7】問1　5　　問2　2　　問3　4　　問4　1
〈解説〉問1　ハーモニカは，イスラエルのフォークダンスで，軽やかなステップの踊りである。　問2　コントラストとは，動きの強弱や，複数の人数の振りにメリハリをつけた動きのことである。
問3　創作ダンスでは，多様なテーマから，自らが表現したいイメージをとらえ，動きを誇張したり，変化を付けたりして，ひと流れの動きにして表現することができるようにすることが求められる。表した

いイメージを変化と起伏(盛り上がり)のある「はじめ－なか－おわり」のひとまとまりの構成で表現して踊ることができるようにすることが重要である。　問4　現代的なリズムのダンスでは，既存の振り付けなどを模倣することに重点があるのではなく，変化とまとまりを付けて全身で自由に続けて踊ることを強調することが大切である。

【8】問1　3　　問2　1　　問3　2　　問4　4　　問5　5
〈解説〉問1　1968年10月12日，メキシコオリンピックの開催前夜に発表されたスポーツ宣言に関する内容である。その後，1978年11月21日に，フランスのパリで開催された第20回ユネスコ総会において「体育・スポーツ国際憲章」が採択された。　問2　グーツムーツはドイツの体育学者で，実践に基づく体育理論と方法を著述した『青年のための体育』により，近代体育および学校体育の理論を確立した。
問3　紀元前のギリシャやローマをはじめ，世界各地には球体を蹴るゲームに興じていたという記録は残されているが，サッカーは古代オリンピック種目ではない。1863年にイングランドサッカー協会が結成され，協会ルールに基づいたフットボール(サッカー)が誕生した。
問4　選択肢はいずれも夏季オリンピック大会の開催都市で，1は1936年，2は1900年と1924年，3は1928年，4は1932年と1984年，5は1912年の開催都市。　問5　「オリンピック憲章」ではなく「スポーツ振興法」が正しい。

【9】問1　4　　問2　2　　問3　3　　問4　2　　問5　5
〈解説〉問1　心身相関とは，心と身体が相互に影響し合う関係にあることを意味する。心身相関と脳の働きについては比較的出題頻度が高いので，内容をよく把握しておくこと。　問2　ア　動脈の硬化は，高血圧，脂質異常症，喫煙，肥満，糖尿病といった生活習慣病と密接に関わる疾患や生活習慣が主な危険因子とされている。　イ　脳出血，脳梗塞の他，脳動脈瘤が破れて脳の表面(くも膜下腔)に出血するくも膜下出血も脳卒中の一種である。　ウ　以前は高脂血症と呼ばれてい

たが，動脈硬化性疾患予防ガイドライン2007年版で脂質異常症に名称が変更されて以降，この名称が用いられている。　エ　生活習慣とは無関係の自己免疫性疾患である1型糖尿病もあるので注意する。

問3　ヘルスプロモーションとは，WHOがオタワ憲章(1986年)のなかで提唱した概念である。そのなかで，「身体的・精神的・社会的に完全に良好な状態を達成するためには，個人や集団が望みを確認し，要求を満たし，環境を改善し，環境に対処することができなければならない。それゆえ，健康は生きる目的ではなく，毎日の生活の資源である。健康は身体的な能力であると同時に，社会的・個人的資源であることを強調する積極的な概念なのである」と述べられている。バンコク憲章(2005年)など，その後もヘルスプロモーションの定義については検討が加えられている。なお，1はブレインストーミング，2は薬物依存，4はメタボリックシンドローム，5は心肺蘇生法に関する記述である。　問4　実際に危険を感じてから自動車が停止するまでの停止距離は，ブレーキが作動してから停止するまでの制動距離とブレーキが効き始めるまでに走る空走距離との和であり，空走距離を算出するときの運転者の反応時間は一般に0.7秒程度とすることが多い。

問5　「スポーツを通して心身を向上させ，さらには文化・国籍など様々な差異を超え，友情，連帯感，フェアプレーの精神をもって理解し合うことで，平和でよりよい世界の実現に貢献する」とクーベルタンが提唱した理念をオリンピズムと呼ぶ。

## 2015年度 ｜ 実施問題

# 一次試験

### 【中学校】

【1】次の文章は，現行の「中学校学習指導要領　保健体育」の「体育分野　F武道」の一部である。下の1～3の各問いに答えなさい。

(1)　次の運動について，技ができる楽しさや喜びを味わい，基本動作や基本となる技ができるようにする。

ア　柔道では，①相手の動きに応じた基本動作から，基本となる技を用いて，②投げたり抑えたりするなどの攻防を展開すること。

1　下線部①の「相手の動きに応じた基本的動作」を指導する上で，受け身の種類を3つ答えなさい。

2　下線部②の「投げたり抑えたりするなどの攻防を展開する」ために，投げ技の指導を行う際に，対人での段階的な練習方法を3つ答えなさい。また，それぞれの練習で生徒に身に付けさせたい力についてそれぞれ説明しなさい。

3　安全の確保に留意した柔道の3年間を見通した指導計画を作成する上で，あなたが第1学年及び第2学年の指導計画を作成するとしたら，どのような点に留意するか答えなさい。

(☆☆☆☆☆◎◎◎◎)

【2】ダンスについて，次の1，2の各問いに答えなさい。

1　現行の「中学校学習指導要領　保健体育」の「体育分野　Gダンス」に示されている3種類のダンス名を答えなさい。また，それぞれのダンスと関係の深い動きを，次の各文ア～カの中からそれぞれ2つずつ選んで，記号で答えなさい。

ア　短い動きを繰り返す，対立する動きを組み合わせる，ダイナミ

ックなアクセントを加えるなどして，リズムに乗って続けて踊ること。

イ　ものを何かに見立ててイメージをふくらませ，変化のある簡単なひとまとまりの表現にして踊ったり，場面の転換に変化を付けて表現したりすること。

ウ　ドードレブスカ・ポルカなどの隊形が変化する踊りでは，滑らかなステップやターンをして踊ること。

エ　シンコペーションやアフタービート，休止や倍速など，リズムに変化を付けて踊ること。

オ　「走る―跳ぶ―転がる」などをひと流れでダイナミックに動いてみてイメージを広げ，変化や連続の動きを組み合わせて表現すること。

カ　バージニア・リールなどの隊形を組む踊りでは，列の先頭のカップルに動きを合わせて踊ること。

2　次の表は，ダンスの学習評価を行う際に，評価規準に盛り込むべき事項である。表中の①，②に当てはまる最も適当な語句を答えなさい。また，下線部③のダンスを継続して高まる体力を1つ答えなさい。

| 運動への<br>関心・意欲・態度 | 運動についての<br>（　①　） | 運動の技能 | 運動についての<br>（　②　） |
|---|---|---|---|
| ダンスの楽しさや喜びを味わうことができるよう，よさを認め合おうとすること，分担した役割を果たそうとすることなどや，健康・安全に留意して，学習に積極的に取り組もうとしている。 | ダンスを豊かに実践するための学習課題に応じた運動の取り組み方を工夫している。 | ダンスの特性に応じて，交流ができるよう，イメージを捉えた表現や踊りをするための動きを身に付けている。 | ダンスの特性，踊りの由来と表現の仕方，③関連して高まる体力などを理解している。 |

（☆☆☆◎◎◎◎）

【3】次の文章は，現行の「中学校学習指導要領解説　保健体育編」の「保健分野」「3　内容の取扱い」の一部である。あとの1，2の各問いに答えなさい。

(10)　保健分野の指導に際しては，（　①　）する学習活動を取り入れるなどの②指導方法の工夫を行うものとする。

　1　文章中の①に当てはまる適当な語句を答えなさい。

　2　下線部②の「指導方法の工夫」にはどんなものがあるか2つ答えなさい。

(☆☆☆☆◎◎◎◎◎)

【4】応急手当について，次の1〜4の各問いに答えなさい。

　1　ねんざや打撲の応急手当の一つであるRICE手当のRICEとは，4つの処置の頭文字をとったものです。それぞれの手当について説明しなさい。

　2　傷の手当の基本を3つ答えなさい。

　3　次の文中の空欄[　①　]，[　②　]に当てはまる語句をそれぞれ答えなさい。

　　　止血法のなかには，出血している傷口の上に，清潔なガーゼ，ハンカチなどをあて，手で押さえて出血を止める[　①　]止血法と，大きな血管が破れ大量出血したときに傷口より心臓に近い動脈を圧迫して血流を止める[　②　]止血法がある。

　4　次の文中の[　　]に当てはまる数字を下のア〜ウから1つ選び，記号で答えなさい。

　　　一般に，人間の全血液量は，成人では体重の約$\frac{1}{13}$といわれ，全血液量の約[　　]を一時に出血すると危篤状態になり生命に危険がある。

ア　$\frac{1}{2}$　イ　$\frac{1}{3}$　ウ　$\frac{1}{4}$

(☆☆☆◎◎◎◎◎)

【5】体の発育・発達について，次の1〜3の各問いに答えなさい。

　1　あとのグラフは，各器官の発育をその発育速度によって，分類したものである。①〜④のそれぞれの型の名称と主な器官をそれぞれ1つずつ答えなさい。

　2　あとの図の①の器官はどのような働きをするものか説明しなさい。

　3　次の文章中の下線部①〜⑤について，正しければ○を，正しくな

ければ正しい語句をそれぞれ答えなさい。

　思春期になると，脳の①下垂体から②成長ホルモンが分泌されるようになり，その刺激によって，女子では卵巣が，男子では精巣の働きが活発になる。

　呼吸機能の発達は，③脈拍数の減少や④肺活量の増大によって知ることができる。③脈拍数が体の発育にともなって少なくなるのは，肺胞の数が増えたり，肺全体が大きくなったりして，1回の⑤拍出量が増えるからである。

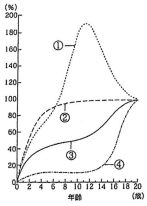

(☆☆☆◎◎◎◎)

【6】保健・医療機関の利用と医薬品の使い方について，指導すべき内容をそれぞれ1つずつ答えなさい。

(☆☆☆☆◎◎◎◎)

## 【高等学校】

【1】次の文章は，現行の「高等学校学習指導要領解説　保健体育」にある科目「体育」の「指導計画の作成」についてである。あとの1, 2の各問いに答えなさい。

　(2)　「体育」は，各年次継続して履修できるようにし，各年次の単

位数はなるべく均分して配当するものとする。なお，内容の「A体つくり運動」に対する授業時数については，各年次で[　A　]～[　B　]単位時間程度を，内容の(ア)「H体育理論」に対する授業時数については，各年次で[　C　]単位時間以上を配当するとともに，内容の「B器械運動」から「Gダンス」までの領域に対する授業時数の配当については，その内容の習熟を図ることができるよう考慮するものとする。

1　文中[　A　]～[　C　]に入る適切な数字を答えなさい。

2　下線部(ア)に関して，入学年次に取り上げることとしている領域の内容を次の①～③の中から1つ選び，記号で答えなさい。

①　運動やスポーツの効果的な学習の仕方

②　スポーツの歴史，文化的特性や現代のスポーツの特徴

③　豊かなスポーツライフの設計の仕方

(☆☆☆◎◎◎◎◎)

【2】次の文章は，現行の「高等学校学習指導要領解説　保健体育」にある科目「保健」の履修学年についての記述である。下の1，2の各問いに答えなさい。

「保健」については，小学校第[　A　]学年から(ア)中学校第3学年まで毎学年学習することとなっている。高等学校では，これに継続して学習させることによって，学習の効果を上げることをねらったものである。

なお，「入学年次及びその次の年次の2か年にわたり履修する」こととしたのは，高等学校においてもできるだけ長い期間継続して学習し，健康や安全についての興味・関心や[　B　]を持続させ，生涯にわたって健康で安全な生活を送るための[　C　]となるよう配慮したものである。

1　文中の[　A　]～[　C　]に入る適切な数字や語句を答えなさい。

2　下線部(ア)に関して，中学校の保健分野で学習することとなっている内容は4つの内容で構成されているが，「心身の機能の発達と心の健康」及び「健康と環境」のほか2つの内容を答えなさい。

(☆☆☆◎◎◎◎◎)

【3】次の文章は，オリンピックに関する内容である。下の1～3の各問いに答えなさい。

　近代オリンピックの創始者である[　A　]は，(ア)スポーツによる青少年の健全育成と世界平和の実現を理念としてかかげました。そして，(イ)その理念を実現するために国際オリンピック委員会(IOC)が中心となって活動を行ってきました。そこには，オリンピックの開催やスポーツの普及活動，アンチ・ドーピング運動，環境の保全運動などが含まれています。

　また，我が国においては，[　B　]がアジアで初めてIOC委員となり，スポーツによる世界平和の運動を日本に定着させました。

1　文中の[　A　]，[　B　]に入る人物名を答えなさい。

2　下線部(ア)に関して，この理念を何というか答えなさい。

3　下線部(イ)に関して，この活動を何というか答えなさい。

(☆☆☆○○○○○)

【4】次の1～4の各問いに答えなさい。

1　次の図は運動やスポーツの技能の上達過程を示したものである。
( A )，( B )に入る適切な語句を答えなさい。

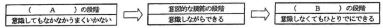

2　厚生労働省が示す「健康づくりのための身体活動基準2013」について，次の各問いに答えなさい。

(1)　18～64歳の人は，生活習慣病の予防のために，強度が3メッツ以上の身体活動を週に何メッツ・時おこなうこととされているか答えなさい。

(2)　次の①～③の中から身体活動の合計が3メッツ・時に相当するものを1つ選び，記号で答えなさい。

①　通勤(歩行)往復40分

②　通勤(歩行)往復40分＋軽いジョギング(10分)

③　通勤(歩行)往復40分＋軽いジョギング(20分)

3　領域「ダンス」の「現代的なリズムのダンス」で拍子の強弱を逆転させたり変化させたりするリズムのことを何というか答えなさい。

4　運動技能について，クローズドスキルが中心となる運動種目及びオープンスキルが中心となる運動種目をそれぞれ次の①～⑥からすべて選び，記号で答えなさい。

①　器械運動　　②　陸上競技　　③　サッカー　　④　剣道
⑤　水泳　　　　⑥　柔道

(☆☆☆○○○○○)

【5】次の1～6は科目「保健」及び「体育」でよく取り上げられる用語である。それぞれの用語について，簡潔に説明しなさい。

1　インフォームド・コンセント　　2　ノーマライゼーション
3　HACCP　　　　　　　　　　　　4　RICE
5　プラトー　　　　　　　　　　　　6　WADA

(☆☆☆☆○○○○○)

【6】次の文章は，心肺蘇生法の実習の様子である。文章を読んで，あとの1～3の各問いに答えなさい。

先生：「それでは，ここまでダミーを使って胸骨圧迫と人工呼吸の方法について学習しましたが，何か質問はありませんか。」

生徒：「はい，先生から説明があったとおり，一人で1分間に少なくとも[　A　]回のテンポで胸骨圧迫[　B　]回，人工呼吸[　C　]回を繰り返しましたが，実際に(ア)心肺蘇生法を行うようになった場合，救急隊が到着するまでの間，ずっと続けられるか心配です。どのように行動したらよいでしょうか。」

先生：「周囲に助けを呼び，ほかに手伝ってくれる人がいたら，1～2分を目安に役割を交代するとよいでしょう。また，疲れてくると胸骨圧迫の強さが弱くなりがちです。最初に説明したとおり，胸が少なくとも[　D　]cm沈むように力強い圧迫を繰り返すよ

276

う心がけてください。それでは，次に(イ)AEDの使い方を説明
します。」

1　[　A　]～[　D　]に入る適切な数値を，次の①～⑬から選び，記号
　で答えなさい。

　　①　2　　　　②　3　　　　③　5　　　　④　7　　　　⑤　10
　　⑥　20　　　⑦　30　　　⑧　40　　　⑨　50　　　⑩　60
　　⑪　100　　⑫　120　　⑬　150

2　下線部(ア)に関して，次の文章は，現行の「高等学校学習指導要領
　解説　保健体育」にある科目「保健」の内容の心肺蘇生法を含む応
　急手当に関する記述である。[　E　]～[　G　]に当てはまる語句を
　答えなさい。

　　なお，指導に当たっては，[　E　]及び[　F　]の機能については，
　必要に応じ関連付けて扱う程度とする。また，「体育」における
　[　G　]などとの関連を図り，指導の効果を高めるよう配慮するも
　のとする。

3　下線部(イ)に関して，AEDの正式名称を漢字9文字で答えなさい。

　　　　　　　　　　　　　　　　　　　　　　　（☆☆☆◎◎◎◎◎）

【7】次の文章は，科目「保健」の授業の様子である。文章を読んで，あ
　との1～4の各問いに答えなさい。

　　　内容：感染症とその予防　対象：高校1年生40人
　　　授業日：平成26年7月

　先生　：「今日は，感染症とその予防について学習します。今年4月に
　　　　　本県で(ア)鳥インフルエンザの発生が確認されたことを知って
　　　　　いる人は手を挙げてください。」

　生徒　：（Jさんを含むほとんどの生徒が挙手。）

　先生　：「Jさんは，そのことを初めて知った時，不安に思ったことや
　　　　　心がけたことはありましたか。」

　Jさん：「はい。鶏肉や鶏卵を食べたら感染するとか，季節性インフ
　　　　　ルエンザと同様に人に感染するという噂を聞いて不安になり

　　　　ました。心がけたことは，先生から説明があった3つのことです。1つ目は[　A　]などの個人で行う(イ)感染経路対策を徹底すること。2つ目は野鳥との接し方。3つ目は正しい知識の普及についてです。」

先生　：「皆さんも，Jさんと同じようにはじめは不安なことがあったと思います。そこで，このような風評被害が起こらないようにするためには，どのような対策が必要か考えてみたいと思います。(ウ)それでは，5人グループを作って，5分間，班内で自由にアイディアを出し合ってください。その時に他のメンバーの発言を批判してはいけません。どんな意見でも構いませんので，できるだけ多くのアイディアを出してください。それでは，始めてください。」

1　下線部(ア)に関して，次の各問いに答えなさい。

　(1)　鳥インフルエンザのように，かつては知られておらず(WHOは1970年以降に発生したものとしている)，新たに認識された感染症で，局地的あるいは国際的に公衆衛生上問題となっている感染症のことを漢字5文字で答えなさい。

　(2)　上記(1)の感染症に含まれる疾患を①〜⑥の中から2つ選び，記号で答えなさい。

　　①　エイズ　　　　　　　　②　結核
　　③　マラリア　　　　　　　④　ペスト
　　⑤　腸管出血性大腸菌感染症　⑥　黄熱

2　下線部(イ)に関して，感染症を防ぐ3つの基本対策について，「感染経路対策」のほか2つを答えなさい。

3　下線部(ウ)に関して，このように自由に意見を出し合うことで創造性を促進し，多くのアイディアをすばやく生み出すグループ活動を何というか答えなさい。

4　文中の[　A　]に入る適切な語句を，次の①〜④の中から1つ選び，記号で答えなさい。

　①　栄養・睡眠を十分にとる　　②　食品の衛生管理

③　予防接種　　　　　　　④　手洗い

(☆☆☆◎◎◎◎)

【8】次の1，2については出来事が古い方から順に，3については数値が高い方から順に並べ，記号で答えなさい。

1　A　我が国において，当時の厚生省が「成人病」に代わって「生活習慣病」いう名称の導入を呼びかけた年

　　B　我が国において，健康増進法が制定された年

　　C　WHO国際会議でヘルスプロモーションの概念が提唱された年

2　A　地球温暖化防止京都会議で京都議定書が採択された年

　　B　我が国において，環境基本法が制定された年

　　C　我が国において，大気汚染防止法が制定された年

3　A　我が国における平成25年中の肺炎による死亡者数

　　B　我が国における平成25年中の悪性新生物による死亡者数

　　C　我が国における平成25年中の心疾患による死亡者数

(☆☆☆◎◎◎)

## 二次試験

### 【中学校】

【1】中学生の交通事故における傷害の発生要因とその防止について，どのような授業を行うか述べなさい。

(☆☆☆☆☆◎◎◎)

### 【高等学校】

【1】保健学習で取扱う主な薬物を挙げ，その薬物が健康に及ぼす影響について述べなさい。また，薬物乱用防止対策(個人への対策及び社会環境への対策)のあり方と薬物に関する現状を踏まえ，薬物に手を出さない態度を育成するための効果的な保健学習の進め方について述べなさい。

(☆☆☆☆☆◎◎◎◎)

## 解答・解説

### 一次試験

#### 【中学校】

【1】1　前回り受け身，横受け身，後ろ受け身(順不同)

2

| 練習方法(順不同) | 身につけさせたい力 |
|---|---|
| かかり練習<br>(打ち込み)も可 | 技の形(崩し，体さばき，技のかけ)を正しく行えるようにする。<br>投げ技に入るまでの動きを繰り返し正しい技の形を身につける。<br>※下線部の内容のどちらかが書いてあれば可 |
| 約束練習 | 進退動作との関連で，相手を崩して技を素早くかけるようにする。<br>約束した動きの中で投げるタイミングや受け身の取り方などを練習しながら実際の攻防の感覚を身につける。<br>※下線部の内容のどちらかが書いてあれば可 |
| 自由練習<br>(乱取り)も可 | 相手との動きの中で，相手を崩して自由に技をかけるようにする。<br>かかり練習や約束練習で身につけた投げ技などを実際の攻防で試し合う。<br>※下線部の内容のどちらかが書いてあれば可 |

3　・第1学年及び第2学年においては，受け身の練習を段階的かつ十分に行った上で，指導する技や時期を定め，技と関連させた受け身の指導を行う。　・また，受け身がとれるようになった後，投げ技のかかり練習や約束練習など，段階的に練習を行う。　・生徒の学習段階や個人差を踏まえた無理のない段階的な指導を行う。

〈解説〉本問で示されているのは第1学年及び第2学年の内容である。第3学年では相手の動きの変化に対応したり，技の組み合わせによって攻防したりするようになる。　1　「相手の動きに応じた基本動作」には受け身のほか，相手の動きに応じて行う姿勢と組み方，進退動作，崩しと体さばきがある。　2　現行の「中学校学習指導要領解説　保健

体育編」の「体育分野　F武道」によると，「投げたり抑えたりするなどの攻防を展開する」とは，「自由練習やごく簡単な試合で，相手の動きに応じた基本動作を行いながら，投げ技の基本となる技を用いて，投げたり受けたりする攻防や抑えたり返したりする攻防を展開すること」である。投げ技の指導に際しては，対人でのかかり練習，約束練習，自由練習を通して技の形を正しく行えるようにし，これらの技を用いたごく簡単な試合を1〜2分程度行うことができるようにする。

3　柔道は，相手と直接的に攻防するという運動の特性や，中学校で初めて経験する運動種目であることなどから，各学年ともその種目の習熟を図ることができるよう適切な授業時数を配当し，効果的・継続的な学習ができるよう，安全確保に十分留意しつつ，3年間を見通した上で，年間指導計画を作成し，学習段階や個人差を踏まえた段階的な指導を行うことが重要である。

【2】1

| ダンス名(順不同) | 動き |
|---|---|
| 創作ダンス | イ，オ |
| フォークダンス | ウ，カ |
| 現代的なリズムのダンス | ア，エ |

2　①　思考・判断　　②　知識・理解　　③　柔軟性，平衡性，筋持久　の中から1つ

〈解説〉1　現行の「中学校学習指導要領解説　保健体育編」の「体育分野　Gダンス」第1学年及び第2学年(1)〜(3)の表現を用いると，中学校保健体育科で取り扱うダンスは，「多様なテーマから表したいイメージをとらえ，動きに変化を付けて即興的に表現する」創作ダンス，「音楽に合わせて特徴的なステップや動きと組み方で踊る」フォークダンス，「リズムの特徴をとらえ，変化のある動きを組み合わせて，リズムに乗って体幹部を中心に全身で自由に弾んで踊る」現代的なリズムのダンス(ロックやヒップホップなど)で構成されている。　2　体育分野では，内容のまとまりごとの評価規準はA〜Hの領域ごとに作

成することとし，評価の観点は「運動への関心・意欲・態度」，「運動
についての思考・判断」，「運動の技能」，「運動についての知識・理解」
の4観点で評価する。(ただし「A体つくり運動」では「運動の技能」
を除く)。「評価規準の作成，評価方法等の工夫改善のための参考資料
(中学校保健体育)」(平成23年11月国立教育政策研究所教育課程研究セ
ンター)などを参照し，理解を深めておく。

【3】1　知識を活用　　2　ブレインストーミング，ディスカッション，
実習，実験，課題学習，コンピュータ等の活用，専門性を有する教職
員等の参加・協力等　の中から2つ
〈解説〉1　現行の「中学校学習指導要領解説　保健体育編」の「保健分
野」「3　内容の取扱い」の(10)は，「保健分野の指導に際しては，知識
の習得を重視した上で，知識を活用する学習活動を積極的に行うこと
により，思考力・判断力等を育成していくこと」を示している。
2　指導に当たって解答例のようなさまざまな工夫が求められるのは，
現行の「中学校学習指導要領」で重視されている言語活動や体験活動
の充実が背景にある。

【4】1　「R」　安静(患部を安静にする)　　「I」　冷却(患部を冷やす)
「C」　圧迫(患部を圧迫する)　　「E」　挙上(患部を心臓より高い位置
に保つ)　　2　出血を止める，細菌感染を防ぐ，痛みを和らげる
3　①　直接圧迫　　②　間接圧迫　　4　イ
〈解説〉1　「R」はRest(安静)，受傷部位を動かすと痛んだり，内出血や
腫れがひどくなったりする。「I」はIce・Icing(冷却)で，血管が縮まり，
内出血や腫れがおさえられると，痛みがやわらぐ。「C」は
Compressin(圧迫)で，内出血や腫れがおさえられるとともに，痛みを
感じにくくなる。「E」は挙上(Elevation)で，患部を心臓より高くする
ことで，痛めた部分に流れる血液量を少なくすることができ，内出血
や腫れをおさえられる。　　2　応急手当には，症状の悪化を防ぐ，苦
痛を和らげ安心感を与える，治療後の回復を早める，などの目的があ

る。　　3　止血は直接圧迫止血法が基本的で確実な方法である。間接
圧迫止血法は清潔なガーゼ，ハンカチなどが準備できるまで，傷口に
直接手を触れずに行う応急の止血法となる。また，動脈からの出血を
止めるのにも有効である。　　4　一時に全血液量の約$\frac{1}{4}$を出血すると
出血性ショックをきたし，$\frac{1}{2}$を出血すると心停止をきたす。

【5】1

| | 型の名称 | 主な器官 |
|---|---|---|
| ① | リンパ型 | 胸腺，へんとう　等 |
| ② | 神経型 | 脳，脊髄，目，耳　等 |
| ③ | 一般型 | 骨，筋肉，心臓，肺　等 |
| ④ | 生殖型 | 卵巣，精巣，子宮　等 |

2　病原体から体を守るはたらきをする。　　3　①　○　　②　性腺
刺激ホルモン　　③　呼吸数　　④　○　　⑤　呼吸量
〈解説〉1・2　スキャモンの発達曲線からの出題である。スキャモンの発
　達曲線とは，身体諸器官・諸機能の発育・発達の度合いを，20歳時点
　での発達度を100％として示したものである。　　①　リンパ型(胸腺・
　へんとう)は，病原体などの体の外敵から体を守る働きをするリンパ組
　織の発育である。10〜12歳頃に最大になり，最大時には，成人の2倍
　近くまで発育する。　　②　神経型(脳や脊髄，目・耳などの感覚器官)
　は，神経組織・感覚器の発育である。出生後急速に発育し，12歳頃ま
　でに成人の95％レベルに達する。　　③　一般型(身長・体重・胸囲など
　の体の形態，呼吸器や循環器及び筋肉・骨格系，消化器等の内臓諸器
　官)は，出生後数年はかなり発育するが，その後発育がゆるやかになり，
　12歳頃になると再び発育の促進期に入る緩やかなS字状カーブを描き
　ながら，20歳頃そのピークを迎える。　　④　生殖型(精巣・陰茎・卵
　巣・子宮などの生殖器官)は，12〜15歳頃の思春期あたりから急激な発
　達が見られる。　　3　②　成長ホルモンは幼児期より脳の下垂体前葉
　から分泌されている。　　③・⑤　肺の呼吸器が発育・発達すると，1

回の呼吸で取り入れる空気量が多くなるので，呼吸数が減少する。また，1回の心臓の拍動によって送り出される血液の量を拍出量といい，心臓が発育・発達すると1回の拍出量が増えるため，心拍数は減少する。

【6】保健・医療機関の利用…地域には，人々の健康の保持増進や疾病予防の役割を担っている機関があること。健康の保持増進と疾病の予防には各機関が持つ機能を有効に利用する必要があること。
　　医薬品の使い方…医薬品には，主作用と副作用があること。医薬品には，使用回数，使用時間，使用量などの使用法があり，正しく使用する必要があること。
〈解説〉保健・医療機関の利用と医薬品の使い方については，現行の「中学校学習指導要領」の「保健分野」「(4)健康な生活と疾病の予防　オ」で指導する内容である。疾病は，保健・医療機関や医薬品を有効に利用することなどによって予防できることを理解できるよう指導することが求められる。

## 【高等学校】

【1】1　A　7　　B　10　　C　6　　　2　②
〈解説〉1　従前の「高等学校学習指導要領　保健体育」では「体育」の各領域に配当する授業時数は明記されていなかったが，現行のものでは「A体つくり運動」と「H体育理論」について指導に当てる単位時間が示され，指導内容の確実な定着が図られるようにされている。
　　2　①は入学年次の次の年次，③はそれ以降の年次で取り上げることとしている。

【2】1　A　3　　B　意欲　　C　基礎　　2　・傷害の防止　・健康な生活と疾病の予防
〈解説〉1　現行の「高等学校学習指導要領　保健体育」の「保健分野」では，高等学校の「保健」の指導内容を，「(1)現代社会と健康」，「(2)

生涯を通じる健康」，「(3)社会生活と健康」の3項目で構成し，入学年次及びその次の年次の2か年にわたり履修させることとしている。

2 中学校の保健分野では，「心身の機能の発達と心の健康」の内容を第1学年で，「健康と環境」及び「傷害の防止」の内容を第2学年で，「健康な生活と疾病の予防」の内容を第3学年で取り扱う。

【3】1 A クーベルタン B 嘉納治五郎 2 オリンピズム
3 オリンピックムーブメント

〈解説〉1 A クーベルタンはフランスの教育者で，スポーツ教育の理想の形として古代オリンピックを近代に復活させることを考え，近代オリンピックを創始した。 B 1940年の夏季オリンピックの東京大会の誘致に尽力した嘉納治五郎は，講道館柔道の創始者としても知られる。 2 国際オリンピック委員会(IOC)によって採択されたオリンピズムの根本原則の中で，オリンピズムは「スポーツを人類の調和のとれた発達に役立てること」を目標とし，その目的は「人間の尊厳保持に重きを置く，平和な社会を推進すること」と謳っている。

3 オリンピズムの根本原則の中で，オリンピックムーブメントは「オリンピズムの諸価値に依って生きようとする全ての個人や団体による，IOCの最高権威のもとで行われる，計画され組織された普遍的かつ恒久的な活動」と定義されている。

【4】1 A 試行錯誤 B 自動化 2 (1) 23メッツ・時
(2) ② 3 シンコペーション 4 クローズドスキル…①・②・
⑤ オープンスキル…③・④・⑥

〈解説〉1 運動やスポーツの技能の上達過程の各段階では，プラトーやスランプといった一時的な停滞もみられ，これを克服しながら技能を熟達させていく。 2 メッツとは強さの単位で，座って安静にしている状態を1メッツとし，その何倍に相当するかで身体活動の強さを表す。 (1) 3メッツ以上の強度の身体活動とは，歩行又はそれと同等以上の強度の身体活動のことであり，これを毎日60分行うことで23

メッツ・時/週の身体活動が達成される。　(2)　普通の歩行は3メッツ
と換算される。40分の歩行では，$3(メッツ) \times \frac{2}{3}(時間) = 2(メッツ・時)$
の身体活動となる。軽いジョギングは6メッツと換算される。10分の
軽いジョギングでは，$6(メッツ) \times \frac{1}{6}(時間) = 1(メッツ)$の身体活動とな
る。　3　「現代的なリズムのダンス」の特徴にはシンコペーションの
他，ダウンビートやアップビートなどの，ロックやヒップホップのリ
ズムの特徴がある。　4　状況の変化が少ないところで発揮される運
動技術をクローズドスキルという。一方，絶えず変化する状況の下で
発揮される運動技術をオープンスキルという。解答には，それぞれの
運動種目の技能の特徴を踏まえておくことが求められる。

【5】1　医療関係者が患者に対して，十分な説明を行い，患者がそれを
　　正しく理解したうえで，治療の方針などに明確に同意を示して初めて，
　　患者に治療などを行うことができるという考え方。　　2　高齢者も
　　若者も，障がいを持つ人もそうでない人も，地域社会のなかでともに
　　暮らし，ともに生きていることが普通(ノーマル)であり，そうした社
　　会を実現していくために，できるだけ社会を改善していくという意味。
　　3　「危害分析重要管理点」ともいわれ，食品の安全を守る手法のこと
　　である。原材料から加工の過程はもちろんのこと，出荷，消費までの
　　すべての段階で，細菌の増殖や有害物質の混入の可能性について検討
　　し，ポイントを決めて管理する方法。　　4　捻挫，打撲，肉ばなれ
　　など四肢のけがに対して行う応急手当のことであり，Rest(安静にす
　　る)，Ice(冷やす)，Compression(圧迫する)，Elevation(挙上：心臓より高
　　くする)を基本に進める。　　5　スポーツの練習効果は，運動技能が
　　ある程度向上すると，次のステップに進むまでに一時的な停滞が生じ
　　る。この停滞時期のこと。　　6　1999年に設立された世界アンチ・
　　ドーピング機構のこと。(WADAを中心にIOC，IF，NOC，各国政府等
　　が相互に協力して，ドーピング防止活動が積極的に行われている。)
〈解説〉「保健」及び「体育」に関する非常に出題頻度の高い用語ばかり
　　である。高等学校保健体育科の教科書などを活用し，簡潔に説明でき

るようにしておこう。　1　類似の用語に，セカンド・オピニオン(医療機関で医師の診療を受けているなかで，主治医などの診断，治療法などの選択などに必ずしも納得できない場合や確かめたい場合などに，別の医療機関や医師などに意見を求めること)や，インフォームド・アセント(判断力が十分でない未成年の患者に対して，保護者へのインフォームド・コンセントを得るだけでなく，患者本人にも医師が治療に関する説明および同意取得を行うこと)などがある。　2　ノーマライゼーションは，デンマークで「精神遅滞者に普通に近い生活を確保する」という意味で使われはじめ，その後世界中に広まった社会福祉の理念である。　3　我が国では，厚生労働省の総合衛生管理製造過程の承認制度がHACCPの考え方を取り入れたものとなっている。厚生労働省はまた，取り扱う食品の種類や製造方法ごとに「食品製造におけるHACCP入門のための手引書」を示している。　4　RICEは四肢の捻挫や打撲の応急手当の基本である。受傷部位を動かすと，痛んだり内出血や腫れがひどくなったりするので，安静を保つことがまず大事である。そして，冷却することで血管を収縮させたり，圧迫によって止血したりすることで，内出血や腫れがおさえられるとともに痛みがやわらぐ。また，患部を心臓より高く挙上することで，痛めた部分に流れる血液量を少なくすることも有効となる。　5　プラトーは，もてる力を発揮できているが，その力が伸び悩んでいる一時的な停滞の状態である。スランプは，上級者に生じる。実力があるのに，それを発揮できない低下の状態である。　6　WADAは反ドーピング(禁止薬物使用等)活動を世界的な規模で推進するために設立された，独立した国際的機関である。我が国でも，2001年に日本アンチ・ドーピング機構(JADA)が設立されている。ドーピングは，選手の健康被害を及ぼすだけではなく，不当に勝利を得ようとするフェアプレイの精神に反する不正な行為であり，能力の限界に挑戦するスポーツの文化的価値を失わせる行為である。

【6】1　A　⑪　　B　⑦　　C　①　　D　③　　2　E　呼吸器系
F　循環器系　　G　水泳　　3　自動体外式除細動器

〈解説〉心配蘇生法は，現行の「高等学校学習指導要領　保健体育」の
「保健分野」の「(1)現代社会と健康　オ　応急手当」で取り扱う内容
である。出題頻度が非常に高いので，心肺蘇生法とAED使用の手順を，
実習を通してしっかりと学習しておきたい。　　1　従来は「一人で1分
間に少なくとも100回のテンポで胸骨圧迫30回，人工呼吸2回」を繰り
返すとされてきたが，改訂された「心肺蘇生法ガイドライン2010」で
は胸骨圧迫を優先し，人工呼吸は必須ではなくなっているので注意す
る。また，胸骨圧迫については，成人では少なくとも5cm，小児では
胸の厚さの約3分の1が沈み込むような強い圧迫を繰り返す。

2　応急手当に関する指導のねらいは，適切な応急手当により傷害や
疾病の悪化を軽減できることを理解できるようにすることである。

3　AEDは心室細動を起こした心臓に電気的なショックを与え，働き
を戻すことを目的とした医療機器である。以前は医療従事者しか使用
することができなかったが，救命は一刻を争うため，2004年7月から
は一般市民も使えるようになった。

【7】1　(1)　新興感染症　　(2)　①，⑤　　2　感染源対策，感受性者
対策　　3　ブレインストーミング　　4　④

〈解説〉1　再興感染症(結核やマラリアなどのように，その発生が一時期
は減少し，あまり問題だとみられない程度になっていたものが，再び
増加し注目されるようになった感染症)と混同しないように注意する。

2　感染症を防ぐ3つの基本対策は，感染源(病原体)対策(消毒や殺菌等
により発生源をなくすこと。食品の衛生管理)，感染経路対策(周囲の
環境を衛生的に保つことにより感染経路を遮断すること。手洗い，マ
スク，換気)，感受性者対策(栄養状態を良好にしたり，予防接種の実
施により免疫を付けたりするなど身体の抵抗力を高めること)である。

3　ブレインストーミングはあくまで意見を出し合うことを目的とし
ており，意見を集約して結論を出すものではないことに留意する。

4　①と③は感受性者対策，②は感染源対策に該当する。

【8】1　C→A→B　　2　C→B→A　　3　B→C→A

〈解説〉1　C(1986年)→A(1996年)→B(2002年)の順。　　2　C(1968年)→B(1993年)→A(1997年)の順。　　3　B(36万4721人)→C(19万6547人)→A(12万2880人)の順。なお，従来は悪性新生物，心疾患，脳血管疾患が日本人の3大死因といわれてきたが，2011年以降は肺炎が第3位，脳血管疾患が第4位となっており，我が国における平成25年中の脳血管疾患による死亡者数は11万8286人となっている。

# 二次試験

## 【中学校】

【1】(解答例)　中学生の死亡原因の多くは交通事故であり，特に自転車運転中の交通事故が最も多く起こっている。そこで，授業ではまず，どのような状況で交通事故が起きているのか，交通事故が起こる要因について考えさせる。そして，交通事故を防止するためにはどのようにすればよいのか，危険を予測し回避する方法を身に付けることができるよう指導方法を工夫して学習させたい。

　最初に，中学生の交通事故の状況や自転車乗用者の交通事故の原因の調査資料やグラフを見せて，どのような特徴があるか，話し合わせる。特に，自転車運転中の交通事故が最も多く発生しており，その原因には，安全の確認が不十分であったり，ルールを守らなかったりなど，乗用者の不適切な行動(人的要因)によるものが多くあることに気づかせる。

　次に，交通事故の発生要因には，信号無視や飛び出しなどの不適切な行動による人的要因と，道路の状態や交通安全施設の状況，気象条件などの環境要因に加え，車両の特性や車両の欠陥や整備不良などの車両要因があることを，具体的な事例などを取り上げて理解させるようにする。

　　そして，交通事故による傷害を防ぐためには，自転車や自動車の特性を知り，交通法規を守って安全に行動することが必要なこと，また，周囲の状況から危険を早めに予測し，事故になる前にそれを回避することが大切なことを学習させる。学習方法としては，自分たちの通学路や地域で，歩行者の安全や快適性を重視した交通環境が整備されている例，または整備・改善が必要な例はないかなど，グループで実際に調べて点検させる。点検の結果をまとめて，交通事故が起きやすい危険箇所を整理して地図にした，地域安全マップを作成させる。このように，自分たちの通学路や地域の危険箇所を洗い出す作業学習を通して，危険を予測し回避する能力をより高める。

　　また，自転車運転中に潜む危険を予測し，事故を避けるためにどうしたらよいか，実際の生活場面を想起してグループで話し合ってまとめさせる。たとえば，信号機のない交差点での通行，自転車通行可の歩道での運転，停止している車を追い越す時の運転などの場面で，予測できる危険と回避の方法を考えてまとめ，発表させる。自転車運転中の事故には，自転車が歩行者に接触して加害者になる例もあり，実生活で交通ルールを守り，安全運転を心がける必要があることにも気づかせたい。

　　このようにして，交通事故などによる傷害の防止について関心を持ち，課題の解決をめざして，知識を活用した学習活動に意欲的に取り組み，実生活の場面において自分で考え，判断し，行動できる力を身に付けさせたいと考えている。

〈解説〉公式に示されている評価の観点は，次の通りである。①語句の表現や記述が適切であり，論理的でわかりやすい構成になっているか。②自分の考えを具体的に述べ，教師としての資質(熱意，誠実さ，向上心，柔軟性，協調性，発想力など)がうかがえるか。③中学生の交通事故の特徴や発生要因について述べているか。④中学生の交通事故の対策について述べているか。⑤生徒が自主的に取り組むことができるような調べ学習やグループ学習等の工夫を述べているか。⑥交通事故への対策等を実生活へつなげるような工夫を述べているか。

## 【高等学校】

【1】(解答例)　薬物乱用とは，違法な薬物を使用したり，医薬品を治療などの本来の目的からはずれて使用したりすることである。乱用される薬物としては，コカイン，MDMAなどの麻薬，覚せい剤，大麻などさまざまであるが，いずれも脳に作用し，脳を異常に興奮させたり抑制したりする。その結果，乱用者の心身に大きな害をもたらし，ときには一度の乱用で死亡することさえある。また，薬物は強い依存性をもつため，乱用をやめるのは非常に困難で，薬物依存におちいる。薬物依存になると，薬物を入手し乱用することが最優先となり，自分の夢，家族関係や友人関係などに関心がなくなって，自殺の危険性も高くなる。

　薬物乱用の個人的な要因としては，薬物乱用の害や依存の強さに対する誤解，自他を大切にする気持ちの低下，違法性への認識のうすさや社会の規範を守る意識の低下などがある。社会的な要因としては，周囲の人からの誘い，薬物を手に入れやすい社会環境などがある。

　薬物乱用の悪影響は，家族や友人，地域や社会へと広がっていく。たとえば，乱用による妄想や幻覚から，家族や友人に暴力をふるったり，薬物欲しさに盗みを働いたりなど思いがけない事件や事故を起こし，犯罪の増加や治安の悪化をもたらし，社会に大きな不利益を及ぼす。

　薬物乱用防止のために，国では，大麻取締法，麻薬及び向精神薬取締法，覚せい剤取締法などの法律を整備し，薬物の乱用や広がりをおさえている。また，正しい知識を普及し，薬物を拒否する価値観や規範意識を形成するために，学校での教育，警察や麻薬・覚せい剤乱用防止センターなどによるキャラバン活動をはじめ，さまざまなキャンペーン活動などが行われ，対策がとられている。

　薬物乱用は決して行ってはならず，また，社会は薬物乱用を許してはならない。しかし，近年の社会環境の変化に伴い，薬物乱用の危険性が増している。そこで，学校教育の中でも薬物乱用防止の意義と重要性，健康に対する影響を認識させ，意思決定能力を育成し，たとえ

誘惑されるような機会があったとしても上手に断るスキル(自己表現スキル)や態度を身に付ける必要がある。薬物に手を出さない態度を育成するための効果的な保健学習の進め方としては，次のような学習方法が考えられる。

　1つは，友人や先輩，知り合いから薬物の使用を誘われたら，どのようにして断るかという問題を出し，みんなで自由に意見を出し合うブレインストーミングを行う。どんな断り方が考えられるか，自分にできること，人に助けてもらうこと，いろいろな角度から考えて，できるだけ多くの意見を出させる。出された意見に対しての批判はせない。2つ目は，薬物の使用を誘われる者と薬物の使用を誘う者と役割をつくり，断わり方のロールプレイングを行う。学んだ知識を活用して，相手の気持ちも理解した上で，自分なりの方法で自分の考えを表現して薬物の誘いを断わる場面を演じさせる。

　このように，知識を活用する学習活動を工夫することで，薬物の誘いがあったとしても上手に断るスキルや態度を身に付け，思考力や判断力を育成していくことができると考えている。

〈解説〉公式に示されている評価の観点は，次の通りである。①語句の表現や記述が適切であり，論理的でわかりやすい構成になっているか。②自分の考えを具体的に述べ，教師としての資質(熱意，誠実さ，向上心，柔軟性，協調性，発想力など)がうかがえるか。③主な薬物(コカイン，MDMAなどの麻薬，覚せい剤，大麻等)とその薬物が健康に及ぼす影響について述べている内容は適切か。④個人への対策のあり方と現状について述べている内容は適切か。⑤社会環境への対策のあり方と現状について述べている内容は適切か。⑥上記③〜⑤を踏まえ，薬物に手を出さない態度を育成するために効果的な保健学習の進め方(ブレインストーミングやロールプレイングなどの学習活動を取り入れた指導の方法及び配慮事項)について述べている内容は適切か。

## 2014年度　実施問題

# 一次試験

### 【中学校】

【1】水泳について，次の1〜3の各問いに答えなさい。

1　次の(1)〜(3)は，水泳に関する用語の説明である。それぞれに該当する適切な用語を答えなさい。

(1)　肘を手のひらより高く保つこと。

(2)　キャッチから肩の下までかくこと。

(3)　かき終わった腕を次のかきのため再び前方に戻すこと。

2　スタートの取り扱いについて，中学校と高等学校の指導内容の違いを簡潔に述べなさい。

3　「バディシステム」のねらいを2つ答えなさい。

(☆☆☆◎◎◎)

【2】次の(1)〜(5)に関係の深い語を，下の語群A〜Hからそれぞれ1つずつ選び，記号で答えなさい。また，選んだ語について簡潔に説明しなさい。

(1)　サッカー　　(2)　バスケットボール　　(3)　バレーボール

(4)　ソフトボール　　(5)　バドミントン

〈語群〉

A：3秒ルール　　　　　B：ロビング

C：ペアピンショット　　D：ペナルティーキック

E：ドライブロング　　　F：アウトオブポジション

G：パンチスタート　　　H：ウィンドミルショット

(☆☆☆◎◎◎)

【3】次のア～オの各文は，創作ダンスの手順について示したものである。
創作手順としてふさわしい順番に並べ，記号で答えなさい。

ア　イメージから動きやフレーズ(ひと流れの動き)をつくる。

イ　各場面の動きの質，空間の使い方を工夫しながら全体の流れをつ
くる。

ウ　テーマについて，各自のイメージを出し合う。

エ　イメージにそって個や群れの効果を考えながらいろいろな動きを
工夫する。

オ　プログラムをつくったり，司会，音楽，照明などの係を決めてク
ラスでの発表会を自主的に運営する。

(☆☆☆◎◎◎)

【4】ある生徒がハードル走の第1時間目の授業で，ハードルに足をぶつ
けて転倒した。第2時間目の授業時にその生徒が，ハードルが怖くて
跳べないと申し出てきた。この生徒がハードルを跳べるようにするた
めに，あなたはどのような指導を行うか答えなさい。

(☆☆☆◎◎◎)

【5】次の文は，現行の「中学校学習指導要領　保健体育」の「保健分野」
の目標である。下の1～3の各問いに答えなさい。

　個人生活における健康・安全に関する理解を通して，生涯を通じて
自らの健康を適切に管理し，改善していく資質や能力を育てる。

1　下線部の資質や能力とは，どのようなものか答えなさい。

2　中学校において学習する保健分野の内容は4つあるが，その内容を
4つ全て答えなさい。また，その内容は第何学年で取り扱うように
示されているか，それぞれ答えなさい。

3　保健分野の指導に際しては，知識を活用する学習活動を取り入れ
るなどの指導方法の工夫が必要である。どのような指導方法の工夫
が考えられるか答えなさい。

(☆☆☆◎◎◎)

【6】応急手当について，次の1〜4の各問いに答えなさい。

1　傷害が発生した際に，その場に居合わせた人が行う応急手当としては，傷害を受けた人の「反応の確認と状況の把握」と同時に，どのような手当の基本を行うか2つ答えなさい。

2　直接圧迫法の実習を通して取り扱う内容を2つ答えなさい。

3　心肺停止に陥った人への応急手当の名称を答えなさい。また，その手当の方法を簡潔に説明しなさい。

4　心臓の状態を自動的に判断し，正常に動いていない心臓に電気ショックをあたえて心臓の機能を回復させる医療機器の名称を答えなさい。

(☆☆☆◎◎◎)

【7】次の1〜3の各問いに答えなさい。

1　傷害を防止する指導を行うにあたって，身に付けさせる能力を答えなさい。

2　交通事故や自然災害などによる傷害の要因を2つ答えなさい。

3　昨年度県下の中学生の交通事故は，約8割が自転車乗車中の事故であったと報告されている。そこで，自転車乗車中の事故を防止するための指導として「自転車安全利用五則」の徹底を学校で取り組んでいる。その五則のうちの3つを答えなさい。

(☆☆☆◎◎◎)

【8】次の1〜4の各問いに答えなさい。

1　健康を保持増進するためには，調和のとれた生活を続けることが必要である。調和のとれた生活として，「食事」のほかに，現行の中学校学習指導要領解説(保健体育編)には2つ示しているが，それを答えなさい。

2　中学生の食生活において，今日的課題を1つ挙げ，その課題を解決するために，どのような指導をするか答えなさい。

3　感染症を予防するための三原則を答えなさい。

4　感染性胃腸炎を疑われる生徒が，教室で嘔吐したときの措置について具体的に答えなさい。

(☆☆☆◎◎◎)

## 【高等学校】

【1】平成21年12月に示された「高等学校学習指導要領解説　保健体育編・体育編」第1部　第3章　第4節「4　義務教育段階の学習内容の確実な定着を図る工夫」について，次の1，2の各問いに答えなさい。

　「保健」では，小学校，中学校の内容を踏まえた[　A　]のある指導ができるように内容を明確化しており，義務教育段階の学習内容が定着していることが前提として必要となるものであることから，[　B　]等を踏まえ，関連する(ア)中学校の内容を適宜取り入れ，復習した上で指導することが考えられる。

1　文中の[　A　]，[　B　]に入るもっとも適当な語句を答えなさい。

2　下線部(ア)に関して，平成20年3月に告示された「中学校学習指導要領　保健体育」の「保健分野」に示されている「3　内容の取扱い」で，中学校では取り扱わないとしている内容を次の中から2つ選び，記号で答えなさい。

　ア　妊娠の経過

　イ　包帯法，止血法など傷害時の応急手当

　ウ　生態系について

　エ　覚醒剤や大麻等について

　オ　後天性免疫不全症候群(エイズ)や性感染症について

(☆☆☆◎◎◎)

【2】平成21年12月に示された「高等学校学習指導要領解説　保健体育編・体育編」第1部　第1章　第2節　「1　教科の目標」及び，第1部　第2章　第1節「3　内容　A　体つくり運動」について，あとの1～3の各問いに答えなさい。

教科の目標

> 　心と体を一体としてとらえ，健康・安全や運動についての理解と運動の合理的，計画的な実践を通して，生涯にわたって　A　を継続する資質や能力を育てるとともに健康の保持増進のための実践力の育成と体力の向上を図り，明るく豊かで活力ある生活を営む態度を育てる。
>
> 体つくり運動の行い方，計画と実践などの例(一部抜粋)

| 体力を高める運動 | | 高校その次の年次以降 |
|---|---|---|
| | 体の柔らかさ | ○　D　のねらいに応じた運動の計画と実践 |
| | B　な動き | ・疲労回復，体調維持，健康の保持増進をねらいとして，卒業後も継続可能な手軽な運動の計画を立てて取り組む |
| | 力強い動き | ・生活習慣病の予防をねらいとして，卒業後も継続可能な手軽な運動の計画を立てて取り組む |
| | 動きを　C　する能力 | ・(ア) 体力の構成要素をバランスよく全面的に高めることをねらいとして，定期的に運動の計画を見直して取り組む |
| | | ・競技力の向上や競技で起こりやすいけがや疾病の予防をねらいとして，定期的に運動の計画を見直して取り組む |

1　文中　A　～　D　に入る適切な語句を答えなさい。

2　下線部(ア)に関して，次の文中　E　～　I　に入る適切な語句を答えなさい。

　「体力の構成要素」には，　E　，　F　，　G　，持久力(筋持久力，　H　持久力)，　I　(平衡性，巧緻性，敏捷性)があり，それらが健康に生活するための体力と運動を行うための体力に密接に関係している。

3　次の(1)～(5)は，科目「体育」及び「保健」に関する指導計画の作成と内容の取扱いについて説明したものである。(1)～(5)から適切なものをすべて選び，番号で答えなさい。

(1)　「体育理論」については，各年次で4単位時間以上を配当すること。

(2)　「保健」は，各年次継続して履修できるようにし，各年次の単位数はなるべく均分して配当すること。

(3)　保健体育の指導計画は，特別活動，運動部の活動などとの関連を図り作成すること。

(4)　「体育」の単位数は，新しく，標準単位数を7〜8とした。

(5)　集団としての行動については，運動の学習に直接必要なものを取り扱うようにし，体つくり運動からダンスまでの各運動に関する領域の学習との関連を図って適切に行うこと。

(☆☆☆◎◎◎)

【3】次の1〜4の各問いに答えなさい。

1　世界保健機関(WHO)の本部がある都市名を答えなさい。

2　1986年，ヘルスプロモーションの概念が提唱されたWHO国際会議の開催都市名を答えなさい。

3　1912年，日本人として初めて本県出身の金栗四三選手が出場した夏季オリンピックの開催都市名を答えなさい。

4　2020年，夏季オリンピックの候補地として，1次選考で選出された東京，マドリード以外の都市名を答えなさい。

(☆☆☆◎◎◎)

【4】次の1〜6の下線部について，適切であれば○を，不適切であれば適切な語句または数字を答えなさい。

1　HIV抗体検査は，感染から<u>6か月</u>くらいまでは抗体ができないことがあるので，その間は感染の有無は分からない。

2　最終的な避妊法として，性交後<u>48</u>時間以内に緊急避妊薬を服用する緊急避妊法がある。

3　睡眠中の浅い眠りの状態を<u>レム睡眠</u>といい，夢をみているのはこの状態の時である。

4　世界の中でも，<u>フランス</u>で行われたスポーツが19世紀に形を整えて近代スポーツとなった。

5　スポーツの技術において，安定した環境のなかで用いられる技術を<u>オープンスキル</u>という。

6　今まで一生懸命に運動していたにもかかわらず，突然，精神的にあたかも燃え尽きたような状態になり，運動する意欲がなくなって

しまうことを<u>バーンアウト</u>という。

(☆☆☆◎◎◎)

【5】次の1〜4について，□□□内の条件を踏まえ，簡潔に説明しなさい。

1　熱中症(意識混濁の症状を含む重症度の高い場合)の応急手当につい
て

> 条件1：意識混濁のほか，この場合に見られる特徴的な症状につ
> いて記述すること。
> 条件2：この場合の応急手当の手順について明確に説明すること。

2　自転車と歩行者の交通事故防止について

> 条件1：近年の自転車と歩行者の事故件数の傾向について記述
> すること。
> 条件2：自転車で歩道を走行する際の通行ルールを含めて，交
> 通事故防止について説明すること。

3　適度な運動が健康をつくることについて

> 条件1：適度な運動によって予防できる生活習慣病をあげるこ
> と。
> 条件2：条件1であげた生活習慣病を予防するための効果的な
> 運動について説明すること。

4　スポーツの技術と技能について

> 条件1：「課題」及び「練習」の語句を使用すること。
> 条件2：技術と技能の違いを明確に説明すること。

(☆☆☆◎◎◎)

【6】次の1～4の各問いに答えなさい。

1　次の文章は，環境汚染による健康被害について述べたものである。下の(1)，(2)の各問いに答えなさい。

　　水質汚濁による水俣病は，平成25年5月1日で，公式確認から[　A　]年を迎えた。発生当時，原因不明による手足のしびれや言語障害などの症状が現れ，後にその原因は工場排水の中に含まれる[　B　]という物質であることが分かった。その他，わが国においては大気汚染や(ア)水質汚濁による健康被害も過去に発生している。

(1)　文中の[　A　]，[　B　]に入るもっとも適当な数字や語句を答えなさい。

(2)　下線部(ア)に関して，富山県神通川流域で発生したカドミウムが原因物質の健康被害を答えなさい。

2　次のア～エは，科目「保健」で示されているストレスの対処法についてまとめたものである。下の(1)，(2)の各問いに答えなさい。

ア　ストレスの原因となっている事柄に対処すること。

イ　(　　　　　　　　　　　　　　　　　　　　　)

ウ　心身に起こった反応については体ほぐし運動等の[　A　]の方法で緩和すること。

エ　周りから支援を受けることや[　B　]の方法を身に付けることが有効な場合があること。

(1)　イの空欄に入るストレスの対処法を答えなさい。

(2)　[　A　]，[　B　]に入るもっとも適当な語句を答えなさい。

3　次の(1)，(2)は，科目「保健」でよく用いられるグループ活動による学習スタイルについての説明である。それぞれ何というか，正式名称で答えなさい。

(1)　ある課題に対して自由に意見を出し合うことで創造性を促進し，多くのアイデアをすばやく生み出す学習スタイル。

(2)　現実に起こる場面を想定して，複数の人がそれぞれ役割を演じ，疑似体験を通じて，ある事柄が実際に起こったときに適切に対応できるようにする学習スタイル。

4 次の表は，科目「体育」及び「保健」において，学習効果を高めるためにコンピュータや情報通信ネットワークを活用する際の代表的な例を2点ずつ示したものである。下の(1)，(2)の各問いに答えなさい。

| 体育 | ア 体育理論の学習における情報の収集 | 保健 | ウ 課題学習等における情報通信ネットワーク等の活用 |
|---|---|---|---|
| | イ （　　　　　　　　　　　　　） | | エ （　　　　　　　　　　　　　） |

(1) イ及びエの空欄に入る活用例を答えなさい。

(2) 運動の実践において活用する際，情報モラル等に配慮した上で，留意する点を述べなさい。

(☆☆☆◎◎◎)

【7】次の1～7に該当する名称または数値を，下の①～⑳からそれぞれ1つずつ選び，記号で答えなさい。

1 スポーツの技能がある程度向上すると，進歩が一時的に停滞すること。

2 筋収縮のエネルギー源となる物質のこと。

3 ターゲット型球技で取り上げる運動種目名。

4 2019年に日本でワールドカップ開催が決定している競技種目名。

5 身長160cm，体重60kgの人のBMIの値。

6 環境への影響や被害を防止するために，消費者が廃棄物等の発生を抑制すること。

7 たばこに含まれる発がん性物質名。

| | | |
|---|---|---|
| ① 23.4 | ② 26.6 | ③ 37.5 |
| ④ オーバーロード | ⑤ ニコチン | ⑥ リユース |
| ⑦ シアン化物 | ⑧ クリケット | ⑨ ハンドボール |
| ⑩ スランプ | ⑪ 乳酸 | ⑫ セパタクロー |
| ⑬ プラトー | ⑭ ATP | ⑮ ラグビーフットボール |
| ⑯ ゴルフ | ⑰ リサイクル | ⑱ リデュース |
| ⑲ タール | ⑳ TCA | |

(☆☆☆◎◎◎)

# 二次試験

## 【中学校】

【1】欲求やストレスの心身への影響とその適切な対処についてどのような授業を行うか述べなさい。

(☆☆☆◎◎◎)

## 【高等学校】

【1】高校生の交通事故を防止するうえで，交通事故の現状と発生の要因，法的責任や補償問題を含めた保健学習のすすめ方について述べなさい。

(☆☆☆◎◎◎)

# 解答・解説

# 一次試験

## 【中学校】

【1】1　(1)　ハイエルボ　　(2)　プル　　(3)　リカバリー　　2　中学校は，「水中からのスタート」に限って行うが，高等学校では，生徒の技能に応じて次第に水上の高い位置からのスタートへ発展させる指導となる。　3　・安全を確保する　　・活動時に補助し合う　・互いの進歩の様子を確認し合う　　・学習における関わり合いを深める

〈解説〉1　本問以外の水泳に関する用語には，かき終わった腕を水中から抜き上げる「リリース」，一方の手が入水するまで他方の手を伸ばしたままで待ってからかく「グライド」，水泳中の体の左右の揺れの

「ローリング」などがある。また，水泳に関しては，個人メドレーと
メドレーリレーの泳ぐ順序の違いが頻出である。混同しないように理
解しておくこと。　2　中学校学習指導要領解説保健体育編では，事
故防止の観点からスタートは「水中からのスタート」を示している。
そのため，飛び込みによるスタートやリレーの際の引き継ぎは，高等
学校において初めて経験することとなるため，「段階的な指導を行う
とともに安全を十分に確保すること」を示している。　3　「バディシ
ステム」は，2〜3人で一組を作らせ，互いの安全を確かめさせる方法
であるとともに，学習効果を高めるためにも役立つものである。

【2】(1)　D，自陣のペナルティーエリア内で直接フリーキックに相当す
る反則をした場合，ペナルティーマークにボールを置き，キーパーと
キッカーが1対1で向き合って，シュートをおこなう。　(2)　A，攻撃
中に相手コートの制限区域内に3秒をこえてとどまる。　(3)　F，6人
制バレーボールにおいて，サービスが行われる瞬間に正規の位置に並
んでいなかった，または，バックプレイヤーがブロックに参加した場
合の反則。　(4)　H，ピッチャーが腕を回転させて，速くて力強いボ
ールを投げる投法。　(5)　C又はB，C：ネット際に落とされた相手の
打球(シャトル)をネットすれすれに打ち返すショット。　B：ネット際
から高く弧をえがくようにコートの奥に打ち返すショット。
〈解説〉本問は，球技に関する知識を問う問題である。主なルール以外に
も，サッカーとバスケットボールは「ゴール型」，バレーボールとバ
ドミントンは「ネット型」，ソフトボールは「ベースボール型」とい
う型に分けることができるため，球技それぞれの型の特性も覚えてお
きたい。また，「バンチスタート」は短距離走におけるクラウチング
スタートの一種で，脚の力の強い人に向くスタート方法である。「ド
ライブロング」という用語は存在しない。

【３】　ウ→ア→エ→イ→オ

〈解説〉ダンスは「創作ダンス」，「フォークダンス」，「現代的なリズムの
　　ダンス」で構成されている。中学校学習指導要領解説保健体育編によ
　　ると，ダンスは，「イメージをとらえた表現や踊りを通した交流を通
　　して仲間とのコミュニケーションを豊かにすることを重視する運動
　　で，仲間とともに感じを込めて踊ったり，イメージをとらえて自己を
　　表現したりすることに楽しさや喜びを味わうことのできる運動であ
　　る」としている。

【４】　ハードルの材質を柔らかい物に替えたり，タオルなどを巻いたりし
　　て脚をぶつけた時の痛みを軽減するとともに，ハードルの高さを低く
　　したり，数を少なくしたりするなど，心的恐怖心を抑えながら，ハー
　　ドリングの練習を行わせる。

〈解説〉本問の生徒は，ハードルに恐怖心を抱いているため，まずはその
　　恐怖心を取り除く手立てが必要である。学習内容としては，不安や恐
　　怖心を与えないようにごく低いハードルから始めて少しずつ高さを増
　　やしていく工夫や，ソフトハードルを使用する工夫などが考えられる。

【５】　1　健康・安全について科学的に理解できるようにすることを通し
　　て，現在及び将来の生活において健康・安全の課題に直面した場合に
　　的確な思考・判断を行うことができるよう，自らの健康を適切に管理
　　し改善していく思考力・判断力　　2　心身の機能の発達と心の健
　　康：1学年　　傷害の防止：2学年　　健康と環境：2学年　　健康な
　　生活と疾病の予防：3学年　　3　事例などを用いたディスカッショ
　　ン，ブレインストーミング，心肺蘇生法などの実習，実験，課題など
　　を取り入れること。また，必要に応じてコンピューター等の活用，専
　　門性を有する教職員等の参加・協力を推進すること。

〈解説〉学習指導要領の内容は文言だけでなく，文言それぞれの意味を十
　　分に学習する必要がある。　　1　中学校学習指導要領解説保健体育編
　　「第2章　第2節　保健分野」の1において示されている。　　2　中学校

学習指導要領保健体育「保健分野　3内容の取扱い」(1)において示されている。　3　保健分野の指導に際しては，知識の習得を重視した上で，その知識を活用することにより，思考力・判断力等を育成していくことが重要である。その思考力や判断力等を育成するための方法として，ディスカッションやブレインストーミング(1つのテーマについて多くのアイデアをだしあい，問題の解決に結びつける技法)，ロールプレイング(役割演技法)などがある。

【6】1　周囲の人への連絡，傷害の状態に応じた応急手当　　2　包帯法，止血法　　3　(名称)　心肺蘇生法　　(手当の方法)　気道を確保した後，人工呼吸と胸骨圧迫を合わせて行う応急手当のこと(人工呼吸を2回行い，続いて胸骨圧迫を30回と人工呼吸2回を組み合わせて繰り返し行うこと)　　4　AED(自動体外式除細動器)

〈解説〉1　中学校では，適切な手当をすることによって傷害の悪化を防止できることを理解できるようにすることが大切である。また，必要に応じて医師や医療機関などへの連絡を行うことも大切である。

2　出血している場合には直接圧迫法がもっとも確実な方法である。直接圧迫法では，ガーゼやハンカチ，タオルなどを出血部分に当て，その上を確実に圧迫することが重要である。　　3　けがや病気で，心肺停止の状態に陥った時に胸骨圧迫や人工呼吸をおこなうことを「心肺蘇生」という。その「心肺蘇生」にAEDを用いた除細動を合わせて，「心肺蘇生法」という。「心肺蘇生法」に関しては，「心肺蘇生法ガイドライン2010」に記載されている。このガイドラインは原則5年に1度，よりよい方法へと改正されるため，最新の心肺蘇生法を理解しておく必要がある。　　4　突然心臓が止まって倒れた人の多くは，心室細動という状態にある。その心室細動を起こした心臓に電気ショックを与えることで，心臓の拍動を正常に戻す機器をAED(自動体外式除細動器：Automated External Defibrillator)という。

【7】1　危険予測・危険回避能力　　2　人的要因，環境要因

　　3　・自転車は車道が原則，歩道は例外　　・歩道は歩行者が優先で，車道寄りを徐行　　・安全ルールを守る　　・子どもはヘルメットを着用　　・車道は左側を通行　　から3つ

〈解説〉1　中学校学習指導要領解説保健体育編第2章〈保健分野〉

　　2　内容　3　イの「交通事故などによる傷害の防止」において，「指導に当たっては，必要に応じて，犯罪被害をはじめ身の回りの生活の危険が原因となって起こる傷害を適宜取り上げ，危険予測・危険回避の能力を身に付けることが必要であることについて理解できるよう配慮するものとする」と示している。　　2　「人的要因」として，交通規則を守らない(スピードの出しすぎ，一時不停止　など)や心身が不安定な状態(疲労，睡眠不足，心配事がある　など)，わき見の不注意や安全意識の低さなどが挙げられる。「環境的要因」としては，狭く死角のある道路や交差点，道路の安全整備不足(ガードレールや歩道が整備されていない　など)，悪天候のため，視界不良，夜間で周囲が暗いなどが挙げられる。「人的要因」は，人間の心身の状態や行動の仕方について，「環境要因」は，生活環境における施設・設備の状態や気象条件などについて理解できるよう指導することが大切である。

　　3　警察庁が定める「自転車安全利用五則」は，1)自転車は，車道が原則，歩道は例外，2)車道は左側を通行，3)歩道は歩行者優先で，車道寄りを徐行，4)安全ルールを守る，5)子どもはヘルメットを着用，の5つである。また，4)の安全ルールには，飲酒運転・二人乗り・並進の禁止や夜間はライト点灯，交差点での信号遵守と一時停止・安全確認がある。

【8】1　適切な運動，休養及び睡眠　　2　(今日的課題)　欠食，偏食，過食，栄養のバランス　等　　(課題を解決するための指導)　アンケート等による課題の把握と分析を行い，課題解決の効果を学力，体力及び健康面等から指導する。家庭との連携，栄養教諭との連携による食の指導，養護教諭との連携による保健指導等を行う。　　3　感染源

をなくす，感染経路を遮断する，身体の抵抗力を高める

4　・マスクや手袋を着用する。　・ペーパータオル等で嘔吐物を拭き取り，塩素消毒後水拭きする。　・拭き取った嘔吐物や手袋などは，ビニール袋に密封して廃棄する。　・終了後は，丁寧に手洗いする。

〈解説〉病原体が他の人や動物などから人の体の中に入り，それが増えることを感染といい，感染によって起こる病気のことを感染症と言う。感染症には，感染性胃腸炎(ノロウイルス)以外にも，インフルエンザ，麻しん(はしか)，風しん，コレラ，結核の感染経路，主要症状，潜伏期間についても知っておきたい。

## 【高等学校】

【1】1　A　系統性　　B　生徒の実態　　2　ア，ウ

〈解説〉2　ア　妊娠に関しては，「妊娠や出産が可能となるような成熟が始まるという観点から，受精・妊娠までを取り扱うものとし，妊娠の経過は取り扱わないものとする」とされている。　ウ　生態系についても「地域の実態に即して公害と健康との関係を取り扱うことも配慮するものとする。また，生態系については，取り扱わないものとする」としている。高等学校で学習する内容は中学校の学習の延長上であるため，高等学校の学習内容に加えて中学校の学習内容も知っておく必要がある。

【2】1　A　豊かなスポーツライフ　　B　巧み　　C　持続　　D　自己
2　E　筋力　　F　瞬発力　　G　柔軟性　　H　全身　　I　調整力
3　(3)，(5)

〈解説〉1　「体つくり運動」は，「体力を高める運動」と「体ほぐしの運動」の2つに分かれている。その中の「体力を高める運動」のねらいは，「自己のねらいに応じて，健康の保持増進や調和のとれた体力の向上を図るための継続的な運動の計画を立て取り組むこと」としている。　2　「力強い動きを発揮する能力」に当てはまる体力要素は，筋肉が働いて生み出す力である「筋力」と，強い力を瞬発的に発揮する

力である「瞬発力」がある。「動きを持続する能力」に当てはまる体力要素は，筋力を発揮し続ける「筋持久力」と，全身を使った運動を長く続ける力である「全身持久力」がある。また，「たくみな動きを発揮する能力」に当てはまる体力要素は，体のバランスをとる，すばやく動く，うまく体を操作するなど，上手な動きができるように運動を調整する力である「調整力(平衡性，巧緻性，敏捷性　など)」と，関節の動く範囲である「柔軟性」がある。　3　(1)は「4単位時間以上」ではなく，正しくは「6単位時間以上」である。また，「体つくり運動」の学習時数について各年次で7～10単位以上程度であることもよく出題されるので覚えておきたい。　(2)は「各年次継続して履修できるようにし，各年次の単位数はなるべく均分して配当すること」ではなく，正しくは「原則として入学年次及びその次の年次の2か年にわたり履修させるものとする」である。また，(2)の文章は「体育」に関する内容である。　(4)は「新しく」ではなく「引き続き」が正しい。「体育」の標準単位数を引き続き7～8単位と幅をもって示したのは，各学校でそれぞれ適切な教育課程を編成することができるように配慮したからである。

【3】1　ジュネーブ　　2　オタワ　　3　ストックホルム　　4　イスタンブール

〈解説〉1　世界保健機関(WHO：World Health Organization)は，1948年に「すべての人々が可能な最高の健康水準に到達すること」を目的に設立された。　2　1986年にカナダの首都であるオタワでWHO国際会議が開催されたため，「オタワ憲章」となった。その時に「ヘルスプロモーション」の概念が提唱され，定義されることとなった。3　日本人として初めてオリンピックに出場した選手は，金栗四三選手の他に，三島弥彦選手がいた。この2人が日本初のオリンピック代表選手に選ばれた。また，オリンピックに関しては，「体育理論」の(1)スポーツの歴史，文化的特徴や現代のスポーツの特徴で取り扱われている。入学年次においては，(1)スポーツの歴史，文化的特徴や現代

のスポーツの特徴を，その次の年次においては，(2)運動やスポーツの効果的な学習の仕方を，それ以降の年次においては，(3)豊かなスポーツライフの設計の仕方をそれぞれ取り上げることとしていることも知っておきたい。　4　1次選考で選出されたのは，東京，マドリード，イスタンブールの3都市だった。1964年大会以来56年ぶりの開催になるかどうか，この年の大きな話題となった。

【4】1　3か月　　2　72　　3　○　　4　イギリス　　5　クローズドスキル　　6　○

〈解説〉1　HIVは，ヒト(Human)免疫不全(Immunodeficiency)ウイルス(Virus)の略で，さまざまな病気に対抗する免疫の働きを弱めてしまう。その結果，抵抗力のなくなった状態をエイズといい，軽度の病気でも死に至ることがある。感染の経路としては，HIVに感染している人との性交やHIVが混入した血液の体内への注射，HIVに感染している母から子への感染などが挙げられる。HIVの感染初期には，血液検査では陰性となり，検査では感染することが分からない期間がある。この期間のことを「ウインドウ期」といい，抗体検査を受けても3か月くらいまでは感染していても陰性となる可能性がある。　2　緊急避妊法(Emergency Contraception：EC)では，緊急避妊ピル(モーニングアフター・ピル)を服用する場合が多い。これは，妊娠を防止するが，100％確実に妊娠を防止できるというわけではなく，妊娠してしまう可能性も数％ある。　3　睡眠中の浅い眠りの状態を「レム睡眠」というのに対し，睡眠中の深い眠りのことを「ノンレム睡眠」という。4　イギリスでおこなわれたスポーツは，19世紀に形を整えて「近代スポーツ」となり，その後，1896年にギリシャのアテネで開かれた第1回近代オリンピックをきっかけに「国際スポーツ」となった。「近代スポーツ」を世界の文化，つまり「国際スポーツ」にするのに貢献したのが，オリンピック開催を提唱したフランス人のクーベルタンである。　5　安定した環境の中で用いられる技術を「クローズドスキル」というのに対し，たえず変化する状況の中で用いられる技術を「オー

プンスキル」という。　6　バーンアウトは，別名で「燃え尽き症候群」という。本問では運動についてのバーンアウトを問われているが，この症状は運動だけでなく，仕事や日常生活の中でも起こってしまうことがある。

【5】1　熱中症の重症度の高い場合，けいれんや高い体温などの症状が見られる。このような症状が見られたときには，直ちに救急車を要請し，涼しい場所で体を冷やす必要がある。　2　近年，自転車と歩行者の事故件数は増加傾向にある。自転車と歩行者の事故を防止するために自転車は原則として車道を通行することや，歩道を通行する際は歩行者優先で車道寄りを徐行することを徹底させる。　3　心臓病や脳卒中につながる動脈硬化や，糖尿病等は，適度な運動によって予防できる。その運動はウォーキングやジョギングなどの酸素を体内に十分に取り入れる有酸素運動が効果的である。　4　課題を解決するための合理的な体の動かし方を技術といい，技術を練習によって身に付けた能力を技能という。

〈解説〉1　熱中症には，現場での応急手当で対応できる軽症，病院への搬送を必要とする中等度，入院して集中治療の必要がある重度の3つに分類することができる。体温上昇が激しい場合は，頸部や腋の下に氷嚢を当てるというように早く体温を下げる処置を中心に行い，一刻も早く医療機関に運ぶことが重要である。また，軽症の場合でも，誰かが付き添って様子を見守り，症状が改善しない場合や悪化する場合には病院へ運ぶようにする。　2　自転車にかかわる交通事故死傷者は，全体的に減少傾向にあるが，対歩行者の事故件数は少ないものの緩やかな上昇傾向が見られる。また，自転車は，道路交通法上で「軽車両」と位置付けられており，自動車や自動二輪と同じ「車両」である。そのため，歩道と車両の区分のあるところでは，自転車は車道を通行するのが原則である。　3　現在，日本人の死亡原因として多い病気を上位から3つあげると，がん，心臓病，脳卒中となる。この他の生活習慣病の代表的なものとして，脂質異常症，糖尿病，歯周病が

ある。生活習慣病の中には，一度発病してしまうと完全に治すことが難しい病気もたくさん存在する。そこでもっとも重要なのが，食事，運動，休養，睡眠といった基本的な生活習慣を健康的なものにして発病自体を防ぐこと，つまり「一次予防」である。　4　課題を解決するための合理的な体の動かし方を「技術」というが，例えば，走り幅跳びにおける「そり跳び」や「はさみ跳び」は，遠くに跳ぶことを目的とした「技術」である。その「技術」は，知識として頭で理解できるが，実際に身に付けるには練習が必要である。

【6】1　(1)　A　57　　B　メチル水銀(有機水銀)　　(2)　イタイイタイ病　2　(1)　ストレスの原因についての自分自身の受け止め方(見方や考え方)を見直すこと。　(2)　A　リラクセーション　　B　コミュニケーション　3　(1)　ブレインストーミング　　(2)　ロールプレイング(役割演技法)　　4　(1)　イ　体力に関するデータの処理・分析　エ　学習に関連する統計図表等の作成　　(2)　補助的手段として活用するようにし，活動そのものの低下を招かないようにする。

〈解説〉1　水俣病は，1956年頃に熊本県の水俣湾沿岸地域で発生した。これは，工場の生産過程で生じたメチル水銀が水俣湾へ流れ出て，それを小魚が食べ，その小魚を大きな魚が食べるという食物連鎖の過程で有害物質が濃縮されていくということが起き，その魚を人間が食べたことによって公害事件が起きた。この「水俣病」に加え，「イタイイタイ病」，「四日市ぜんそく」，「新潟水俣病」を合わせて四大公害病といわれる。　2　ストレスの対処法として，「周りから支援を受けること」があるが，これは仲のいい友人や両親，親戚だけを指すのではなく，カウンセラーや医師などの専門家や専門機関を利用することも含まれている。　3　「保健」の指導に当たっては，知識の習得を重視した上で，知識を活用する学習活動を積極的に行い，思考力や判断力などを育成することが重要である。その際に行うグループ学習の学習スタイルの代表例として，「ブレインストーミング」，「ロールプレイング」，「ディスカッション」などがある。　4　高等学校学習指導要

領解説保健体育編・体育編によると，我が国の情報化が進展し，企業活動，研究活動，教養文化活動，娯楽の世界まで，社会のあらゆる分野に情報化が浸透し，学校においても情報教育の充実が図られつつある。保健体育科では，各科目の特質を踏まえ，情報モラルにも配慮した上で，必要に応じてコンピュータや情報通信ネットワークなどを適切に活用し，学習の効果を高めるように配慮することが重要であるとされている。

【7】1　⑬　　2　⑭　　3　⑯　　4　⑮　　5　①　　6　⑱　　7　⑲

〈解説〉1　技能がある程度向上すると，次のステップに進むまでに一時的な停滞や低下の時期が訪れる。停滞を「プラトー」といい，低下を「スランプ」という。　2　筋収縮によって発揮される力を「筋力」というが，そのエネルギー源は，細胞呼吸によって合成されるATP(アデノシン3リン酸)という物質である。　3　「ターゲット型」では，特定の的に効率的にボールを入れたり，当てたりすることが特性として挙げられる。「ターゲット型」の種目としては，ゴルフ，ボウリング，カーリングなどがある。　4　「ラグビーワールドカップ」は4年に1度行われ，ラグビー世界一を決める大会である。第1回大会は，1987年にニュージーランドとオーストラリアで開催された。　5　BMIを求める公式は，「体重(kg)÷身長(m)²」である。ただし，「身長」の単位が「cm」ではなく「m」である点に注意。　6　リデュース(Reduce)，リユース(Reuse)，リサイクル(Recycle)の頭文字をとって3Rという。

7　たばこに含まれる主な有害物質として，タール，ニコチン，シアン化物，一酸化炭素などがある。「ニコチン」には，末梢血管を収縮させ，血圧を上昇させる作用や依存性がある。「シアン化物」には，組織呼吸を妨げたり，気道の繊毛を破壊したりする作用がある。「一酸化炭素」には，ヘモグロビンと強く結合し，血液が運ぶ酸素の量を減少させたり，血管のかべを傷つける作用がある。そのため，運動能力を低下させるほか，心臓病を引き起こしやすくするといわれている。

# 二次試験

## 【中学校】

【1】思春期にあたる中学生は精神的にも発達し，心理的な欲求を感じやすくなる時期である。また，欲求が高次なものになるにつれて，その実現が困難となることも多くなり，欲求不満の状態に陥ることも考えられる。この欲求不満の状態がストレッサーとなり，心のストレスが次第に体にも表れ，様々な心身症を引き起こす可能性がある。そのため，心の健康を保つためには，スポーツや趣味に打ち込むなど気分転換を図ったり，リラクセーションをしたりすることが大切となる。

　　以上のことを踏まえて，私は授業を行う際には，欲求不満やストレスがかかることは心身に影響を及ぼすが，発達には必要なことであることを伝えた上で，気分転換やリラクセーションとして生徒自身はどのようなことを行うかを考えさせる形をとって実施したい。具体的には，1つの事例を提示し，グループディスカッションをさせる授業にしたいと考える。ディスカッションでは，生徒たちにとって身近な事例を挙げ，リラクセーションの仕方や趣味を持つことなどの，自分にとって適切な対処の仕方を考えさせるようにする。その際，発達障害や注意欠陥・多動性障害等を有する，特別な支援を必要とする生徒の指導についても十分に注意する。

〈解説〉欲求には，生命を維持するための「生理的な欲求」と，成長する上で生まれる「心理的な欲求」がある。また，「他人に認められたい」・「友達をつくりたい」といった，社会との関わりによって生まれる欲求を「社会的な欲求」という。これらの欲求が実現されない状態のことを「欲求不満」という。また，「ストレス」とは，「ストレッサー」が心に影響して，心理的に不安定になった状態のことを指す。欲求不満やストレスが影響する心身症や，対処する方法についても確認しておく必要がある。中学校学習指導要領解説保健体育・体育編に記載されている内容の取扱いについてもしっかりと確認しておくこと。

## 【高等学校】

【1】 高校生にあたる16歳〜19歳における交通事故の現状として，死者数は自動車乗車中の数が最も多くなっているが，16歳から免許の取得が可能な原動機付自転車および自動二輪車による事故の発生も多くなっている。発生の要因としては，最高速度違反や漫然運転，自己の運転技術の過信が挙げられる。また，交通事故で加害者となった場合，民事上の責任，刑事上の責任，行政上の責任と，法的な責任を負わなければならない。さらに，被害者やその親族に対して，事故の程度相応の補償をする責任も生じる。

　以上のことを踏まえ，私は授業を行う際に，加害者，加害者側の家族，被害者，被害者側の家族，弁護士などの役割をあたえ，ロールプレイングの形をとって実施する。この授業を通して，さまざまな立場から交通事故を見つめ直し，交通事故の防止を心がけることができるようにする。

〈解説〉交通事故は，運転者の行動や規範を守る意識などの「主体要因」，天候や道路状況の「環境要因」，車両の特性である「車両要因」などが関わって発生する。各要因について，詳しい内容について理解しておくこと。また，全国の交通事故の現状を押さえるとともに，民事・刑事・行政上の責任や法律に関する内容についても確認しておく必要がある。また，高等学校学習指導要領解説保健体育・体育編に記載されている内容の取扱いについてもしっかりと確認しておくこと。

## 2013年度　実施問題

# 一次試験

### 【中学校】

【1】次の文は，現行の「中学校学習指導要領解説　保健体育編」の「第3章　指導計画の作成と内容の取扱い」の一部である。下の1，2の各問いに答えなさい。

　学校における体育・健康に関する指導は，生徒の発達の段階を考慮して，学校の教育活動全体を通じて適切に行うものとする。特に，学校における[　A　]の推進並びに[　B　]の向上に関する指導，[　C　]に関する指導及び心身の健康の保持増進に関する指導については，保健体育科の時間はもとより，技術・家庭科，[　D　]などにおいてもそれぞれの特質に応じて適切に行うよう努めることとする。また，それらの指導を通して，家庭や地域社会との連携を図りながら，日常生活において適切な体育・健康に関する活動の実践を促し，[　E　]を通じて健康・安全で活力ある生活を送るための基礎が培われるよう配慮しなければならない。―中略―

　体育に関する指導については，子どもの体力水準が全体として[　F　]していることがうかがえるとともに，[　G　]に運動する子どもとそうでない子どもに分散が拡大しているとの指摘がある。

1　文中の[　A　]～[　G　]に入る適切な語句を答えなさい。
2　学校において，体育・健康に関する指導を効果的に進めるためにはどういうことが重要であるか，2つ答えなさい。

(☆☆☆○○○○○)

315

【2】次の文は，現行の「中学校学習指導要領解説　保健体育編」の「体育分野　F武道」の一部について示したものである。下の1〜5の各問いに答えなさい。

[第1学年及び第2学年]

　　武道は，武技，武術などから発生した[　A　]の文化であり，相手の動きに応じて，基本動作や基本となる技を身に付け，相手を攻撃したり相手の技を防御したりすることによって，勝敗を競い合う楽しさや喜びを味わうことのできる運動である。また，武道に積極的に取り組むことを通して，武道の[　B　]な考え方を理解し，[　C　]して練習や試合ができるようにすることを重視する運動である。

—中略—

1　技能

(1)　次の運動について，技ができる楽しさや喜びを味わい，基本動作や基本となる技ができるようにする。

　　ア　柔道では，<u>相手の動きに応じた基本動作</u>から，基本となる技を用いて，投げたり抑えたりするなどの攻防を展開すること。

1　文中の[　A　]〜[　C　]に入る適切な語句をそれぞれ答えなさい。

2　下線部の「相手の動きに応じた基本動作」について，どのような動作だと示されているか，3つ答えなさい。

3　安全な柔道指導を行う上で，施設・環境面での留意点と授業中の留意点を，それぞれ具体的に2つずつ答えなさい。

4　投げられることに恐怖心を持っている生徒に対して，受け身を習得させるための段階的な指導方法として，どのような学習活動を取り入れていくとよいか，具体的に述べなさい。

5　固め技では，3つの条件を満たせば「押さえ込み」となるが，その3つの条件とは何か2つ答えなさい。

（☆☆☆☆☆◎◎◎◎◎）

【3】次の文は，現行の「中学校学習指導要領　第2章　第7節　保健体育」の「第1　目標」について示したものである。文中の，[　A　]～[　C　]に入る適切な語句を答えなさい。

　　心と体を一体としてとらえ，運動や健康・安全についての理解と運動の合理的な実践を通して，[　A　]を育てるとともに[　B　]の育成と[　C　]を図り，明るく豊かな生活を営む態度を育てる。

(☆☆☆○○○○○)

【4】球技に関して，次の1～3の各問いに答えなさい。
1　球技は，大きく3つから構成されているが，ゴール型の他の2つを答えなさい。
2　ゴール型では，サッカー，バスケットボール，ハンドボールの中から選択するようになっているが，サッカーの授業を行う前に，安全面で特に気をつけることは何か答えなさい。
3　サッカーの授業中，ボールを強く蹴れない生徒に対して，どのようなポイントでチェックし指導するのか。具体的に2つ答えなさい。

(☆☆☆○○○○○)

【5】医薬品の正しい使い方について，次の1，2の各問いに答えなさい。
1　医薬品にある主作用と副作用とはどのような作用か，それぞれ答えなさい。
2　医薬品を正しく使用する方法を3つ答えなさい。

(☆☆☆○○○○○)

【6】健康と環境について，次の1，2の各問いに答えなさい。
1　人間の体重の半分以上は水分で，生命を維持するために水はなくてはならないものであるが，生命の維持のための役割を2つ答えなさい。
2　次の文は，現行の「中学校学習指導要領解説　保健体育編」の「第2章　保健体育科の目標及び内容　保健分野」の一部である。文中の[　A　]～[　E　]に入る適切な語句を答えなさい。

　　室内の二酸化炭素は，人体の[　Ａ　]や[　Ｂ　]により増加すること，そのため，室内の空気が汚れてきているという[　Ｃ　]となること，定期的な換気は室内の二酸化炭素の濃度を衛生的に管理できることを理解できるようにする。

　　また，空気中の一酸化炭素は，主に物質の[　Ｄ　]によって発生し，吸入すると一酸化炭素中毒を容易に起こし，人体に有害であることを理解できるようにするとともに，そのために[　Ｅ　]が決められていることにも触れるようにする。

（☆☆☆☆◎◎◎◎）

【７】思春期は，身体的には生殖にかかわる機能が成熟し，精神的には自己形成の時期である。自分らしく生きるための自己の形成にむすびつくような思考力，判断力を育成していくために，どのような点に注意して保健の授業を行うか答えなきい。

（☆☆☆☆◎◎◎◎）

【８】次の文は，現行の「中学校学習指導要領解説　保健体育編」の「第2章　保健体育科の目標及び内容　保健分野」の一部である。文中の[　Ａ　]～[　Ｃ　]に入る適切な語句を答えなさい。また，その指導にあたって配慮すべきことを3つ答えなさい。

　　エイズ及び性感染症の増加傾向とその低年齢化が社会問題になっていることから，その疾病概念や感染経路について理解できるようにする。また，予防方法を身に付ける必要があることを理解できるようにする。例えば，エイズの病原体は[　Ａ　]であり，その主な感染経路は[　Ｂ　]であることから，感染を予防するには[　Ｂ　]をしないこと，[　Ｃ　]を使うことなどが有効であることも触れるようにする。

（☆☆☆☆◎◎◎◎）

## 【高等学校】

【1】平成21年3月に告示された「高等学校学習指導要領　総則」では，保健体育に関する内容として，体育・健康及び部活動に触れてある。次の文章の[　A　]〜[　J　]に適切な語句をそれぞれ入れ，文章を完成させなさい。

○　学校における体育・健康に関する指導は，生徒の[　A　]を考慮して，学校の教育活動全体を通じて適切に行うものとする。特に，学校における[　B　]の推進並びに体力の向上に関する指導，安全に関する指導及び心身の健康の[　C　]に関する指導については，保健体育科はもとより，家庭科，[　D　]などにおいてもそれぞれの特質に応じて適切に行うよう努めることとする。また，それらの指導を通して，家庭や[　E　]との連携を図りながら，日常生活において適切な体育・健康に関する活動の実践を促し，[　F　]を通じて健康・安全で[　G　]ある生活を送るための基礎が培われるよう配慮しなければならない。

○　生徒の自主的，[　H　]な参加により行われる部活動については，スポーツや文化及び科学等に親しませ，学習意欲の向上や責任感，連帯感の涵養等に資するものであり，学校教育の一環として，[　I　]との関連が図られるよう留意すること。その際，地域や学校の実態に応じ，地域の人々の協力，[　J　]や社会教育関係団体等の各種団体との連携などの運営上の工夫を行うようにすること。

(☆☆☆☆◎◎◎◎◎)

【2】平成21年3月に告示された「高等学校学習指導要領」を受け，「高等学校学習指導要領解説　保健体育編・体育編(平成21年12月)」に示された，指導内容の取り扱い等について，次の(1)〜(6)の各問いに答えなさい。

(1)　領域「柔道」では，中学校第3学年との接続を踏まえ，入学年次においては，「相手の動きの変化に応じた基本動作から，基本となる

319

技，得意技や連絡技を用いて，相手を崩して投げたり，抑えたりするなどの攻防を展開すること」を学習のねらいとしているが，「相手の動きの変化に応じた基本動作」にはどのようなものがあるか，2つ答えなさい。

(2)　領域「体つくり運動」の体力を高める運動では，中学校3年，高校入学年次における運動の計画と実践の例として2つ示されている。「運動を行うための体力を高める運動」と，ほか1つを何か答えなさい。

・(　　　　　　　　　　)ための体力を高める運動

(3)　領域「球技」では，3つの類型がある。「ゴール型」，ほか2つを答えなさい。

(4)　領域「体育理論」での入学年次に取り扱う内容はどれか。次のア〜ウから1つ選び，記号で答えなさい。

ア　豊かなスポーツライフの設計の仕方

イ　スポーツの歴史，文化的特性や現代スポーツの特徴

ウ　運動やスポーツの効果的な学習の仕方

(5)　領域「器械運動」は，4つの運動から構成されている。「マット運動」，「鉄棒運動」のほか2つを答えなさい。

(6)　領域「陸上競技」における，長距離走を実施する際の入学年次でのねらいを答えなさい。

(☆☆☆☆○○○○○)

【3】社会の変化とスポーツについて，次の(1)〜(3)の各問いに答えなさい。

(1)　2010年8月に，我が国のスポーツ政策の基本的な方向性を示すスポーツ立国戦略が策定されたが，その重点戦略のうち3つを答えなさい。

(2)　国のスポーツ振興施策として，1961年に制定されたスポーツ振興法が50年ぶりに全面改正された。2011年6月に制定された法律を答えなさい。

(3) 近年のスポーツ界では，競技力向上のために薬物などを摂取する
ドーピング(禁止薬物使用)が問題になっているが，ドーピングが許
されない理由として，「競技者の健康を害する」，「フェアプレイの
精神に反する」のほかに何があるか答えなさい。

(☆☆☆☆◎◎◎◎◎)

【4】次の(1)～(3)の事柄についてその対策を下に示された言葉を使って，
簡潔に述べなさい。

(1) 未成年者の喫煙防止
健康増進法　　たばこ規制枠組条約　　未成年者

(2) 医薬品の安全性の確保
承認制度　　処方箋　　第1類医薬品

(3) 性感染症の予防
性行為　　再感染　　HIV抗体検査

(☆☆☆☆◎◎◎◎◎)

【5】次の(1)～(5)の文章は，保健体育の分野おいて，近年，社会的によ
く取り上げられる内容についての説明である。それぞれ何についての
説明か，正式名称で答えなさい。

(1) 大地震や事故等実際に死傷するようなことを体験したり目撃した
りしたとき，それが心の傷となり「眠りが浅くなる，怒りっぽくな
る，警戒心が強くなる」など精神的に不安定な状態が続くこと，一
般にPTSDと言われる。

(2) 異性の人格と立場を尊重する配慮に欠け，性差別的な発言や行動
で相手を傷つけてしまうこと。

(3) 発病が減少し，問題視されなくなった感染症のうち，対策を怠っ
たり，医薬品に抵抗力を持つ菌が表れたりするなどの理由で再び発
病が増加した感染症。近年，わが国では結核が問題視されている。

(4) 自治体が主体となり，様々な年齢層の人が公共施設を利用して，
複数のスポーツ種目の活動に取り組むクラブの総称。

(5)　突然心臓が止まって倒れた人への処置として，電気ショックを与え心臓の拍動を正常に戻す機器，一般にAEDと称される。

(☆☆☆☆◎◎◎◎)

【6】次の文章は，労働災害と健康について述べたものである。(1)，(2)の各問いに答えなさい。

(1)　[　A　]〜[　D　]に当てはまる，適切な語句を答えなさい。(同じ記号には同じ語句が入るものとする)

　　労働災害を防ぐため，雇用者には[　A　]により安全衛生管理体制を整えることが義務付けられており，事業所には安全管理者や[　B　]を置かなければならない。

　　労働災害の中で，働くことによって起きる病気や障がいを特に[　C　]という。[　C　]には作業の量や姿勢など作業条件によるものと，高温多湿での作業による熱中症や塗料を扱う仕事の有機溶剤中毒など[　D　]によるものがある。

(2)　近年，コンピュータを長時間にわたり不適切な姿勢で使用することに起因する障がい(目の疲れや首や肩の痛み)が見られるようになったが，この障がいを特に何というか答えなさい。また，その防止策を具体的に2つ答えなさい。

(☆☆☆☆◎◎◎◎)

【7】次の(1)〜(3)の各問いに答えなさい。

(1)　次の文章の[　A　]〜[　D　]に入る適切な語句を，あとのア〜クから選び記号で答えなさい。

　○　生活習慣病の一次予防には，食事，[　A　]，休養といった基本的な生活習慣を健康的に行い，喫煙や過度な[　B　]などのリスクファクターを抑えることが大切である。

　○　定期的に健康診断を受け，生活習慣病を早期に発見し治療することを二次予防という。

　　2008年4月から[　C　]を減らすことを生活習慣病の対策とし，

40歳以上を対象とした[ D ]が導入された。

　ア　特定健康診査　　イ　勉強　　　　　ウ　内臓脂肪
　エ　皮下脂肪　　　　オ　人間ドック　　カ　運動
　キ　飲酒　　　　　　ク　薬の服用

(2)　(1)の文中における[ C ]が蓄積され[ D ]の指導対象となる症状を特に何というか，正式名称をカタカナで答えなさい。

(3)　表に示す食生活指針(文科省・厚労省・農水省，2000年)10項目の中で，空欄⑧及び⑨は，食育の観点から示されたわが国特有の内容である。適切な文で2つ答えなさい。

　　表　食生活指針(文科省，厚労省，農水省作成，2000年)

① 食事を楽しみましょう 。
② 1日の食事のリズムから，健やかな生活リズムを。
③ 主食，主菜，副菜を基本に，食事のバランスを。
④ ごはんなどの穀類をしっかりと。
⑤ 野菜・果物，牛乳・乳製品，豆腐，魚なども組みあわせて。
⑥ 食塩や脂肪は控えめに。
⑦ 適正体重を知り，日々の活動に見合った食事量を。
⑧ (　　　　　　　　　　　　　　)
⑨ (　　　　　　　　　　　　　　)
⑩ 自分の食生活を見直してみましょう。

(☆☆☆☆◎◎◎◎)

# 二次試験(県のみ)

## 【中学校】

【1】安全面に考慮した体育の授業をどのように進めていくか述べなさい。

(☆☆☆☆☆◎◎◎◎)

## 【高等学校】

【1】新しい学習指導要領を踏まえ，領域「水泳」におけるスタート，ターンの指導のあり方を説明し，事故防止について述べなさい。

(☆☆☆☆☆◎◎◎◎◎)

## 解答・解説

# 一次試験

## 【中学校】

【1】1　A　食育　　B　体力　　C　安全　　D　特別活動　　E　生涯　F　低下　　G　積極的　　2　・地域や学校の実態及び新体力テストなどを用いて，生徒の体力や健康状態等を的確に把握する。
・生徒の実態に応じた学校の全体計画を作成する。　　・地域の関係機関・団体の協力を得つつ，計画的，継続的に指導する。　　・学校全体(総体)として取り組む。　　・保護者の協力を得る。　　等(うち2つ)
〈解説〉体育に関する事項を総則に掲載することについて，学習指導要領解説では「生涯にわたって運動やスポーツを豊かに実践していくこと，体力の向上を重視しており，生徒が自ら進んで運動に親しむ資質や能力を身に付けることで，心身鍛錬ができるようにすること」と指摘しており，学校教育活動全体に効果的に取り組むことを求めている。指導にあたっては「全教員の理解と協力が求められるよう，実態に応じて組織的に進めていくことが大切」とされている。

【2】1　A　我が国固有　　B　伝統的　　C　相手を尊重　　2　・相手の動きに応じて行う姿勢と組み方　　・進退動作　　・崩しと体さばき　　・受け身(うち3つ)　　3　施設環境…・畳が破れていたり，穴があいていないこと。　　・畳に隙間や段差がないこと。
・釘やささくれ，鋲などの危険物がないこと。　　・体育館で授業展開する場合は，柔らかい畳を使用したり，安全な枠を設置し，畳のずれを防ぐこと。などから2つ　　授業中…・生徒の体調等に注意すること。　　・多くの生徒が「初心者」であることを踏まえた段階的な指導を行うこと。　　・「頭を打たない・打たせない」ための「受け身」の練習をしっかりと行うこと。　　・固め技では押さえ技のみであり，絞

324

め技や関節技は指導しないこと。　・しっかりと受け身を身に付けさ
せた上で，生徒の実態に応じた段階的な投げ技の指導を行うこと。な
どから2つ　　4　・長座や中腰の姿勢から後受け身をする。　・片ひ
ざ立ちから前回り受け身をする。　　5　・相手を仰向けにする。
・相手の上で向かい合う。　・相手の束縛を受けない。などから2つ
〈解説〉武道の領域について，平成24年度から，第1学年及び第2学年では
すべての生徒に履修させることとしていることから，出題頻度が非常
に高くなっている。まず，『中学校学習指導要領解説　保健体育編』，
次に「柔道の授業の安全な実施に向けて」(平成24年3月，文部科学省)
を学習することが必要である。5の「押さえ込み(抑え込み)」について，
講道館柔道試合審判規定によると，相手を大体仰向けにし，自分は相
手の上で概ね向かい合った形になって束縛を受けず，一定時間起き上
がることができないように制して押さえる技をいう，と記されている。
一方，国際柔道連盟試合審判規定では，a.押さえられた試合者が，相
手により制せられており畳に背・肩がついていること，b.横側・頭
上・身体の上から制していること，c.押さえている試合者は，相手の
脚で自分の脚または身体が制せられていないこと，と規定されている。

【3】A　生涯にわたって運動に親しむ資質や能力　　B　健康の保持増
進のための実践力　　C　体力の向上
〈解説〉教科の目標は，中学校体育の中での保健体育科の特性を総括的に
示すとともに，小学校の体育科及び高等学校の保健体育科との関連で，
中学校としての重点や基本的な指導の方向を示したものである。出題
頻度が非常に高いので，必ず全文を暗記しておくこと。解答の3つは
保健体育科の重要なねらいであり，この3つが相互に密接に関連して
いることもおさえておこう。

【4】1　ネット型，ベースボール型　　2　サッカーゴールは，強風等に
より倒れることがないように措置すること(固定)。　　3　・足首はしっ
かり固定できているか　　・最後までボールをしっかり見ているか
・膝から下を鋭く振っているか　　・軸足に重心がのっているか
などから2つ

〈解説〉1　今回の学習指導要領改訂で，球技はその特性や魅力に応じて，
ゴール型，ネット型，ベースボール型に分類・構成している。
2　生徒の安全，事故防止の観点から，生徒の多様な行動に対しても
十分な安全性を備えた教育環境を形成することが重要である。
3　実技については，基本的な運動技能や技の指導のポイント，生徒
のつまずきの原因とそれを解決する助言のポイント，指導の工夫をま
とめておくこと。

【5】1　主作用…本来の利用目的にあった好ましい働き
副作用…本来の目的から外れた好ましくない働き
2　使用回数，使用時間，使用量

〈解説〉今回の学習指導要領改訂で保健分野では，新たに医薬品に関する
内容を取り扱うこととなったため，出題頻度が高くなっている。医薬
品に関する内容は第3学年で指導し，学習内容は「医薬品には，主作
用と副作用があること，使用回数，使用時間，使用量などの使用法が
あり，正しく使用する必要があることについて理解できるようにする」
である。1の副作用について，辞書等では「本来の治療目的から外れ
た作用」とだけ書かれていることもあるが，教科書の中には別語で
「有害反応」と紹介していることを考えると，解答のように好ましく
ない働きであることも記しておいたほうがよいだろう。

【6】1　・栄養物質や酸素を運搬する。　　・老廃物を体外に排泄する。
・汗として体温を下げる。(うち2つ)　　2　A　呼吸作用　　B　物質
の燃焼　　C　指標　　D　不完全燃焼　　E　基準

〈解説〉1　人間の約60〜65％(新生児の場合は約75％)は水分であり，体

内の約20％の水分を失うと死亡するといわれている。　2　一酸化炭素は，濃度が500ppmで頭痛，吐き気などが現れ，1500ppmで死に至るとされている。なお，学校環境衛生基準では教室等の環境について，二酸化炭素は，0.06ppm以下が望ましい，とされている。

【7】・客観的に自分を見つめさせる授業の工夫　　・他人の立場や考え方を理解させるための授業の工夫

〈解説〉自己形成については，第1学年で取り扱うこととなっている。『中学校学習指導要領解説　保健体育編』によると「思春期になると，物の考え方や興味・関心を広げ，次第に自己を認識し自分なりの価値観を持つ等，自己形成がなされることを理解できるようにする」といったことが書かれている。そして自己形成は経験や試行錯誤など社会性の発達とともに確立していくこともおさえる。

【8】A　ヒト免疫不全ウイルス(HIV)　　B　性的接触　　C　コンドーム
配慮すべきこと…・発達の段階を踏まえること。　　・学校全体で共通理解を図ること。　　・保護者の理解を得ること。

〈解説〉エイズ及び性感染症の予防については，第3学年で取り扱う。エイズは，ヒト免疫不全ウイルス(HIV：Human Immunodeficiency Virus)によって起こる病気である。Acquired(後天性) Immune(免疫) Deficiency(不全) Syndrome(症候群)の頭文字をとってAIDSと名付けられた。1981年にアメリカ合衆国のカリフォルニア州とニューヨーク州で，カリニ肺炎やカポジ肉腫などにかかっている若者が発見されたのが始まりである。HIVは感染力が弱いので，感染する経路は①性行為，②注射器の共用など血液を介するもの，③母子感染(妊娠中や出産前後に子どもに感染することがある)の3つに限られている。

## 【高等学校】

【1】A　発達の段階　　B　食育　　C　保持増進　　D　特別活動
E　地域社会　　F　生涯　　G　活力　　H　自発的　　I　教育課程

　　J　社会教育施設

〈解説〉学習指導要領総則に体育・健康に関する指導について示されることについて，学習指導要領解説では保健体育科だけでなく「学校教育活動全体として効果的に取り組むこと」としている。そのため，担当教員だけでなく，全教員の理解と協力を求め，組織的に進めていくことが大切としている。一方，部活動については学校教育の一環として果たしてきた意義や役割を踏まえ，留意点や配慮事項などが再掲載されたことをおさえておこう。

【2】(1)　・相手の動きの変化に応じて行う姿勢と組み方　　・進退動作　　・崩しと体さばき　　・受け身(から2つ)　　(2)　健康に生活する(ための体力を高める運動)　　(3)　ネット型，ベースボール型　(4)　イ　　(5)　跳び箱運動，平均台運動　　(6)　自己に適したペースを維持して走ること。

〈解説〉(1)　柔道の入学年次における相手の動きの変化に応じた基本動作について，学習指導要領解説では「学習を重ねることで相手の動きが速くなるため，その変化に対応することが必要」としている。
　　(2)　健康生活するための体力とは疲労回復，体調維持，生活習慣病の予防などに関わるものとされている。　　(3)　球技については，今回の学習指導要領改訂によりゴール型，ネット型，ベースボール型で構成されていることをおさえておこう。　　(5)　器械運動は，マット運動，鉄棒運動，平均台運動，跳び箱運動で構成され，器械の特性に応じて多くの「技」がある。技については学習指導要領解説で系，グループ，基本的な技，発展技に分類した表が掲載されているので，必ず熟読しておくこと。　　(6)　なお，その次の年次以降では「ペースの変化に対応するなどして走ること」をねらいとしている。

【3】(1)　・ライフステージに応じたスポーツ機会の創造　　・世界で競い合うトップアスリートの育成・強化　　・スポーツ界の連携，協働による「好循環」の創出　　・スポーツ界における透明性や公平・

公正性の向上　　・社会全体でスポーツを支える基盤の整備(のうちから3つ)　　(2)　スポーツ基本法　　(3)　能力の限界に挑戦するスポーツの文化的価値を失わせる(反社会的行為である)。

〈解説〉(1)　2010(平成22)年8月，文部科学省は，今後の我が国のスポーツ政策の基本的方向性を示す「スポーツ立国戦略」を策定した。その中で，5つの重点戦略の目標と主な施策を示している。　　(2)　スポーツ基本法(2011年6月)は，スポーツに関し，基本理念を定め，並びに国及び地方公共団体の責務並びにスポーツ団体の努力等を明らかにするとともに，スポーツに関する施策の基本となる事項を定めたものである。前文および第1〜2条は頻出なので，確認しておくこと。また，スポーツ基本計画に基づいたスポーツ基本計画も出題される可能性が高いので，確認しておくこと。

【4】(1)　健康増進法では，公共の場での禁煙や分煙が義務付けられている。WHOではたばこ規制枠組条約が採択され，日本も2004年にこれに締結し，タバコパッケージへの警告表示強化，広告規制，自動販売機で未成年者が購入できない仕組み等に取り組んでいる。　　(2)　医薬品には基本的に承認制度があり，有効性や安全性について国の審査・承認を受けなければ製造販売できない。その上で，医師の処方箋に基づき薬剤師が調剤するように，それぞれの専門性を生かして安全性を高めている。また，一般用医薬品でも副作用のリスクの高い「第1類医薬品」は薬剤師のいる薬局でしか販売できない規制が設けられている。　　(3)　性感染症は多くの場合，感染者の性器からの分泌物に含まれた病原体が，性行為の際に粘膜を介して潜入して感染する。そのため感染している疑いのある場合は，早期の受診と治療が必要であり，その際パートナーと一緒に受診・治療をしないと治っても再感染することになる。特に，エイズに関しては，感染を広めないためにもHIV抗体検査が重要である。

〈解説〉(1)　健康増進法(2002(平成14)年)は，国民への栄養改善や健康の維持・増進をはかることを目的として厚生労働省が2000年3月に開始

した「21世紀における国民健康づくり運動(略称：健康日本21)」の裏づけ策として制定された。その第25条に受動喫煙の防止が定められている。たばこ規制枠組条約(2003年5月)は，WHO(世界保健機関)のもとで作成された保健分野における初めての多国間条約で，正式名称は「たばこの規制に関する世界保健機関枠組条約」である。たばこの消費等が健康に及ぼす悪影響から現在および将来の世代を保護することを目的とし，たばこに関する広告，包装上の表示等の規制とたばこの規制に関する国際協力について定める。日本は2004年に締結している。

(2)　薬事法は医薬品，医薬部外品，化粧品および医療用具の製造，取扱いなどに関する法律である。2006年に制定以来初めて，販売制度と乱用薬物に関する改正がなされた。2007年，厚生労働省は一般用医薬品をリスクの程度に応じて3つに分類し，第1類医薬品は薬剤師のいる薬局でしか販売できない規制が設けられ，第2類・第3類医薬品については，薬局・薬店の薬剤師でなくても登録販売者であれば販売することができるようになった(2009年6月施行)。　(3)　性感染症とは，性行為によって人から人へと感染する病気で，Sexually(性行為で)，Transmitted(うつる)，Disease(病気)/Infection(感染症)といい，その頭文字をとってSTDともいわれる。HIV感染症は，ヒト免疫不全ウイルス(HIV：Human Immuno deficiency Virus)の感染により起こる病気である。ウイルスや細菌感染などから身を守っている免疫機能が低下・破綻するAcquired(後天性)，Immuno(免疫)，Deficiency(不全)，Syndrome(症候群)の頭文字をとってAIDS(エイズ)と名付けられた。感染経路は，①性行為，②血液を介しての感染，③母子感染の3つである。

【5】(1)　心的外傷後ストレス障害(Post Traumatic Stress Disorder)

(2)　セクシュアルハラスメント(セクシャルハラスメント)

(3)　再興感染症　　　(4)　総合型地域スポーツクラブ　　　(5)　自動体外式除細動器(Automated External Defibrillator)

〈解説〉保健体育の分野において，近年，社会的によく取り上げられている内容は，教員採用試験においても出題頻度が非常に高いので，必ず

確認しておきたい。新聞等で時事的な問題を確認し，それに因んだ用
語については説明できるよう，内容をしっかりおさえておきたい。

【6】(1)　A　労働安全衛生法　　B　衛生管理者(産業医)　　C　職業病
D　作業環境　　　(2)　　障がいの名称…VDT障がい(Visual Display
Terminal障がい)　　防止策の具体例…・コンタクトレンズより眼鏡を
使用する(意識的なまばたき)　　・小休止と軽い運動(一定の姿勢を長
時間とらない)　　・椅子に深く座る，背もたれに背をあてる，足が床
につく(姿勢の安定)　　・画面は視線の下側に置く(照度の調整)など
〈解説〉(1)　労働安全衛生法は，労働者の安全と健康を確保するために，
　　労働災害防止に関して事業主の責務と管理体制とを明確にするために
　　制定された法律である。　　(2)　VDT障がいとは，OA化に伴うVDT
　　(Visual Display Terminal＝視覚表示端末)障がいで，パソコンやワーク
　　ステーションなどのディスプレイを使った作業を同じ姿勢で長時間続
　　けるために起こる健康障がいのことで，具体的症状としては問題文の
　　ほか，腰痛，単調な入力作業や高度な情報処理の連続による精神的ス
　　トレスなどがあげられる。

【7】(1)　A　カ　　B　キ　　C　ウ　　D　ア　　(2)　メタボリック
シンドローム　　　(3)　⑧　食文化や地域の産物を生かし，ときには新
しい料理も。　　⑨　調理や保存を上手にして無駄や廃棄を少なく。
〈解説〉(2)　メタボリックシンドロームは内臓脂肪型肥満に加えて血圧，
　　コレステロール，血糖値のうち2つ以上の数値に異常が見られる状態
　　のことで，メタボリック症候群，内臓脂肪症候群とも呼ばれる。血圧，
　　コレステロール，血糖値それぞれの数値に異常がなくても，糖尿病や
　　心筋梗塞などになりやすくなるといわれる。厚生労働省では40歳以上
　　の日本人の3分の1に当たる約2000万人がメタボリックシンドロームの
　　予備軍とみており，2017年度末までに25％減らす(2008年度対比)と
　　いった数値目標を立てている。　　(3)　我が国の食生活について，食料
　　輸入の増大や食の外部化，生活様式の多様化が原因となり，脂質の摂

り過ぎ等の栄養バランスの偏りや，食料資源の浪費などが顕在化している。このような状況を踏まえ，2000(平成12)年3月に農水省，厚労省と文科省が共同して10項目の食生活指針を策定した。

# 二次試験

## 【中学校】

【1】武道が必修となることで，特に「柔道」を必修の授業として扱うことについて，「危険なのではないか」「重大な事故が起きているのではないか」といった不安の声がある。そこで，中学校において安全面に考慮した柔道の授業をどのように進めていくかを具体的に述べてみたい。授業に入る前の安全面の配慮と実際の授業の中で行う安全面の配慮については，6つのポイントがあると考えられる。第1は，練習環境の事前の安全確認である。柔道の授業を開始する前に，武道場や体育館など練習する施設・設備，用具等について，事前にチェックしておきたい。第2に，事故が発生した場合への事前の備えである。万一事故が起きた場合に備えて，応急手当の仕方，AEDの所在や使い方，緊急連絡先の把握など，事故発生時の対応マニュアルを整備しておく。第3は，外部指導者の協力と指導者間での意思疎通・指導方針の確認である。全体の指導計画の作成と内容と指導の展開及び評価等，安全管理を含めて，外部指導者や指導する教員間で十分に打ち合わせをしておく。第4は，3年間を見通した指導計画を立て，あくまでも生徒の学習段階や個人差を踏まえた無理のない段階的な指導を行う。生徒のこれまでの経験や技能，体力の実態，施設設備の状況等を十分踏まえて取り扱う技も決めて，特に安全に配慮しながら基本動作や受け身，基本となる技の習得を中心とした指導計画を立てる。第5は，実際の授業の中で，安全な柔道指導を行う上での具体的な留意点を心得ておくことである。①生徒の体調等に注意する…事前に生徒の健康状態を把握することはもちろんのこと，指導中常に生徒の体調等には十分に気をつける。②多くの生徒が「初心者」であることを踏まえた段階的

な指導を行う…初めて中学校で柔道を学ぶ生徒が多いことから，安全
管理上の観点からは，受け身が安全にとりやすい技から指導するなど，
安全に十分配慮した段階的な指導を進める。③「頭を打たない・打た
せない」ための「受け身」の練習をしっかりとする…頭を打たなくて
も頭に回転力がかかることで生じる「加速損傷」によるケースもある
ことから，指導者はそうした危険性を十分理解しておく。④固め技で
は押さえ技のみ行い，絞め技や関節技は指導しない…固め技について
は，学習指導要領の解説で抑え技，絞め技及び関節技の中で押さえ技
のみ扱うことと示されているので，生徒間でもふざけて行うことがな
いよう十分注意する。⑤しっかりと受け身を身に付けさせたうえで，
生徒の状況にあった投げ技の指導を行う…学習指導要領解説に示され
ている技はあくまでも例示であり，生徒の経験や技能，体力の実態等
を十分に踏まえて取り扱う技を決める。第6は，万一の場合の対処で
ある。学校での事故により生徒が負傷した場合，適切な応急手当等，
対処法を早急に行うようにする。このように，体育の授業において，
指導方法を工夫して行うとともに，学習段階や個人差を踏まえ，段階
的な指導を行うなど安全の確保に十分留意することで，事故も防止で
きる。

〈解説〉求められている内容を考慮すると，授業前と授業中に絞られ，授
業前では施設面の安全点検，生徒の状況など，授業中については生徒
の健康観察や準備運動などがあげられる。生徒それぞれの発達段階に
応じて指導することはいうまでもないだろうが，その点を意識しなが
ら論文を書くこと。

## 【高等学校】

【1】(例)　水泳は，クロール，平泳ぎ，背泳ぎ，バタフライなどから構
　　成されている。各泳法において，スタート及びターンは，続けて長く
　　泳いだり，速く泳いだりする上で，重要な技能の一部である。新しい
　　中学校学習指導要領では，事故防止の観点から，スタートは「水中か
　　らのスタート」を示している。そのため，飛び込みによるスタートや

リレーの際の引き継ぎは，高等学校において初めて経験することとなるため，「段階的な指導を行うとともに安全を十分に確保すること」を示している。この点を十分に踏まえ，生徒の技能の程度や水泳の実施時間によっては，水中からのスタートを継続するなど，一層段階的に指導することが大切である。高等学校の段階的な指導による「スタート」とは，事故防止の観点からプールの構造等に配慮し，プールサイド等から段階的に指導し，生徒の技能の程度に応じて次第に高い位置からのスタートへ発展させるなどの配慮を行うスタートのことである。入学年次は，各泳法に応じた水中でプールの壁を蹴るなどのスタートから，壁を蹴った後の水中での抵抗の少ない流線型の姿勢をとり，失速する前に力強い浮き上がりのためのキックを打ち，より速いスピードで泳ぎ始めることを，その次の年次以降は，生徒の技能の程度に応じたスタートの姿勢から，各局面の動きを洗練させるとともに，一連の動きで行うことができるようにすることをねらいとする。また，「ターン」についてだが，入学年次は，プールの壁から5m程度離れた場所からタイミングを図りながら，泳ぎのスピードを落とさずに，各泳法に応じて，片手または両手でプールの壁にタッチし，膝を胸のほうに抱え込み蹴り出すことを，その次の年次以降は，これらの動きを洗練させるとともに，一連の動きで行うことができるようにすることをねらいとする。なお，クロールのクイックターンを取り扱う場合は水深に十分注意して行うようにする。また，リレーを行う場合の飛び込みによるスタートや引き継ぎの扱いについては，施設等の状況を十分踏まえた上で，段階的な指導によって十分な安全を確保することが大切である。

〈解説〉指導方法の学習については学習指導要領解説の内容を基本とし，教科書，参考書などを補足的に使用するとよい。水泳では特に飛び込みよるスタートで事故が起きやすいといわれており，さらに高等学校ではじめて経験することを考慮して，事故防止の配慮を具体的にどう行うかを中心に述べてもよいだろう。

## ●書籍内容の訂正等について

　弊社では教員採用試験対策シリーズ（参考書，過去問，全国まるごと過去問題集），公務員試験対策シリーズ，公立幼稚園・保育士試験対策シリーズ，会社別就職試験対策シリーズについて，正誤表をホームページ（https://www.kyodo-s.jp）に掲載いたします。内容に訂正等，疑問点がございましたら，まずホームページをご確認ください。もし，正誤表に掲載されていない訂正等，疑問点がございましたら，下記項目をご記入の上，以下の送付先までお送りいただくようお願いいたします。

| |
|---|
| ① **書籍名，都道府県（学校）名，年度**<br>　（例：教員採用試験過去問シリーズ　小学校教諭 過去問　2025年度版）<br>② **ページ数**（書籍に記載されているページ数をご記入ください。）<br>③ **訂正等，疑問点**（内容は具体的にご記入ください。）<br>　（例：問題文では"ア〜オの中から選べ"とあるが，選択肢はエまでしかない） |

〔ご注意〕

○ 電話での質問や相談等につきましては，受付けておりません。ご注意ください。

○ 正誤表の更新は適宜行います。

○ いただいた疑問点につきましては，当社編集制作部で検討の上，正誤表への反映を決定させていただきます（個別回答は，原則行いませんのであしからずご了承ください）。

## ●情報提供のお願い

　協同教育研究会では，これから教員採用試験を受験される方々に，より正確な問題を，より多くご提供できるよう情報の収集を行っております。つきましては，教員採用試験に関する次の項目の情報を，以下の送付先までお送りいただけますと幸いでございます。お送りいただきました方には謝礼を差し上げます。

(情報量があまりに少ない場合は，謝礼をご用意できかねる場合があります)。

◆あなたの受験された面接試験，論作文試験の実施方法や質問内容

◆教員採用試験の受験体験記

------------------------------------------------

| 送付先 | ○電子メール：edit@kyodo-s.jp<br>○FAX：03-3233-1233（協同出版株式会社　編集制作部 行）<br>○郵送：〒101-0054　東京都千代田区神田錦町2-5<br>　　　　協同出版株式会社　編集制作部 行<br>○HP：https://kyodo-s.jp/provision（右記のQRコードからもアクセスできます） |  |

※謝礼をお送りする関係から，いずれの方法でお送りいただく際にも，「お名前」「ご住所」は，必ず明記いただきますよう，よろしくお願い申し上げます。

教員採用試験「過去問」シリーズ

# 熊本県・熊本市の
# 保健体育科 過去問

編　集　ⓒ 協同教育研究会
発　行　令和6年3月25日
発行者　小貫　輝雄
発行所　協同出版株式会社
　　　　〒101-0054　東京都千代田区神田錦町2‐5
　　　　電話　03－3295－1341
　　　　振替　東京00190－4－94061
印刷所　協同出版・POD工場

落丁・乱丁はお取り替えいたします。

# 2024年夏に向けて
### ―教員を目指すあなたを全力サポート！―

## ●通信講座
志望自治体別の教材とプロによる
丁寧な添削指導で合格をサポート

## ●公開講座 (＊1)
48のオンデマンド講座のなかから、
不得意分野のみピンポイントで学習できる！
受講料は6000円～　　＊一部対面講義もあり

## ●全国模試 (＊1)
業界最多の **年5回** 実施！
定期的に学習到達度を測って
レベルアップを目指そう！

## ●自治体別対策模試 (＊1)
的中問題がよく出る！
本試験の出題傾向・形式に合わせた
試験で実力を試そう！

　上記の講座及び試験は，すべて右記のQRコードか
らお申し込みできます。また，講座及び試験の情報は，
随時，更新していきます。

＊1・・・2024年対策の公開講座、全国模試、自治体別対策模試の
　　　　情報は、2023年9月頃に公開予定です。

## 協同出版・協同教育研究会
https://kyodo-s.jp

お問い合わせは
通話料無料の
フリーダイヤル

**0120 (13) 7300**
（いい　みなさんおうえん）
受付時間：平日（月～金）9時～18時　　まで